本书为国家社科基金重大项目"全人类共同价值和构建人类命运共同体重大理念研究"(项目号：23ZDA127）的阶段性成果

全球正义

理论与实践

伏佳佳 著

中国社会科学出版社

图书在版编目(CIP)数据

全球正义:理论与实践 / 伏佳佳著. — 北京:中国社会科学出版社,2023.8
ISBN 978 – 7 – 5227 – 1971 – 9

Ⅰ.①全… Ⅱ.①伏… Ⅲ.①正义—研究—世界 Ⅳ.①D081

中国国家版本馆 CIP 数据核字(2023)第 097280 号

出 版 人	赵剑英
责任编辑	刘亚楠
责任校对	张爱华
责任印制	张雪娇

出　　版	中国社会科学出版社
社　　址	北京鼓楼西大街甲 158 号
邮　　编	100720
网　　址	http://www.csspw.cn
发 行 部	010 – 84083685
门 市 部	010 – 84029450
经　　销	新华书店及其他书店

印刷装订	北京市十月印刷有限公司
版　　次	2023 年 8 月第 1 版
印　　次	2023 年 8 月第 1 次印刷

开　　本	710×1000　1/16
印　　张	14.5
插　　页	2
字　　数	243 千字
定　　价	88.00 元

凡购买中国社会科学出版社图书,如有质量问题请与本社营销中心联系调换
电话:010 – 84083683
版权所有　侵权必究

导论　什么是全球正义 …………………………………………… 1

第一章　全球正义的理论溯源 ………………………………… 6
　　第一节　古希腊罗马时期的全球正义 ……………………… 6
　　第二节　16—18世纪的全球正义 ………………………… 15
　　第三节　19—20世纪的全球正义 ………………………… 24
　　小　结 ……………………………………………………… 33

第二章　全球正义的理论形成 ………………………………… 35
　　第一节　全球化与正义问题 ………………………………… 36
　　第二节　全球契约主义 ……………………………………… 45
　　第三节　全球效用主义 ……………………………………… 51
　　第四节　全球人权主义 ……………………………………… 56
　　小　结 ……………………………………………………… 62

第三章　全球正义的主要议题 ………………………………… 72
　　第一节　全球贫困 …………………………………………… 72
　　第二节　气候变化 …………………………………………… 90
　　第三节　贸易与剥削 ……………………………………… 103
　　小　结 …………………………………………………… 117

第四章 全球正义的实践 ············ 121
第一节 学术共同体 ············ 121
第二节 全球正义运动 ············ 126
第三节 全球正义建制 ············ 133
小 结 ············ 138

第五章 全球正义的批评 ············ 141
第一节 罗尔斯的全球正义批评 ············ 141
第二节 戴维·米勒的全球正义批评 ············ 160
第三节 国家主义的全球正义批评 ············ 173
小 结 ············ 187

第六章 全球正义的前景展望 ············ 190
第一节 世界主义的可行性存疑 ············ 190
第二节 全球正义理念再诠释 ············ 196
第三节 以全人类共同价值统领全球正义 ············ 200
第四节 实现全球正义的中国方案 ············ 204

参考文献 ············ 210

后 记 ············ 226

导论　什么是全球正义

　　1971 年，约翰·罗尔斯（John Rawls）表示，正义是社会制度的首要德性，正义一般指一国之内的社会正义，是一个基于国家主权的法权概念。[①] 他发表的《正义论》（*A Theory of Justice*）引发了有关正义问题的持续讨论。研究者在正义问题上达成如下共识：肯定正义作为社会制度的核心价值、正义的强制性、正义的普适性（正义适用于所有社会成员）、正义的均等性等。罗尔斯正义理论主要讨论一国之内的社会正义，明确反对把差别原则应用于国家边界之外。

　　然而，20 世纪 80 年代以来，随着全球化的迅猛发展，一些学者改变了基于国家主权的正义研究思路，转而研究全球贫困、超越国界的平等和全球分配正义问题，由此产生全球正义（Global Justice）论题。"在'全球化'而不是过去的'国际化'中隐含的观点是，我们正在超越国家间关系日益密切的时代，正在开始深入思考比现有的国家主权概念更为重要的东西。"[②] 全球正义成为探讨正义问题的一种重要范式。它意在探究超越国家的全球政治经济活动中所产生的规范性问题，界定人类处理共同面临的全球性难题背后的规范性要求和行动理念，从而建立一个以正义为尺度的普遍的评价标准，改革全球政治经济制度，兑现我们对于外国公民的正义义务。

　　全球正义的核心问题是"我们应赋予外国公民什么"。针对该问题，第一种较为普遍的回答是人道主义义务，第二种较为新颖的说法是世界主义式的正义义务。前者接近当前国际道德的一般准则，后者是当代世界主义者积极提倡的新的全球政治规范。作为全球正义的主要支持者和倡导者，当代世界

---

① John Rawls, *A Theory of Justice*, Cambridge, MA: Belknap Press of Harvard University Press, 1971, p. 3.

② Peter Singer, *One World Now: The Ethics of Globalization*, New Haven, CT: Yale University Press, 2016, p. 9.

主义者最早提出了契约主义（Contractualism）、效用主义（Utilitarianism）和人权主义（Rights-based Theories）三种全球正义阐释进路。他们尝试将个人主义和平等主义观念全球化，把自由主义正义原则的应用范围扩大到整个世界。世界主义者认为，在全球化时代，我们有充分的理由相信，适用于国家制度的政治正义标准也适用于跨国系统与国际制度。① 他们持有如下主张：（1）提倡世界范围的积极的道德平等，肯定每个人拥有平等的全球地位；（2）相信各国人民之间的普遍交往、紧密联系和相互依赖，认为本国人与外国人之间有着普遍的正义义务；（3）主张人类共同分享全球交往产生的利益和负担，实践全球分配正义；（4）认为富裕国家（富裕阶层）有义务帮助改变落后贫穷国家人民的生存处境，支持国际制度改革，进行财富转移和再分配。

然而，包括罗尔斯、戴维·米勒（David Miller）、托马斯·内格尔（Thomas Nagel）、萨缪尔·弗雷曼（Samuel Freeman）等在内的一众学者对全球正义提出了质疑和批评。他们以鲜明的态度和观点反对世界主义。西方学界围绕正义的国界性问题和正义义务问题展开了持续的论争，形成关于正义范围、正义义务关系、全球平等主义等论题的问题域。这些问题域不仅向我们揭示全球化时代制度性结构的改变，而且将契约论、效用论、权利论等传统政治规范放置于更具普遍交往和普遍冲突的语境之中。尽管传统的国内—国际的结构化区分仍有其合理性，但随着全球化所形成的全球合作、强制、支配等制度性关系的愈发完整，全球视野下个体的规范性正义义务将成为不可回避的论题。通过世界主义者与其批评者的争论，我们发现，国内正义催生的积极的道德平等及其衍生的社会经济平等将促使人们不断反思社会、民族、国家等边界所带来的深刻的偶然性和道德的任意性；而国内正义呈现的正义义务的规范性及其关系条件又迫使人们认真对待民族国家和国家主权所保障的政治正义和社会正义的特定作用。我们必须认真探索实现全球正义的事实经验和现实条件。

在全球化的浪潮下，人类已经深度交往和融合。从表面看，全球化主要是经济往来，是各个主权国家为了自我利益在国际舞台上施展经济手段，是国家间出于互利互惠原则在国际贸易上进行经济合作。但归根结底，全球化

---

① Charles R. Beitz, "Cosmopolitanism and Global Justice", *The Journal of Ethics*, Vol. 9, No. 1/2, 2005, pp. 11 – 27.

是一个政治命题，是人类通过各种斗争与合作来实现各种目标的途径，既包括国内目标，也包括国际目标和人类整体目标。而全球正义正是人类要实现的政治目标。简而言之，它就是指人类实现共同利益、追求共同价值，前者是低层次的，后者是高层次的，二者相依相存。

全球正义是在全球化趋势下对国际关系的新见解，是证成人类交往关系的新理论，是解决全球性难题的新策略。虽然全球正义与国内正义在基本道义原则、规范理论前提上仍然有密切的联系，但二者所适用的对象、原则和拟解决的问题确有差异。

全球正义的对象是全人类。全球正义带有深切的人类关怀和平等关切意识，主张全球化时代下的个人在全球社会拥有"人类一员"的成员身份，应有以人类为整体的命运关怀。作为"人类一员"，每个人都应得到无差别的对待。为此，我们试图寻求一种超越国家的全球化、整体化、规范化的道德思考和论证方式。面对诸如全球贫困、疾病、灾难、剥削、压迫等人类苦难，我们在直觉上表达出道德谴责和情感憎恶，我们笃信每个人的平等和尊严，我们承认每个人的利益和权利。我们不仅关注国内正义，也关注全球正义，关心全球社会发生的与他人命运同悲喜的故事。在全球化背景下，我们主张和呼应理想主义的政治观念，秉持人类命运共同体理念，弘扬人类普遍价值。

全球正义与国内正义或国际正义有着不同的规范性要求。全球正义关心作为整体的人类在全球领域的互动正义，重视发达国家和发展中国家间的交往正义，关注全球政治经济合作的制度正义，关切富裕阶层和贫困阶层之间的平等正义，遵从国际决议和决策的程序正义，在尊重民族国家独立自主、轻易不干涉内政的前提下引导不自由、不民主国家的政治正义，实现各个国家共同进步、均衡发展、共赢普惠的共享正义。不同的正义规范和原则应用于不同的对象和行为，但任何一种原则都不能以更低或更高层次的理由拒绝其他原则。基于多元论的全球正义将承认国内正义和国际正义的道德体系及其规范性作用，并试图在多重道德体系之外发展适合全球社会的道德要求和正义原则。

全球正义有明确的实现目标，旨在研究和处理在全球化时代超过单个主权国家范围的全球性问题。它明确要求解决极端贫困、气候危机、贸易不公平等全球难题。它的议题包括全球贫困、气候变化、贸易与剥削、人权、主权和国际干预、移民与难民、战争与和平等。

全球正义重要的实现方式是国际干预。没有干预就不可能实现全球正义，但是干预的手段、理由和目的需要得到正当性证明。我们必须选择正当的干预手段。例如，通过契约、贸易和经济合作的方式与一些国家进行经济合作、文化交流、贸易往来。但是我们要警惕和避免军事上的武力手段、政治上的强权手段和经济上的制裁手段。全球正义也对非民主国家的人民的政治命运表示关切，不仅要求为其提供经济援助，而且对其进行必要的人类共同价值的宣传，在不干涉的前提下引导其走向社会有序发展、人民过上美好生活的社会。

进入21世纪，资本、商品、服务和人口在世界范围之内更加自由地流动，各国人民国际交往深度开展，世界格局已经发生巨变。在资本主义全球化和政治合作国际化的推动下，人类愈来愈多地依赖彼此，产生愈来愈多的交互活动。全球化产生了以往没有的人类活动的新样式和新特点。比如，随着中国的和平崛起，中国人民和中国政府更加规范地履行国际义务，更加严格地承担国际责任。再比如，新冠肺炎疫情和俄乌冲突进一步唤醒人类的全球正义意识和共同价值意识。在人类普遍交往格局和共生性利益链不断形成的背景下，为参与全球互动的他国公民、国际组织和国际资本提供正当性证明是必要的。当前人类正在面临的实际难题比以往任何时候都更加紧迫而重大，它们是超越国家主权边界的全人类难题。讨论全球正义正当其时。

本书以全球正义理论和实践为主要研究对象，从全球正义的思想史图景和世界经验性事实出发，讨论全球正义的历史发展、最新进展、实践概况、理论批评和未来展望。

第一章讨论全球正义思想形成的理论起源，以全球正义为主题追溯其思想渊源。重点选出思想史上与全球正义研究有很大关联性的思想家，探究他们对于国家间关系、国际道德和义务、国际战争、移民、资源权、国际贸易等问题的论述，总结其研究的议题，揭示其演变过程和思想逻辑。

第二章探讨全球化浪潮中的正义问题，分析世界主义的三种全球正义阐释路径。一是考察全球契约主义的理论尝试和理论成果，二是讨论全球效用主义的理论逻辑和思想观点，三是研究以人权观念为核心的全球正义思想。本章最后界定世界主义全球正义的基本概念，概述其主要理论主张，澄清其基本观点，评价其重要意义。

第三章重点探讨全球贫困、气候变化、贸易与剥削三个具体的全球正义议题，分析当代世界主义者就这些问题发表的观点和提出的建设性方案，探讨其争议之处，分析全球正义所要处理的问题。在面对全球贫困、气候变暖、贸易不公等问题时，世界主义者强调我们对世界贫困人口担负的正义义务，认为富裕国家及其富裕阶层应向发展中国家及其贫困阶层进行财富转移和分配，推动建设公正的国际制度。然而，即使他们的一些见解有合理之处，他们对于富裕阶层义务的论证也是错误的。

第四章研究全球正义的实践问题，分析在实践中如何展开和践行全球正义。首先，研究学术共同体的全球正义实践，分析相关学术研究机构、项目和活动对全球正义进程的影响。然后重点考察全球正义组织及其开展的全球正义运动，分析其核心诉求、运动形式和实践成果，研究这些社会运动将全球正义理念转变为具体方案和政治议程的组织与行动模式。最后讨论全球正义在建制层面的初步成果和实践困境。

第五章讨论全球正义受到的主要批评，重点分析来自罗尔斯、戴维·米勒、内格尔等学者的意见。结合他们提出的理论质疑，更为全面地讨论世界主义全球正义的理论问题。

第六章展望全球正义前景。

在一个国际贸易摩擦不断、局部战乱时有发生的时代，全球正义虽不是一个讨喜的话题，却是一项重大而紧迫的课题。它究竟是些许哲学家的书斋想象，还是可欲可行的现实乌托邦（realistic utopia），本书正是想做这样一种探究性尝试。

第一章　全球正义的理论溯源

全球正义常被认为与"二战"后全球化的新特点和新形式密切相关，属于新兴话题。许多学者对全球正义问题的思考肇始于罗尔斯，个别学者将其追溯至康德便停止了研究步伐。

全球正义是不是一项政治哲学新课题，它至少可以追溯到希腊化时代的哲学。"'希腊化时代'的哲学试图把那些初看上去局限于城邦范围之内的各种理想投射到宇宙上去。"① 从那时开始，随着"世界"版图的扩大和"世界"观念的产生，"世界一体""人类一家"和"国际正义"的观念已催生出丰富的思想成果。许多重要思想家对全球正义相关问题有诸多探索。由于此时"全球"概念尚未随着全球化而为人所熟知，人们主要使用"世界""国际"来描述相关问题。

第一节　古希腊罗马时期的全球正义

古希腊的黄金时代正值城邦政治鼎盛之时。城邦是个人社会交往关系的基本单元。城邦严格的分界直接导致个人政治活动范围的有界。城邦政治也带来根深蒂固的中心主义和排他主义，维护城邦利益因而成为最主要的目的。在此背景下，一如城邦之外的"正义"的政治观念必然不会受到欢迎。

修昔底德（Thucydides）在《伯罗奔尼撒战争史》（*History of the Peloponnesian War*）中描述了当时普遍的国际惯例。第一种观点是"强权即正义"的国际惯例。例如，在雅典人和弥罗斯人的辩论中，雅典人表示："经历丰富的

---

① ［美］乔治·萨拜因：《政治学说史》（第四版，上卷），［美］托马斯·索尔森修订，邓正来译，上海人民出版社 2008 年版，第 186 页。

人……都知道正义的标准是以同等的强迫力量为基础的;同时也知道,强者能够做他们有权力做的一切,弱者只能接受他们必须接受的一切。"① 弥罗斯人认为既然考虑利益,那么就要采取对大家都有利的公平和正义原则。但是雅典人强调自己的利益高于其他诸国的利益,认为所有国家的行动都是为了合乎自己的利益,而不会考虑正义或他国利益。第二种观点是"合乎利益的就是正义的"。在该书的最后,修昔底德指出,西西里战争中的各个参战方"不是因为道义上的原则或者种族上的联系,而是因为每个国家的利益或需要而团结起来的"②。为此,修昔底德提供了诸多类似事实。例如在伊比丹努的争端中,科林斯人以赤裸裸的个人私利作为同意援助城内民主党人的理由。在弥罗斯人与雅典人的辩论中,弥罗斯人之所以常常声称正义,正是因为他们作为弱者试图以正义为借口使自己逃脱雅典的奴役。在西西里战争中,叙拉古的大军抵抗并打败雅典的行为也并非出于正义,他们在战败后同样以非常残暴的方式屠杀雅典军人。在雅典战败后,斯巴达企图取代雅典,巩固自己在整个希腊的领导权,也暴露了其帝国主义的本质。

修昔底德对伯罗奔尼撒战争、雅典城邦以及正在崛起的强国马其顿和色雷斯的描述显示了正义在自私与暴行面前的无能,在战争中的软弱。③ 修昔底德揭示了当时世界政治的基本样态:利益是联盟与分裂、和平与战争、正义与不正义的核心动力,而正义只是虚伪自利的帝国的伪装和借口而已。由此可见,正义不会存在于城邦之间,各城邦只关心自己的利益。

虽然城邦是当时最主要的政治单元,柏拉图(Plato)和亚里士多德(Aristotle)力图让城邦成为使公民过上善好生活的自治体,但是城邦政治的中心主义也带有压制性和排外性。犬儒学派较早反对城邦之界分,并提出了世界主义(Cosmopolitanism)的概念。这一学派的主要创立者和支持者是外邦人和流浪者,无论是安提西尼(Antisthenes)、第欧根尼(Diogenes of Sinope)还是克雷特(Crates),都以无国界的流浪者身份生活。他们反对一切造成社会差别的外在条件,这其中就包括城邦和城邦公民身份。在他们看来,公民与非公民是平等的,对二者的区分毫无意义。并且,真正的国家是由智者组成的单

---

① [古希腊] 修昔底德:《伯罗奔尼撒战争史》,谢德风译,商务印书馆2013年版,第464页。
② [古希腊] 修昔底德:《伯罗奔尼撒战争史》,谢德风译,第604页。
③ [美] 列奥·斯特劳斯、约瑟夫·克罗波西主编:《政治哲学史》,李洪润等译,法律出版社2009年版,第11页。

一的共同体，是一座世界城市，智者是一个世界主义者，是一个世界公民。①犬儒学派的世界主义概念意在表明他们对一切社会性约束的批判，抒发他们无欲无求的人生态度，也宣扬他们所向往的人类友爱。然而，他们的世界主义仅代表了"他们不属于任何一个城邦"的消极态度，犬儒学派并没有为建构公民与异邦人的道德关系提出建设性意见。

从公元前334年至前324年，亚历山大（Alexander the Great）短暂而快速地改变了希腊世界的格局。他征服了小亚细亚、叙利亚、埃及巴比伦、波斯、萨马尔干、大夏和旁遮普，逐渐采取一种促使希腊人与野蛮人之间友好融合的政策。② 在他统治之后，城邦政治衰落，各城邦之间、公民与异邦人的差异越来越小。希腊世界进入"希腊化"时代。地中海地区逐渐成为一个人们可以广泛交往的世界，所有建立在城邦基础上的政治理想或观念也随之改变。人与城邦的紧密关系解体，人脱离"城邦公民"身份而成为独立的个人。"人作为一种政治动物，polis或自治城邦的一分子，随着亚里士多德的去世而结束了；从亚历山大开始，人开始成为个体。这个人既需要考虑如何安排自己的生活，也需要考虑如何处理他与其他'共同居住于一个世界'的人的关系。"③亚历山大对地中海的征服和帝国的建立在当时意味着"世界"的统一。"在欧皮斯的一次宴会上，亚历山大祈祷所有人达成心灵上的团结（homonoia），祈祷马其顿和波斯人组成一个联合共同体；他是第一个超越国界的人，他设想了既不应有希腊人也不应有野蛮人的人类兄弟情谊，尽管这种设想并不完美。"④"世界一家"的观念盛行一时。这一观念在实践层面已被亚历山大的征服与统治所印证，但在哲学上的解释和传播却发端于斯多葛学派。

亚历山大所提出的"团结"理想直接影响了芝诺的世界观念。公元前300年，芝诺（Zeno of Citium）创立了斯多葛学院。芝诺及其继承者们始终相信，人所居住的世界逐渐成为一个整体，异邦人不再是敌人，而是亲如一家

---

① ［美］乔治·萨拜因：《政治学说史》（第四版，上卷），［美］托马斯·索尔森修订，邓正来译，第179页。
② ［英］罗素：《西方哲学史》，何兆武、李约瑟译，商务印书馆2015年版，第300—301页。
③ W. W. Tarn, *Hellenistic Civilisation*, revised by the author and G. T. Griffith, Cleveland：The World Pbulishing Company, 1952, p.79.
④ W. W. Tarn, *Hellenistic Civilisation*, revised by the author and G. T. Griffith, Cleveland：The World Pbulishing Company, 1952, p.79.

的兄弟姐妹。他们坚信人类平等,提倡"四海之内皆兄弟"的人类情谊,讨论人类团结的可能性。虽然在亚历山大去世后,地中海地区也出现了长期的分裂混乱,但亚历山大仍无可置疑地证明了所有已知的世界都可以实现合并、统一和团结。亚历山大在当时确立的团结信念和证明的事实可能性,成为芝诺最重要的政治理想。①"芝诺在他的《理想国家》(Ideal State)中展现了宏大愿景,这种愿景从那时起就从未离开过人类;他希望这个世界不再是独立的国家,而是一个整体。"② 在芝诺看来,"团结的障碍不是种族或城邦之间的差异,而只是纯粹的愚蠢和道德败坏"③,人类团结并非遥不可及,但憾于现实多愚人、少智者。因此,他把团结的希望寄托于由智者组成的理想社会。后来,克里西波斯(Chrysippus)将这一希望诉诸"世界国家的理念和普世法律的理念",并将其确立为斯多葛哲学的一般性原则。④

首先,斯多葛学派奉行道德普遍主义,主张基于普遍人性的人人平等,发展了普遍的人性观念。这一人性观源自其宇宙观。斯多葛学派认为宇宙是一个有组织的、有理性的体系,人是宇宙体系的一部分。人自己的本性同宇宙的本性是同一的,人应同宇宙的目的相协调,并且为宇宙的目的而努力。"这意味着一个博大的社会,其中有理性的人类享有平等的权利,因为理性为人所共有,而一切人又同属于宇宙灵魂。"⑤ 人和宇宙的同一性关系确立了人与人之间的平等关系。人不仅是个体的人,还具有超越城邦公民之外的、作为人类的一部分的普遍性身份。在理性的宇宙体系之下,人们将确证其世界一家、亲如兄弟的人类成员身份,将承认彼此友爱互助的义务。人们不仅关心自己的幸福,而且关切世界上其他人的幸福。"理性要求我们把公共福利、共同的善置于个人利益之上;我们于必要时要为它而牺牲自己,因为实现共同的善,就是完成了我们真正的任务,保全了真正的自我。这就是斯多葛学

---

① Andrew Erskine, *The Hellenistic Stoa: Political Thought and Action*, Second Edition, London: Bristol Classical Press, 2011, p. 34.
② W. W. Tarn, *Hellenistic Civilisation*, revised by the author and G. T. Griffith, Cleveland: The World Pbulishing Company, 1952, p. 79.
③ Andrew Erskine, *The Hellenistic Stoa: Political Thought and Action*, Second Edition, London: Bristol Classical Press, 2011, p. 35.
④ [美]乔治·萨拜因:《政治学说史》(第四版,上卷),[美]托马斯·索尔森修订,邓正来译,第192—195页。
⑤ [美]梯利:《西方哲学史》,伍德增补,葛力译,商务印书馆1995年版,第119页。

派的世界大同主义。"①

其次，同犬儒主义者一样，斯多葛学派批评社会差别，否认那些由社会性区分造成的人与人之间的区别，否认种族之别、公民身份之别、阶级之别、财富持有之别。在芝诺所描绘的由智者组成的理想社会中，智者是公民，是朋友，是自由人。②他们能使生活符合自然和理性，在理想社会中的人们可以自由地按照道德行事，平等地对待他人，保持平等的社会关系。然而，我们必须承认，智者是远离现实社会的乌托邦式人物。这一点使得斯多葛主义受到了根本性的质疑和批评。此后，珀尼西厄斯（Panaetius of Rhodes）对斯多葛主义进行了人道主义改造。他把由智者构成的理想共同体改造成了由理性主导的日常社会关系。"理性是所有人的法律，而不只是智者的法律。"③珀尼西厄斯把理性赋予普通人，扩大了普遍人性观念。由于人人皆有理性，皆有共同的人性，那么所有人都是平等的，都有被尊重的价值和基本的权利。在斯多葛学派多代人的努力下，人人平等的观念在希腊化世界传播开来。

最后，为了促成人类团结，增进国家间和谐，斯多葛学派发展了地方法（习惯法）和世界之城的法律（自然法）两种法律概念。"它（自然法）是有关何谓正义正当的普世性标准，它的各项原则是不可改变的，它对所有的人（无论是统治者还是臣民）都具有约束力，因而它是神法。"④ 相较于习惯法，自然法遵循着同一理性，保持着一致的目的和规范。因此，斯多葛学派主张把自然法发展为统一和约束地方性差异与习惯的世界性法律体系，以缓解和调和不同城市（国家）的普通法之间的冲突和对立。"在希腊化的世界里，存在着为数众多的享有不同程度自治的城市和其他地方当局。各个王国用一种普通法或国王的法律把这些享有不同程度自治的地方结合在一起。"⑤ 自然法的观念推动形成了更大范围的、更紧密的、更统一的、更和谐的人类社会。

---

① ［美］梯利：《西方哲学史》，伍德增补，葛力译，第 122 页。
② Andrew Erskine, *The Hellenistic Stoa*: *Political Thought and Action*, Second Edition, London: Bristol Classical Press, 2011, p. 38.
③ ［美］乔治·萨拜因：《政治学说史》（第四版，上卷），［美］托马斯·索尔森修订，邓正来译，第 197 页。
④ ［美］乔治·萨拜因：《政治学说史》（第四版，上卷），［美］托马斯·索尔森修订，邓正来译，第 193 页。
⑤ ［美］乔治·萨拜因：《政治学说史》（第四版，上卷），［美］托马斯·索尔森修订，邓正来译，第 195 页。

英国学者塔恩（W. W. Tarn）指出，在公元前3世纪的斯多葛主义中，国家间紧密联结的一些观念开始出现，现代国际法的萌芽也逐渐产生。① 自然法像一条正义的纽带联结了当时充满差异、矛盾、冲突的不同王国，把人类团结为一个"四海之内皆兄弟"的友谊社会。与犬儒主义者不同，斯多葛学派并不一味地消极否定国家的存在意义，他们承认国家对于实现人类兄弟情谊是重要的。例如，在芝诺的理想社会中，智者不仅对自己的国家负责，而且通过国家来促进人类团结。②

斯多葛学派以普遍人性和世界一体的观念来理解自我与异邦人的关系，规范自我与异邦人的交往行为，调节自我与异邦人的交往结果。虽然不同时期的斯多葛学者对其哲学时有改造，但"人类团结""世界国家"和"普世法律"三个固定的关键词构成了"世界正义"基本理念。整体而言，斯多葛学派的"世界正义"观念主要有三个方面的主张：（1）提倡人类兄弟友谊和团结；（2）否认社会差别，主张人人平等；（3）发展适用于整个世界的正义和法律。人的理性、人的尊严、人的权利、人的平等，以及由此建立的人类团结，是斯多葛学派的中心思想。伯特兰·罗素（Bertrand Russell）评价道，斯多葛主义包含了为当时世界所感到需要的，而又为希腊人所不能提供的那些宗教成分，它投合了统治者的需要，几乎所有亚历山大的后继者都宣称自己是斯多葛派。③ 统治者所需要的宗教成分正是人类一体、世界一家的团结观，也是人人平等、人人守神法的正义感。斯多葛学派的思想不仅在当时适应了世界一家的统治需要，而且为后世提供了人人平等的普遍观念。

公元前1世纪开始，地中海地区成为更加紧密和统一的整体。从罗马共和国到罗马帝国，整个地中海世界逐渐处于单一的政治体统治之下。和其他理论相比，斯多葛主义对罗马的政治和法律产生了重大影响，它确定了一些后来广泛传播于罗马世界的普遍信念。

西塞罗（Cicero）吸收了斯多葛主义、柏拉图主义和怀疑论等学说，促进了希腊学说在罗马的传播。他在罗马传播了斯多葛主义式的普遍人性观念，

---

① W. W. Tarn, *Hellenistic Civilisation*, revised by the author and G. T. Griffith, Cleveland：The World Pbulishing Company, 1952, p. 80.
② W. W. Tarn, *Hellenistic Civilisation*, revised by the author and G. T. Griffith, Cleveland：The World Pbulishing Company, 1952, p. 80.
③ ［英］罗素：《西方哲学史》，何兆武、李约瑟译，第344—345页。

发展了自然法学说，具体讨论了战争、外国人义务和援助问题。

西塞罗提出"正义的本质必须在人的本质中寻求"这一命题。他认为人被赋予远见和敏锐的智力，是唯一分享理性、思想和智慧的动物，人像神一样具有正确的理性，而这一正确的理性即为法律。"真正的法律是与本性（nature）相合的正确的理性；它是普遍适用的、不变的和永恒的；它以其指令提出义务，并以其禁令来避免做坏事。"① 若所有人顺应本性，依循理性，那么他们即同神一样分享法律，亦分享正义。分享这些的所有人是同一共同体的成员，因此，整个宇宙是一个共同体，"神和人都是这个共同体的成员"②。在西塞罗笔下，整个人类联结为一体，他们彼此共享理性，也共享正义感。

西塞罗将斯多葛主义的世界国家观念和自然法哲学嵌入罗马法律哲学。他对法律的见解是一种以人类为中心的目的论主张。他笃定，事实上存在与人之理性相符合的真正的法律。这一自然法是普世的，它既适用于所有的人和国家，又是永恒不变的。它代表着正义，"正义只有一个；它对所有的人类社会都有约束力，并且它是基于一个大写的法，这个法是运用于指令和禁令的正确理性"③。由于西塞罗部分著述的遗失，他关于宇宙法律体系的具体描述不得而知，但可以确定的是，他相信人类根据血缘关系而与神连为一体，从而确立了一个更大规模的宇宙法律体系，所有人在这一法律之下都是平等的。"每个人都应当享有某种程度的人之尊严并得到某种程度的尊重；每个人都在这个伟大的兄弟般的社会之中，而不是在它之外。"④ 西塞罗在某种程度上确立了罗马法律哲学中的平等观念，它涵盖所有人、所有种族和所有国家之间的平等与正义。

在关于这些观念性问题的见解之外，西塞罗还讨论了如和平与战争、本国人与外国人义务、物质援助等诸多具体的公共问题。他不只是哲学家，更是政治家。西塞罗长期活跃于罗马共和国政坛，并于公元前63年担任执政官。他对于公共事务的思考在一定程度上反映了当时的官方意见。

1. 和平与战争问题。西塞罗明确界定了正义战争和不正义战

---

① ［古罗马］西塞罗：《国家篇 法律篇》，沈叔平、苏力译，商务印书馆2002年版，第104页。
② ［古罗马］西塞罗：《国家篇 法律篇》，沈叔平、苏力译，第161页。
③ ［古罗马］西塞罗：《国家篇 法律篇》，沈叔平、苏力译，第170页。
④ ［美］乔治·萨拜因：《政治学说史》（第四版，上卷），［美］托马斯·索尔森修订，邓正来译，第211页。

战争是"那些不是由于有人挑衅而发动的战争"①。正义的战争有如下条件：为了维护自己的荣誉或安全；为了复仇或防御；进行了公开宣布和宣告；已首先提出了赔偿；为了维护和平和公共利益。西塞罗在《法律篇》中提出前四条，在《论义务》中详细论述了最后一条。在他看来，和平优于战争，谈判比武力更为可取。"开战的唯一理由只能是为了可以不受伤害地生活在和平中。"② 只有在和平受到威胁，且无法用谈判解决争端时方可使用武力。武力是最后的手段，应当受到严格的监督和限制。并且，在取得胜利后，人们应当宽宥和保护放下武器或不曾野蛮杀戮的敌人。西塞罗希望尽一切努力来保持和平，他强调："不要纯粹为了避免战争而避免战争，应当是为了公众利益而避免战争。无论如何，诉诸武力的应当表明除了谋求和平而外别无其他目的。"③

2. 本国人与外国人义务问题。西塞罗既提倡爱国主义，又强调人类兄弟情谊。他试图明晰本国人和外国人的义务关系，主张确立一个一般性的规则来解决利益与道德正确之间的冲突。西塞罗认为，一个人夺取别人的东西，损人利己，这种行为比死亡、贫穷和痛苦等更违反自然，是不正义的。不夺人所好、不损人利己，是应被确立在万民法中的自然法则。它不仅约束一国内部人们之间的正义关系，而且规范他们和外国人的关系。

他认为，一国公民对外国人有不劫掠和不伤害的严格的正义的义务，它受到共同利益和人类普遍的兄弟关系的约束。一方面，人类有着普遍的兄弟关系。这是神在人与人之间确立的伙伴关系。这一伙伴关系有关仁慈、慷慨、善良和公正等美德。另一方面，对个人有利的东西也是对所有人有利的，那么自己和其他国家的公民都应遵从同一自然法则，不为了自己的利益去劫掠和伤害别国公民的利益。因此，公民同胞的权利和外国人的权利应同等得到尊重，所有人的主要目标是把个人利益统一于所有人的整体利益。对外国人来说，他们也有自身应履行的三项义务：一是严格限制自己只关注与己有关之事，二是不窥探别人的事情，三是在任何条件下都不干涉他国内政。

---

① ［古罗马］西塞罗：《国家篇 法律篇》，沈叔平、苏力译，第105页。
② ［古罗马］西塞罗：《论义务》，张竹明、龙莉译，译林出版社2015年版，第15页。
③ ［古罗马］西塞罗：《论义务》，张竹明、龙莉译，第33页。

3. 援助问题。西塞罗对于援助有特别的见解。他把给予个人的善意按亲密程度进行区分。第一类是存在于人类所有成员间的关系。由于我们彼此之间有着自然的兄弟友谊，我们便应当怀有仁慈、善良、慷慨之心，施善于人。但是，无损自我利益是慷慨的底线。"于人有益于己无损"① 是行善原则。第二类是亲友和国家。父母亲戚通过共同血缘关系，朋友通过志趣和善意，国家通过共同体纽带使得我们分享最为亲密的关系。通过排序，西塞罗认为我们应该按照国家和父母、子女和家庭、亲戚朋友和人类兄弟来递减道德义务，相应地，一国同胞、父母亲友也应当首先获得所有必要的物质援助。在探讨具体践履援助义务及其冲突情形时，西塞罗强调因情景而权衡，在履行每种道德义务时加权计算，做出取舍。"选择值得援助的对象"②，西塞罗如是说。在援助上，他选择了效用式的计算原则，采取了灵活的应对策略。但毫无疑问，除了无差别的善意以外，在涉及物质上的帮助时，外国人将被排在最后。

从希腊城邦时代到罗马帝国时期，希腊化世界出现一体化趋势，"世界"日渐作为一个整体而被认真对待。在国家（城市）和公民身份以外，人们认识到作为"人类的一员"也有其自身的伦理意义。斯多葛学派的思想与始于亚历山大时期的地中海地区统一化进程有着非常密切的关系。在对人和世界的理解上，西塞罗与斯多葛学派保持基本一致。在他们看来，人人皆有普遍理性，且变成一个统一的共同体。普遍的正义意味着一种具有普遍约束力的自然法：不论身处何地，法律都承认维护尊严的基本权利，且保护人们享有这些权利。斯多葛学派希望在普世法律充当正义纽带的条件下，各个国家间能保持和谐关系，人类能实现友好团结。"为人类服务"是其哲学旨趣。西塞罗在很多时候追随斯多葛学派，但同时又明晰地辨别祖国、同胞、外国人等概念。在他眼中，"为国服务"在行动上优先于"为人类服务"。他对物质上援助外国人的行为将保留意见，对同胞、外国人并非"一视同仁"。玛莎·纳斯鲍姆（Martha C. Nussbaum）对此表示，西塞罗"世界主义式"的正义义务观是一种尊重人性的思想，即把人当作目的而不是手段来对待；但他的正义义务和援助义务之间又存在严重的不连贯性。③

---

① ［古罗马］西塞罗：《论义务》，张竹明、龙莉译，第22页。
② ［古罗马］西塞罗：《论义务》，张竹明、龙莉译，第92页。
③ Martha C. Nussbaum, "Duties of Justice, Duties of Material Aid: Cicero's Problematic Legacy", *Bulletin of the American Academy of Arts and Sciences*, Vol. 54, No. 3, Spring 2001, pp. 38–52.

从斯多葛学派发展而来的正义观念背后刻印着武力征服和帝国统治的痕迹。它建立于帝国统治形式下的"世界"版图之上。这一观念在另一个维度上也为帝国主义辩护。萨拜因（George Sabine）对此评论道："毋庸置疑的是，斯多葛主义的世界国家也很容易助长一种帝国主义情绪，而这种情绪会使征服者以为自己正肩负着白种人的责任并且正在把和平与秩序的福音带给一个在政治上无能的世界。"①

第二节　16—18 世纪的全球正义

从希腊化时代城邦政治的结束到罗马帝国的建立，这一时期"世界"概念逐渐形成。随着亚历山大征服版图的扩大，希腊化世界也不断延展。然而，这一"世界化"进程远不及近代欧洲各国对外贸易和殖民扩张的进程，后者在时间跨度、波及范围、整合程度和一体化进程上远超于前者。可以说，从 16 世纪开始，人类开始真正意义上走向同一个世界。与此同时，民族、民族国家的概念也愈发清晰。

在 14、15 世纪欧洲地中海沿岸城市最早出现资本主义萌芽。手工业的发展带动了商业繁荣和贸易自由。进入 16 世纪，欧洲诸国资本主义快速发展，对外贸易和殖民快速扩张，各国之间常有交往、贸易与合作，也常有争夺、冲突和战争。当时欧洲呈现出混乱无序的历史面貌：（1）君主专制国家兴起，主权观念强化，各国以自我利益为先，战争与武力成为国与国交往的仲裁者；（2）宗教改革后爆发宗教战争，根深蒂固的宗教仇恨使得国际关系愈加复杂；（3）诱于惊人的海外贸易和殖民利益，各国进行商业掠夺，争抢海外殖民地，开拓海外新领土。②葡萄牙、西班牙、荷兰、法国、英国先后建立海上霸权，在世界范围内争夺殖民地，抢占海外贸易和殖民利益。

1485 年，英国都铎王朝建立，英国进入快速发展时期。宗教改革、圈地运动、商业贸易、海外扩张、文艺复兴等促使英国进入历史上的黄金时期。在伊丽莎白时代，英国资本主义工商业大发展，英国商人加快寻找海外市场，发展

---

① ［美］乔治·萨拜因：《政治学说史》（第四版，上卷），［美］托马斯·索尔森修订，邓正来译，第 199 页。

② ［美］乔治·萨拜因：《政治学说史》（第四版，下卷），［美］托马斯·索尔森修订，邓正来译，第 98 页。

海外贸易。在斯图亚特时代，依靠个人和私营团体，英国的海外扩张同时向三个方向发展：地中海流域和东印度的商业贸易开发、纽芬兰湾的渔业开发以及北美殖民地的农业拓殖。① 这些海外贸易、商业和殖民活动不断扩大英国的势力范围，也把资本主义生产方式和商品向世界倾销。资本主义开始席卷整个世界。

17世纪的英国处于较为动乱时期。对内，皇权、贵族、议会与教会相互争斗，战争不断；对外，英国与西班牙、法国等发生海上战争。1639年，英国主教战争爆发，随后英国进入内战。内战后，英国一方面重塑政治结构，逐渐形成适合资本主义生产方式的社会政治制度；另一方面加速进行海外扩张。奥利弗·克伦威尔（Oliver Cromwell）提出的西方计划（Western Design）是英国政府第一次为越洋殖民部署军事资源。它提升了英国人民对海外帝国在经济和道德上的重要性的认识，使得英国人民把英国在17世纪上半叶偶然获得的殖民地和贸易地位视为关乎国家利益和自豪感的事情。② 后来，英国通过打败海上强国荷兰、扩充海上船队、增强海上军事力量、进行殖民渗透等一系列手段，塑造了更加强大的海外帝国形象。由于殖民活动给英国社会带来了巨大的经济效益，英国对世界上其他地区虎视眈眈，试图将任何有利可图的地区都纳入英国的殖民版图。"1651－1660年间，英国海军增加了200艘军舰；从1649年起，英国海军开始在海上正常巡逻，其范围扩及地中海与波罗的海。革命时期英国夺取的殖民地包括牙买加、圣赫勒拿、苏里南、敦克尔刻、新斯科舍、新不伦瑞克等，其中除欧洲大陆的敦刻尔克外，其他地方都成了英国的永久殖民地。"③ 以英国为中心的世界帝国版图不断扩大。1685年，"R. B"（纳撒尼尔教堂的化名）出版了一个小册子，正式表达了帝国概念。17世纪末期，英帝国概念已正式确立起来。④

面对欧洲诸国内部的社会发展、革命和战乱，以及国家间的海外贸易冲突、殖民地争夺和海上霸权扩张，人们非常关注两个问题。一是集中的国家权力和稳定的社会秩序何以可能；二是有序的国际规则和正当的国际义务是

---

① 钱乘旦、许洁明：《英国通史》，上海社会科学院出版社2017年版，第153页。
② Nicholas Canny, *The Origins of Empire British Overseas Enterprise to the Close of the Seventeenth Century*, New York: Oxford University Press, 2001, pp. 20－21.
③ 钱乘旦、许洁明：《英国通史》，第172页。
④ Nicholas Canny, *The Origins of Empire British Overseas Enterprise to the Close of the Seventeenth Century*, New York: Oxford University Press, 2001, p. 22.

什么。托马斯·霍布斯（Thomas Hobbes）出色地回答了第一个问题，而胡果·格劳秀斯（Hugo Grotius）、大卫·休谟（David Hume）则对第二个问题进行了有益讨论。鉴于当代全球正义始终是与民族、国家、主权有关的概念，鉴于主权国家和社会正义、国际正义、全球正义的复杂关系，霍布斯的国家学说是无法绕开的内容。

霍布斯出生于都铎王朝末期伊丽莎白统治时期，经历过英国内战和相当长时间的混乱。他遵从马基雅维利式的现实主义，认为人类处于现实主义式的无政府状态。一个广为流传的观点是，霍布斯相信国家之间也处于类自然状态的战争状态，因为他曾用国家间的战争状态来类比人与人之间普遍存在的战争状态。

> 虽然说历史上从来没有过每个人处于彼此敌对和相互为战的战争状态，但是在所有的时代，国王和主权者因为彼此的独立性始终互相猜忌，以角斗士的状态和姿势永远警备和随时准备战斗；他们用武器对准彼此，虎视眈眈，在边境上建造堡垒、派遣部队、架设枪炮；他们相互刺探和监视邻国，这就是一种战争状态。①

霍布斯认为，在自然状态下，每个人处于相互敌对的战争状态，没有对与错、正义与不正义的想法。个人能否摆脱战争状态、进入正义关系取决于是否一起订立契约并建立威慑所有人的共同权威。"当订立契约后，失约就是不正义；不正义的定义是不履行契约。相应地，履行契约就是正义。"② 正义意味着践诺守约，并服从这一权威。否则，该契约就是一纸空文，人们依然处于战争状态。因此，是否正义首先是相对于是否如约服从主权权威而言的。

那么，如何保证订约双方履行契约、实践正义？"因为在战争状态中没有公共权威，就没有法律；没有法律的地方，就没有正义。"③ 霍布斯进而提出

---

① Thomas Hobbes, *Leviathan*（*Revised Student Edition*）, Richard Tuck ed., New York: Cambridge University Press, 2017, p.90.
② Thomas Hobbes, *Leviathan*（*Revised Student Edition*）, Richard Tuck ed., New York: Cambridge University Press, 2017, p.100.
③ Thomas Hobbes, *Leviathan*（*Revised Student Edition*）, Richard Tuck ed., New York: Cambridge University Press, 2017, p.90.

实现正义的条件是有主权权威加以保障。"如果订立契约之后,双方都没有马上执行,而是彼此信任;在纯粹的自然状态下(在一个每个人都反对每个人的自然状态下),双方只要有任何合理的猜忌,这份契约就无效:但如果有一个共同权威统摄双方,有足够的权力和力量强制要求他们执行;它就不是无效的。"① 所以国家主权权威具有强制性力量,通过法律及其惩罚的机构,确保人们履行契约,维持正义关系。"霍布斯的理论提出的道德问题是如何创造自然法将会在其中有效的条件。"② 他的方案一是订立契约,二是保证履行契约。霍布斯建构了公共权威——法律和正义之间的约束关系,强调公共权威及其意志具象化的法律将保证实现正义和维系正义关系。国家主权权威完美满足了正义实现的所需条件。

像修昔底德一样,霍布斯直觉上也以为国家是自利的。他表示,从自然状态下脱离出来的人们组成国家,其首要目的是保有和追求自己臣民的利益,对外国保持警惕和怀疑。(1)每一个国家(不是每一个人)有绝对的自由去做它所认为对自己最有利的事情,代表国家的人们或者议会将做出此类判断;(2)国家的职责在于保持国内人民的和平,抵制外国的入侵。国家代理人和议会成员要有渊博的知识和能力,及时认识和发现可能以任何方式侵扰本国的外国意向与企图;(3)国家主要关心自己臣民的利益。国家为了自己臣民的利益,几乎不会放过削弱邻国的机会,甚至会为维护自己人的利益而威胁他国的利益。因此,国家是完全自利的存在,而这也正是国家的目的和道德价值之所在。

有趣的是,霍布斯提到了一种独特的国家,那就是殖民地国家。"一个国家派遣一群人离开本国,在一个指挥者或者总督的领导下,到一个原先无人居住或因战乱而荒芜的外国去定居。这就是我们所称的移民地或殖民地,它们是国家的后嗣或孩子。"③ 霍布斯承认那些最后自成一国、脱离母国控制和服从关系的国家是独立国家;而且,他希望母国与该国的关系如父子一般——让孩子独立和自由,以尊重和友好的态度对待他们。

---

① Thomas Hobbes, *Leviathan* (*Revised Student Edition*), Richard Tuck ed., New York: Cambridge University Press, 2017, p. 96.
② [美]查尔斯·贝兹:《政治理论与国际关系》,丛占修译,上海译文出版社2012年版,第31页。
③ Thomas Hobbes, *Leviathan* (*Revised Student Edition*), Richard Tuck ed., New York: Cambridge University Press, 2017, p. 175.

霍布斯的个体—国家类比逻辑和战争状态隐喻引发了两种普遍观点。一是国际怀疑主义。"在现代政治理论中，尤其在现代自然法理论家的著作中，国际关系处在一种自然状态中是常见的观念。"① 一些学者认为国际社会就是自然状态和战争状态，国际关系中没有任何道德义务。二是主权正义观。内格尔曾借霍布斯的理论阐述正义和主权的充分必要关系。他认为，主权保证正义，没有统一的主权权威就没有正义，同理，没有世界主权权威就没有全球正义。② 然而，这两种观点都不是霍布斯的直接主张。

首先，霍布斯没有明确讨论过超越单个国家的正义问题。虽然霍布斯认为正义与国家主权有关，但没有直接得出"自然状态 = 国际关系 = 所有人对所有人的战争，因此不可能有一个国际社会"③ 的观点。他的个体—国家类比逻辑更多的是预设人的自然状态。他的目的在于证明，个体通过契约方式建立国家主权权威以实现自我保存和安全。他没有讨论个体的人在国际情形中的战争状态，或正义状态。因为对他而言，各个主权国家组成的世界自然是正义的世界，个人的安全和利益可通过其所在国家的主权而得到保障。其次，从霍布斯的只言片语来看，他也不认为人们可以在主权国家之外建立一个更大范围的契约。他曾表示，订立契约的人数越多，各自的判断、欲望和分歧越大，越不利于个人在集体的自利上最大程度地保持一致和长期维持履行契约的行动。霍布斯主要聚焦于国内社会政治秩序和正义问题，并未过多涉及国际秩序或正义的问题。

与霍布斯不同，格劳秀斯非常关注国际社会和国家的外交关系。1583 年，格劳秀斯出生于荷兰。此时，荷兰已脱离西班牙的统治，并快速发展为一股惊人的海上力量。它一方面发展农业、工商业和造船业，刺激商品经济和海外贸易繁荣；另一方面扩充军事舰队，对外加快殖民扩展，与西班牙、法国、英国等争夺美洲和亚洲殖民地。格劳秀斯曾担任外交官、行政长官等政府职务，对荷兰及欧洲诸国所处的混乱、无序与战争的时代深有了解。他发展了现代化的自然法理论，试图调整国家间关系，对国际战争进行正义规制，希

---

① ［美］查尔斯·贝兹：《政治理论与国际关系》，丛占修译，第 25 页。
② Thomas Nagel, "The Problem of Global Justice", *Philosophy & Public Affairs*, Vol. 33, No. 2, Spring 2005, pp. 113 – 147.
③ Martin Wight, "An Anatomy of International Thought", *Review of International Studies*, Vol. 13, No. 3, July 1987, p. 222.

望人类实现和平与幸福。

第一，格劳秀斯认为人生来是理性的，也是社会性的。人所具有的"爱社交性"的倾向和特征使得人对和平的社会生活有着强烈的欲求。在此欲求下，人们追求和平的社会秩序，自由地追寻海外商业、贸易和旅游的无限可能。第二，格劳秀斯重新区分了自然法和国内法与国际法，强调国际法的约束力来自订约的国家意志。他认为，自然法是世俗之法，不是上帝之法，它是与人的正当理性有关的律令。与自然法不同，国内法和国际法都以普遍的协议为依据，其有效性的维持需要依靠协议各方的守信和践诺。国际法也叫万国法。"万国法是一种在适用范围上更加广泛的法，其权威来自所有国家，或者至少是许多国家的同意。"① 它取决于各个国家的意志、同意和信守，是可变更的。第三，格劳秀斯重点讨论了战争的正义问题。他认为，正义战争的标准是"只为了达到或重建人类的自然目标——和平或平静安宁的社会生活条件，而不是为了个人或集团的自我扩张"②。他把正义战争分为两类：一是为了自我防御和保护财产，二是为了回击伤害和施行应得惩罚。针对第一种正义战争，他详细讨论了财产的种类和来源，以此辨别是否侵占了别人的东西，是否拿回了自己的所属之物。针对第二种正义战争，他阐述了契约与协议的实质，以此为根据对应得的罪行和惩罚进行判定。

格劳秀斯具体论述了主权国家间的关系和正义战争问题。"战争是为和平而发动的"③ 是格劳秀斯国际法理论的核心诉求。他的国际法理论和正义战争思想都基于他对主权国家及其权力的认可。他也借助于自然法和国际法对主权权力进行了限制：国家间战争既不能自私自利，又不能任意妄为。任何随意发动的战争都是不正义的。他希望对战争进行严格审慎的审查，进而避免不正义的战争。当然，从今天的眼光来看，格劳秀斯的某些观点确实令人无法接受，比如他为东印度公司申辩，认为征用土著居民的土地是合法的。究其根本，格劳秀斯一些主张在本质上是为像荷兰一样的欧洲诸国的自我利益和以自利为纲的对外行动进行辩护，是为了促进欧洲国家之间的合理竞争、有序交往和不断增长的殖民利益。

---

① ［荷］胡果·格劳秀斯：《战争与和平法》，［美］A. C. 坎贝尔英译，何勤华等译，上海人民出版社2017年版，第27页。
② ［美］列奥·斯特劳斯、约瑟夫·克罗波西主编：《政治哲学史》，李洪润等译，第391页。
③ ［荷］胡果·格劳秀斯：《战争与和平法》，［美］A. C. 坎贝尔英译，何勤华等译，第19页。

霍布斯与格劳秀斯都以国家主权和利益为中心视野,其学说是为了实现个人和国家的自我保护而探索可能途径。理查德·塔克(Richard Tuck)指出:"对于格劳秀斯、霍布斯和他们的追随者来说,自我保护是至高无上的原则,是任何普遍道德存在的基础——因为,他们相信,在任何社会中,人们都不可能被剥夺自我保护的道德权利。"① 他也因此得出"自我保存是国家的普遍权利"的结论。

与霍布斯和格劳秀斯相比,半个世纪之后,英国的休谟更为充分地阐述了国家的义务。如果说霍布斯困扰于英国内战,无暇将眼光投向国界之外的正义问题,那么休谟则对国际政治有着莫大的兴趣。18世纪,英国进入了稳定增长期,英帝国的版图首次在全世界建立起来,英国人深以本国先进的社会政治制度为傲。② 休谟出生和成长于这一时期,他关心国际政治和经济,充分阐发了国家道德和义务。

休谟是著名的经验主义的怀疑论者。他关于理性、情感、自然法、正义、公民服从和国家义务等主题的论述逻辑缜密且打动人心。他笔下的人性观和国家观兼具理性主义和情感主义。在他看来,人有既自私自利的一面,又有慈善互助一面,前者为主,后者为辅。人类渴望获得物质财富和占有更多的私人财产,追求自我利益,这导致人类普遍存在冲突和战争。但是人类在发展的过程中又不断地增进彼此的感情。人类喜欢社交,有恻隐之心,悯人之怀,乐善好施。人类的这两种天然倾向相互妥协、修正和调和,偶然地导致人类制定正义规则。也就是说,正义起于人类习俗,源于人类自我保存和实现和平的利益需要,形成于一些偶然的公共事件。"对休谟而言,准确地说,正义是人类行动的结果,却不是设计的结果。"③ 休谟视正义为人造美德,而不是天然美德;视其为历史的产物,而不是理性的产物。他把正义定为人与人之间的自然法:稳定持续地占有财产、经过同意后转让财产、践诺守信。像人一样,国家也有相似的两种倾向,既有自私自利的野心,又喜欢合作互

---

① Richard Tuck, *The Rights of War and Peace: Political Thought and the International Order From Grotius to Kant*, New York: Oxford University Press, 1999, p. 5.
② Knud Haakonssen, "Introduction", in David Hume, *Hume: Political Essays*, Knud Haakonssen ed., New York: Cambridge University Press, 1994, p. xi.
③ Stuart D. Warner and Donald W. Livingston, "Introduction", in David Hume, *Political Writings*, Stuart D. Warner and Donald W. Livingston eds., Indianapolis and Cambridge: Hackett Publishing Company, 1994, p. xiii.

助。类比来看，人与人之间的自然法也是君主间的自然法；人们所遵守的正义亦是君主的义务，是国际正义的根基。

在类似于人的本质特点之外，休谟强调国家还有不同的一面——国家间的贸易和商业行为。它们转变了国家间的关系，是国际法产生的现实原因。因此，休谟提出国际法（Law of nations）概念，希望国家间形成一套新的义务规则。"当绝大部分的人类都建立了公民政府，不同的社会毗邻而居的时候，各国之间形成了一套新的义务，它适合于各国彼此间相互贸易的本质。"① 休谟明确指出，这些国际义务包括"国家大使的神圣不可侵犯、有权宣战、放弃有毒武器，以及为那些对不同社会来说尤其重要的贸易而加以规定的义务"②。

休谟非常重视国家贸易行为，肯定贸易的好处，反对国际贸易上的猜忌。他指出："任何一个国家财富和贸易的繁荣，通常不会减损，反而增益其所有邻国的财富和贸易；如果一个国家不能尽可能地发展其贸易和工业，周边国家都会埋葬于无知、懒惰和野蛮。"③ 在《论贸易猜忌》（*Of the Jealousy of Trade*）一文中，他论述了国家间彼此借鉴和相互贸易的诸多互惠好处，例如带动国内工业的相互竞争和进步、增加出口、增进互换和促进共同繁荣。所以他希望所有国家抛弃对国际贸易的偏见和猜忌。他呼吁道："我大胆地承认，不仅作为一个人，而且作为一个英国公民，我为德国、西班牙、意大利、甚至法国本身的贸易繁荣祈祷。我至少可以肯定，如果英国和所有这些国家的君主与大臣们对待彼此以开放和仁慈，这些国家将更加蓬勃发展。"④

尽管如此，休谟眼中的国际法有其自身限度——起源和从属于自然法。这表明国家间履行正义的道德义务需服从于天然的利益义务。"为君主建立的道德体系比那些支配私人的道德体系更加自由松散……君主的道德虽然和个体的道德有同样的范围，但是没有同等的效力，因为君主可以因为一个非常

---

① David Hume, *Political Writings*, Stuart D. Warner and Donald W. Livingston eds., Indianapolis and Cambridge: Hackett Publishing Company, 1994, p. 73.
② David Hume, *Political Writings*, Stuart D. Warner and Donald W. Livingston eds., Indianapolis and Cambridge: Hackett Publishing Company, 1994, p. 74.
③ David Hume, *Of the Jealousy of Trade*, 1758, p. 1.
④ David Hume, *Of the Jealousy of Trade*, 1758, p. 2.

小的动机就违反条约，这可能是合法的。"① 所以，国际法的严格性又被自然法溶解。休谟试图让君主在两种义务间实现妥协和折衷，达成一种符合现实的微妙平衡。国家既可以实现自我保存，又可以增进和平、商业和互助，进而"把个人之间的正义概念分享到各个国家之间"②。

休谟还推崇适度均衡的国际关系。在《论势力均衡》（*Of the Balance of Power*）一文中，他极力赞美古希腊时期各个国家间的势力均衡，反对英国的盲目自大、野心冒进和过激行为。③ 在他看来，各国力量维持巧妙的平衡才能保持国家活力和实现和平，这才是最好的国际秩序。

伊曼纽尔·康德（Immanuel Kant）批评格劳秀斯等人的国际法主张。他认为格劳秀斯等人提出的自然法和国际法无法为国家提供共同的外部约束。他在1795年发表《论永久和平——一个哲学策划》（*Toward Perpetual Peace: A Philosophical Sketch*），从哲学角度设计人类的和平，制定国家间永久和平的条款，认为国家间不是自然状态或者说战争状态，而是和平状态。康德总结了永久和平的三个确定性条款：（1）每个国家的公民宪政应当是共和制的；（2）国际法权应当建立在自由国家的联盟制之上；（3）世界公民法权应当被限制在普遍友善的条件上。④ 康德设想每个人拥有世界主义式的世界公民权利。它并非由国家授予，而是由人作为整个宇宙体系的组成部分被赋予的。其权利内容指向和平的国际交往、普遍的友善和人类成员的团结。康德的世界主义刻画了"一种可能的、世界的民族共同体的法律"，"它关注一个世界共同体成员的道德联系，其中国家边界仅有一种派生的意义"。⑤ 康德直接为后来者确立了世界主义的基本观念。

有认为康德积极地想要建立世界国家。但是，从康德的一些言辞和论证来看，他对于世界国家和世界政府犹疑不定。在他看来，拥有世界公民身份

---

① David Hume, *Political Writings*, Stuart D. Warner and Donald W. Livingston eds., Indianapolis and Cambridge: Hackett Publishing Company, 1994, p. 75.
② David Hume, *Political Writings*, Stuart D. Warner and Donald W. Livingston eds., Indianapolis and Cambridge: Hackett Publishing Company, 1994, p. 74.
③ David Hume, "Of the Balance of Power", in David Hume, *Essays, Moral, Political, and Literary*, Eugene F. Miller eds., Indianapolis, IN: Liberty Classics, 1987.
④ ［德］康德：《论永久和平》，载《康德著作全集第8卷：1781年之后的论文》，李秋零主编，中国人民大学出版社2008年版，第354-363页。
⑤ ［美］查尔斯·贝兹：《政治理论与国际关系》，丛占修译，第163页。

和法权的人们会选择共和制的公民宪政国家,进而组成国际联盟。对他们来说,共和制的宪政国家及其联盟是实现世界公民权利的可行方案。国家联盟是更为可取的现实策略,哪怕它是一种消极的替代品。"康德视自己倡导的跨国联邦为最多只能产生脆弱和平的无可奈何的替代品,而他却保留了世界共和国的积极理念,认为这才是充分吻合理性的人类组织形式和永久和平的惟一希望。"①

整体而言,康德小心翼翼地进行着"永久和平"的哲学设计。鉴于它是如此宏大的一个主题,即使是康德也常常举棋不定。但他的和平理论传递着进步主义和历史主义的信念。他期待启蒙主义的承继、与启蒙相伴的文明的发展、人类一致性的广泛的提高,期待各国建立和平的共和政府并对人民进行良好的道德教育,期待人类在历史进步中最后走向基于自由、平等、均衡、竞争的普遍和平。②

在上述思想家之外,还有塞缪尔·普芬道夫(Samuel Pufendorf)、约翰·洛克(John Locke)等政治哲学家关注国际道德和正义问题,探讨主权与领土原则、获取非欧洲领土的条件、海洋所有权、国际贸易与航运自由、战争与和平等议题。

第三节 19—20世纪的全球正义

19世纪的重要发展和变化主要有五个方面:(1)通过北美独立战争以及一系列战争,全民武装的原则得以确立,民族国家正当地拥有军队;(2)民族国家成为独立的政治和军事行动体,在国际政治和外交中扮演主要角色,奉行国家利益至上原则;(3)武器、交通、通信等技术具备历史上前所未有的摧毁和联通能力;(4)国家的工业生产力决定军事力量、国家实力和国际地位;(5)早在17世纪已形成基本格局的欧洲国家体系在19世纪进一步发展为世界性的国家体系,全球大片土地被强行并入欧洲帝国的疆域,但欧洲之外的美国和日本也崛起为强国。帝国秩序既加速世界的交流交往,又给许

---

① [美]涛慕斯·博格:《康德、罗尔斯与全球正义》,刘莘、徐向东等译,上海译文出版社2010年版,第59页。
② [美]列奥·斯特劳斯、约瑟夫·克罗波西主编:《政治哲学史》,李洪润等译,第608—609页。

多国家带来灾难。① 其中，英国率先完成工业革命，在 19 世纪成为历史上第一个真正的世界帝国。同时，法、德、美等国家加速进入工业化社会，加快对外扩张和海外殖民。世界上其他国家和地区，如亚洲、非洲和南美洲诸国，则被动卷入工业化和现代化进程，成为帝国体系的一部分。这些发展变化一直持续到 20 世纪上半叶。

20 世纪是战争与和平交织的年代。20 世纪上半叶的世界主要有以下特征：（1）民族国家依然是国际主体，但具有部分主权让渡的力量的国际联盟产生；（2）大范围的殖民统治和侵略加剧，反侵略、反压迫的民族革命增多，国际社会动荡不安；（3）大规模的直接武装冲突和军事战争增加，惨无人道的种族灭绝、大屠杀、血腥掠夺时有发生；（4）工业、贸易、科技、交通、通信等快速发展，人类交往更加密切快速。正如历史学家于尔根·奥斯特哈默（Jurgen Osterhammel）总结的那样，20 世纪的世界史已确认一个基本事实：全球已然形成了一张如星云般紧密交织的关系网，或者说形成了许许多多交织的人类网络。②

在 19 世纪，许多思想家已经具备跨民族、跨国家、跨欧洲的国际视野，对国际正义问题进行了一系列富有远见的探索。格奥尔格·威廉·弗里德里希·黑格尔（G. W. F. Hegel）的历史哲学呈现了世界历史形成和辩证发展的轨迹。他表示，过去重视的历史是单个的国家历史，但世界历史已然作为"精神"的发展和实现的过程。世界历史的辩证发展有一个统一性的趋向，其本源是民族主义，在每个历史阶段体现其民族精神。世界的源头、本质和动力在黑格尔那里得到了表达。

黑格尔对世界历史和民族的呈现意在强调国家在道德上的优越性。国家是存在的、现实的道德生活，个人只有在国家中才能有一种道德的生活和被赋予的价值。个人通过国家获得普遍性。"人类具有的一切价值——一切精神的现实性，都是由国家而有的……'普遍的东西'要在'国家'里、在它的法律里、在它的普遍的和合理的许多部署里发现。'国家'是存在于'地球'

---

① ［德］于尔根·奥斯特哈默：《世界的演变：19 世纪史Ⅱ》，强朝晖、刘风译译，社会科学文献出版社 2016 年版，第 762—766 页。
② ［德］于尔根·奥斯特哈默：《世界的演变：19 世纪史Ⅰ》，强朝晖、刘风译译，社会科学文献出版社 2016 年版，第 1 页。

上的'神圣的观念'。"①

　　黑格尔承认个人对国家的义务，却否认国家间道德化的主张。（1）国家保持自身主权的完整性，并排斥其他国家主权，与其他国家处于对立一面。各国处于自然状态，公民的对外义务完全限于维持本国的独立、主权和利益。（2）鉴于国家的利益是它自己的最高法则，国与国的争端只能通过战争来解决，而无法借助普遍正义的抽象要求（或者说国际联盟和国际法）。因为没有强加于各国之上的诸如国家一般的普遍权威，国家事实上凭借自己的意志和利益做出选择。（3）和平是虚假的，战争是必要的。战争具有道德意义，战争不是绝对罪恶。其一，通过战争，国家展示自身目的、权力和职能，体现牺牲、忠诚和爱国精神，使得个体彻底服从于国家；其二，通过战争，国家保卫独立和维护主权；其三，通过战争，民族保存道德上的健康，避免和平腐蚀和堕落；其四，通过战争，世界上其他国家、地区和民族会被动走向西方化（或者说欧洲化），进而实现文明进步；其五，通过战争，人类向前推动世界的历史进程，在历史终结之处构造实现拥有最好政治制度的国家。"最后的国家代表了一个综合，它使人类的一切可能的方面都得到了和解，而且没有为将会导致世界历史进一步发展的不完善和不满足留有任何余地。"② 黑格尔认为，这一历史的终结可能是通过战争来实现的。他曾断定："亚美利加洲乃是明日的国土，那里，在未来的时代中，世界历史将启示它的使命——或许在北美和南美之间的抗争中。"③ 冲突与对抗，战争与武力，压迫和征服，似乎是世界历史得以推进的必然形式。黑格尔发展普遍历史的概念和基本原理，以一种更整全的世界历史视野来思索人类命运和世界发展道路。

　　然而，无论他的逻辑形式多么严密，哲学愿景多么迷人，他传递给世人的依旧是一种欧洲中心主义和文明优越论。对此，罗素批评道："黑格尔的偏见之强显露在这点上：他的国家理论同他自己的形而上学大有矛盾，而这些矛盾全都是那种偏于给残酷和国际劫掠行为辩护的。"④ 由此，黑格尔对民族主义和国家的经典表述是对个人主义和自然权利哲学的否弃，也是对世界主

---

① ［德］黑格尔：《历史哲学》，王造时译，上海书店出版社2022年版，第36页。
② ［美］列奥·斯特劳斯、约瑟夫·克罗波西主编：《政治哲学史》，李洪润等译，第758—759页。
③ ［德］黑格尔：《历史哲学》，王造时译，第80页。
④ ［英］罗素：《西方哲学史》，何兆武、李约瑟译，第313页。

义和普遍人权哲学的背离。他对战争道德的哲学分析乃是他对当时世界和德国政治经验的直观映照。

当黑格尔拒斥国际义务和国际法时，约翰·穆勒（John Stuart Mill）、亨利·西季威克（Henry Sidgwick）等有不同看法。他们讨论战争的本质、起因和道德，思考国际和平、法律、秩序和正义，探究全球资源、移民和对外国人的义务问题。在他们看来，"获得稳定的秩序就代表进步，而且至少部分表明实现了正义。正义在这里是指国际政治发展了一种公共政治道德，它使得政治行为经受道德的考验，抑制了对权力和利益的追求。实现国际政治上的公共道德在某种程度上依赖于秩序（反之亦然），象征了政治进步"①。在众多学者中，西季威克是各家思想的集大成者。西季威克出生于19世纪作为世界霸主的英国，他的伦理、政治和经济观都继承于穆勒，但他的国际观发展出了许多新的想法。在《政治的要素》（Elements of Politics）中，他关注一个国家与其他国家及其他个体之间的正义关系，通过把国家类比为个体来确立独立国家的政府对待外国人的一般规则——"国际义务的规则或原则"②。他试图以此建构更为合理的国际义务理论。

首先，西季威克明确区分国际义务规则③和国家对外政策的信条。他表示："国际义务规则（无论是'法律'规则还是'道德'规则）与政策准则的关系将大致对应义务的规则和审慎的格言，前者是由所有国家的共同利益所决定的共同规则，后者就像作为应用于实践理性的私人行为的格言。"④ 西季威克把国际义务原则界定为"互不干涉原则"与"履行契约和补偿错误行为"⑤。他强调这两个原则不是来自惯例或习俗，而是人们出于合理理由的共同选择，是普适于文明国家间的唯二原则。他的"互不干涉"还带有"不伤

---

① Casper Sylvest, *British Liberal Internationalism*, *1880 – 1930*：*Making Progress*?, Manchester and New York：Manchester University Press, 2009, pp. 3 – 4.
② Henry Sidgwick, *The Elements of Politics*（*Second Edition*, *Revised Throughout*）, New York：Macmillan and Co., Limited, 1897, p. 238.
③ 西季威克主张避免使用"法律"这一词汇。在他看来，义务有严格和非严格之分，但法律都是严格的。参见 Henry Sidgwick, *The Elements of Politics*（*Second Edition*, *Revised Throughout*）, New York：Macmillan and Co., Limited, 1897, p. 238。
④ Henry Sidgwick, *The Elements of Politics*（*Second Edition*, *Revised Throughout*）, New York：Macmillan and Co., Limited, 1897, p. 239.
⑤ Henry Sidgwick, *The Elements of Politics*（*Second Edition*, *Revised Throughout*）, New York：Macmillan and Co., Limited, 1897, p. 242.

害"的要求。他曾这样解释国际义务:"我们应该将不伤害任何其他国家或其成员视为一个国家的首要义务,包括(1)直接地,或(2)通过干涉财产权,或(3)通过不履行契约;从另一个角度看,这三条义务规则也构成了主要的国际权利。"① 和休谟的国际法相比,这是相当积极的和严格的义务要求。此外,西季威克还考察了这一义务原则在人类具体议题上的适用性和连贯性,例如对移民身份的界定、对外国人的合法待遇(主要指因犯法从邻国潜逃到本国的外国人)、领土权、殖民问题、强制性契约的效用问题、当自我保护的权利扩大为战争权利的问题,等等。

西季威克一直强调对伤害的补偿属于正义的范畴。他表示,当一个国家与外国或个人所签订的契约产生了义务时,只要契约是正当订立的,那么如果因其中一方违反契约而受到伤害时,无论受害者是国家还是个人,其余各方都有权利要求获得补偿。对于个人而言,他所在的国家应承担保障他这一权利的义务,可以以暴力手段强制要求对方赔偿。对于国家而言,它可以诉诸武力和暴力(战争)。西季威克写道:"任何严重地违反严格国际义务的行为若使一个国家的国际权利受到侵犯,它就有权要求赔偿;如果侵犯者顽固地拒绝赔偿,被侵犯的国家必须被认为有权获得其他任何可说服的国家的帮助,以武力获得赔偿。使用这种武力不一定等于战争;例如,如果属于一个国家或其任何成员的财产被另一个国家不公正地没收,则可通过'报复'获得赔偿——例如没收肇事者或其成员的财产。行使这种武力如果谨慎地限制在索取赔偿的范围内,有可能在谈判和友好解决之后进行;但这太容易被证明会导致和平关系的全面破裂——用肢体冲突代替口头讨论,我们称之为战争。"②

所以,西季威克要求尽可能地区分通过武力和战争获得赔偿的两种方式,在两者间他更倾向于前者而不是后者。这是因为,武力是向违反规则者表达正当道义上的反对和控诉,是第一位的优先选择,因此,它更符合国际道德;但战争则是一个国家可以正确地使用暴力来迫使违规者履行国际规则,它既是最后能够使用的唯一正常手段,也是最为严格的国际义务,因此,它必须经过广泛讨论和诉诸正义的严苛论证。但西季威克也表示:"如果诉诸战争的

---

① Henry Sidgwick, *The Elements of Politics* (Second Edition, Revised Throughout), New York: Macmillan and Co., Limited, 1897, p. 245.
② Henry Sidgwick, *The Elements of Politics* (Second Edition, Revised Throughout), New York: Macmillan and Co., Limited, 1897, p. 263.

国家刚好是胜利者,无论它要求的条件有多么繁重,只要这些条件并不明显地超过应有的赔偿或未来安全的需要,这些条件都必须得到实现,它们都必须被认为与任何其他国际义务一样具有明确的约束力。"① 当然,这不适用于胜利者是错误一方或其提出的条件过于苛刻这两种情况。

最后,西季威克试图使国际义务能在应然和实然中找到立足点。一方面,他不认为国际义务原则可以脱离国际现实。在现实情况中,不论是否诉诸国际法的正当性,一些国家为了直接的国家利益都经常对彼此施以暴力和侵犯,这是被国际社会普遍接受和容忍的事实。另一方面,他也证明,虽然没有国际公共权威,但是各国以公约形式采取协调一致的行动,在具体的国际领域制定一系列普通法。这些普通法已经使国际义务在某些方面转变为如国内实在法般精确、连贯、系统的规则体系,使它成为真正的国际法。因此,"各国不仅应该遵守,而且可能合法地被迫遵守"②。

总的来看,西季威克较早地论证了具有一定约束力和强制力的国际义务规则。他证明了国家对彼此和他国人民的义务不仅是道德义务,而且是更为严格的法律义务。这些义务遵循互不干涉、积极履约、不伤害和伤害后进行赔偿的原则。守约者对于违反者可以正当地使用武力甚至暴力以迫使对方履行这一义务。但是,西季威克也在理想和现实中左右摇摆。他希望国际义务不囿于国家利益的排他性,当国际义务与国家利益发生冲突时,国际义务必须被予以保留和执行。可是他又多次声明,国际义务和权利的定义非常不完善,因此我们只能合理期望各个国家遵守公认的国际义务原则,而对于那些不遵守这些规则的国家,这些公认的限制也必须相应地放宽松。

西季威克形成了一种以国家道德为基础的国际正义观念。它的要求是:(1)履行国际契约和义务;(2)保持适度、均衡与稳定的国际秩序;(3)实现国际法(国际义务原则)与自然法(国家利益原则)互相适应和协调。这一国家道德义务论具有重要意义,它挑战了霍布斯主义式的怀疑主义、国家利益至上论和国际无义务观念。它明确国家是国际权利和义务的承担者和履行者,国家间应平等对待彼此,并有义务遵循类似于个体之间所通用的自然

---

① Henry Sidgwick, *The Elements of Politics* (Second Edition, Revised Throughout), New York: Macmillan and Co., Limited, 1897, pp. 257–258.
② Henry Sidgwick, *The Elements of Politics* (Second Edition, Revised Throughout), New York: Macmillan and Co., Limited, 1897, p. 287.

法。这种国家道德观也存在显而易见的缺点。在以国家道德为核心的国际正义观中,是否干涉、是否侵略、是否伤害、是否合作、是否援助等问题完全归结为国家行为。国家道德义务的约束力较弱,国际社会仍然充斥着贫困、冲突、战乱和不义。英、美、法、德等国家发动的帝国主义战争和野蛮殖民活动一直存在,西方国家和非西方国家被割裂为两个截然不同的状态,后者承受着前者残暴野蛮扩张带来的无序、动乱和贫穷。

在两次世界大战中,国际社会发生急剧变革。许多思想家,包括罗素、威廉·詹姆斯(William James)、约翰·杜威(John Dewey)、悉尼·胡克(Sidney Hook)、理查德·罗蒂(Richard Rorty)等,批评帝国主义、殖民战争,渴望世界和平,关怀人类发展,主张人道主义和博爱思想,要求我们向非公民同胞提供更多的关心和帮助,希望建立和平和良序的国际社会。人道主义成为国际正义的重要内容和义务。

美国的几位实用主义学者对此做出了较多贡献。詹姆斯要求以个体主义对待世界上其他国家及其人民。在他眼中,任何一个国家及其人民都不是"一幅画、单纯的物质的量",而是"心理意义上的数量","它们也是有灵魂的存在"。① 因而詹姆斯反对帝国和帝国主义战争,他认为应以个体主义为国际政治的标准,主张国家间的义务在于认识彼此内在的美好和共同价值,接受并尊重彼此的差异。他尤其肯定大国应给予小国充分的尊重和支持。和詹姆斯相比,杜威前后经历两次世界大战,对和平的世界秩序更为渴望。"杜威置身于世界战争和民族革命年代,渴望人类摆脱战争和动荡。他提出的解决方案是社会改良。"② 杜威希望学校和教育完成社会改良,塑造现代公民——其"人生态度和努力是实现国际和平目标、促进经济安全、利用政治手段以增进自由与和平以及发展世界民主制度的战略中心"③。作为杜威的弟子,带有马克思主义和实用主义双重色彩的胡克进一步强调国际主义和人道关怀。他提倡实现一个充分人道的世界,追求全人类的"人的解

---

① Ralph Barton Perry, *Thought and Character of William James: As Revealed in Unpublished Correspondence and Notes, Together with His Published Writings*, Volume II, *Philosophy and Psychology*, Boston, MA: Little, Brown, and Company, 1935, p. 311.
② 张国清:《实用主义政治哲学》,商务印书馆2018年版,第238页。
③ [美]约翰·杜威:《人的问题》,傅统先、邱椿译,上海人民出版社1986年版,第21页。

放",而不只是"政治的解放"①。胡克在自己的回忆录《永不合拍:在 20 世纪独特的一生》(*Out of Step: An Unquiet Life in the 20th Century*)中表示,社会主义强调道德关怀、人人平等、人类友好亲爱和相知相通,渴望超越种族、民族和地区差异,摒弃任何差别化对待人的狭隘想法,这正是社会主义的魅力之所在和迷人之处。②像杜威一样,胡克也主张人类心智为国际主义的道德生活和政治生活提供适当场所③,因而教育和民主依然是实现人道主义世界的主要手段。此外,作为著名实用主义哲学家和公共知识分子的罗蒂非常关注当代重大的国际政治社会问题,多次就人道主义危机、国际战争、文化自由、认同冲突等全球化难题发表自我见解。他提出情感而非理性、团结而非分裂的解决方案,认为同情不是一股过于脆弱的力量,相反它是人类的希望。实用主义者以积极的态度提倡国际道德和义务,希望人类远离战争和冲突,追求人类友爱、团结、包容、自由、平等,期许一个更美好、更公正的世界。

"二战"后最重要的国际正义观念乃人权学说。1948 年 12 月 10 日,联合国大会通过第 217A(II)号决议并颁布《世界人权宣言》,要求联合国成员普遍承认并遵照执行它所规定的属于每个人的权利和自由。保护个人安全、自由和平等成为国际正义标准,也是衡量和判断各国统治、外交政策和国际行为合法性的重要标准。和以往的国际法则相比,这一标准具有执行更加严格、影响更加深远、涵盖更大范围的规范性作用。但是,对于人权内涵是什么,保护他国人民的人权与尊重他国人民的独立与自决的边界在哪里,什么力量促使一个国家尽心尽力地保护他国人民的人权,人们依旧进行了长期讨论。其中,最具有启发性的见解来自亨利·舒伊(Henry Shue)。他提出每个人、政府和公司有相互尊重和互不伤害的最低道德要求,呼吁美国外交政策能够不伤害和实现这些具有优先性的、毫无争议的基本权利。

舒伊认为外交政策仅采用经济权利和政治权利的二元区分会在一些方面产生误解,比如免予酷刑的权利、组成劳动组织和拥有私人财产的权利等。对于一个可以被不同国家人民所接受的外交政策,其核心原则应是基本人权原则。

---

① 张国清:《实用主义政治哲学》,第 137 页。
② Sidney Hook, *Out of Step: An Unquiet Life in the 20th Century*, New York: Harper & Row, Publishers, 1987, p. 30.
③ 张国清:《实用主义政治哲学》,第 253 页。

舒伊把人权解释为安全权（Security Rights）、生存权（Subsistence Rights）和自由（Liberty）三种基本权利。安全权即生命安全权——"不遭受谋杀、酷刑折磨、动乱、强奸蹂躏或人身攻击的基本权利"①。该权利的重要性在于它保障了人们享有一切其他权利的基础，是实现任何其他权利的必要条件。安全权超越国界、文化、民族和历史而被公认，不具有任何争议性。生存权也叫最低经济安全权，即"无污染空气、无污染水、充足食物、足够衣服、充分的居住场所、最低限度的预防性公共健康保护"②。生存权比生命安全权具有争议性，因为它具体要求的内容需要依据该社会的情景而决定。但基准线是让其社会成员具有充分的生活用品，以使人们获得健全的体魄、正常的寿命和体面的生活。同安全权一样，生存权的不足将极大妨碍人们享受其他一切权利。自由权是指政治自由和移动自由，主要包括有效参与的自由、身体运动的自由、不被非法控制和拘禁的自由、言论和思想的自由。

和其他政治或历史文化规定的权利相比，这三种基本权利具有不容置疑的基础性、优先性和普遍性。首先，它们和自尊紧密相关，是"最深处的道德性，确定了一个人不被贬低的最低底线"，是"每个人基于人性的最低限度的合情合理的要求"③。其次，从实践上讲，在不充分的选择中，基本权利的实现要先于任何其他权利，对于这些基本权利的满足是享受所有其他权利的基础。生存权和安全权绝不让路于任何一种原初的、新的或先进的概念，比如西方国家的自由主义或者任何其他的现代概念。最后，它们是世界上所有人都享有的三种基本权利，是人类最低的道德要求，超越国家、民族、种族、地理的区分。世界上所有行为主体都要尊重、保护和推动实现每个人的基本人权，减轻或避免任何人的无依无靠、孤立无援。这些基础性人权是各国外交政策的道德准则，是普遍的、严格的国际义务。保护它们是对每个国家的基本要求。否则，那些没有实现和保护人权的国家应受到谴责，乃至受到国

---

① Henry Shue, *Basic Right*: *Subsistence*, *Affluence*, *and U. S. Foreign Policy*, Princeton, NJ: Princeton University Press, 1980, p. 20.

② Henry Shue, *Basic Right*: *Subsistence*, *Affluence*, *and U. S. Foreign Policy*, Princeton, NJ: Princeton University Press, 1980, p. 23.

③ Henry Shue, *Basic Right*: *Subsistence*, *Affluence*, *and U. S. Foreign Policy*, Princeton, NJ: Princeton University Press, 1980, pp. 18 – 19.

际干涉。基本人权原则为正当干涉提供了依据。

在人权学说的观念里，人权原则不是一种私人美德，而是普遍道德和义务规范。只要一个人作为人的形式存在于世，不论是否与别人处于某种特殊的关系中，我们都对他们有着不可推却的人道主义义务。它向任何一个陌生人提出了要保护他者人权的规范性要求。很明显，这一理论远离传统的义务伦理观——当我们和别人处于某种特殊关系之中，例如家庭、社区和国家，我们才对彼此有保护义务。人权观念为国际社会提出了更为严格的道德义务要求。不可忽视的是，它又时常面临具体标准、执行主体、实际效果，以及主权与人权的争议问题。

小　结

虽然全球正义是一个非常晚近的术语，但对国际正义问题的理论思考则有着相当漫长的思想演变历程。从思想史溯源来看，思想家们讨论的主题一直随着世界形势而发展变化、日益丰富。

古希腊罗马时期的正义观念试图调和个人与世界、国家（城市）与国家（城市）、国家（城市）与帝国之间的关系，使之适应城邦政治结束后地中海世界统一化的进程。这其中传递了三种信念。第一，人类有着团结的希望，个人、民族和国家应当被尊重和平等对待，这种平等受到自然法的认可和保护；第二，人类有着普遍的正义义务，在本国人对外国人的正义义务要求上，它包括团结、友爱、仁慈、不干涉和爱好和平，但不允许损害自己和本国利益，也不允许伤害他人和随意发动战争。第三，虽然人类凭借作为人之共同特征的理性而获得普遍公民身份，但是国家对于实现人类团结发挥着重要作用，国家以共同体的形式使得人们对它怀有特别的义务。

近代以来，民族国家和主权权力概念正变得越来越重要。"国际"是人们常常使用的描述性词语。随着欧洲诸国对外贸易和海外扩张加快，在"世界"地理范围扩大的同时，关于国家主权及利益的纷争愈来愈多。跨国贸易、利益争夺、殖民劫掠、国际战争成为国际政治常态。16—19世纪的思想家们积极回应主权国家成为国际行为主体的政治现实，关心国家间的道德关系，探讨国家的道德准则和行为规范。一些思想家在关注国家主权和利益之外，也提倡人类互助、自由贸易、国际秩序、国际义务和国际法，并探讨武力和战争的适度与限度、领土扩张和殖民、移民和独立、不伤害和补偿、世界和平和秩序等。在20世纪，国际正义与人类平等、团结、互助和人道主义等主题密切交织。人权观念超越了民族国家的边界观念，以保护人权为核心的人道主义成为普遍的他涉美德或义务。

追溯全球正义理论发展的源头，我们发现，地理上的空间变化造成了观念的变迁，历史性的事件影响了语义的表达。"世界一体""人类一家""国际正义"观念促使人们开始探索整个世界和人类交往的伦理道德。当人类、世界、团结、平等、国际法等概念逐渐为大众所接受，人们开始以更开阔的视角审视个人与个人、个人与国家、个人与人类、个人与世界的关系。

人们日益确证了一个普遍观念：主权国家是保护个人安全和权利、使个人过上自由自治生活的政治体，是一个以追逐自我保存和利益为鹄的自主主体，但它又必须同等地对待其他国家的主体性，并基于此遵守一系列基本原则。这些原则是较为宽松的、薄弱的，且在根本上服从于主权国家利益的需要。但是，人们也愈发相信，国家利益冲突可以调和，国家间关系可以变得和谐，人类可以分享人道与友爱，世界可以走向团结与和平。甚至康德对未来人类的和平样态充满了积极的希望，虽然他也存在诸多犹疑不定之处，但是他把一切疑难和希望留待于启蒙和文明的进程。

第二章　全球正义的理论形成

当代全球正义理论与全球化趋势密切相关。"二战"后，随着世界一体化成为趋势，"国家"（与"全球"相对）的重要性在不断下降。在全球化背景下，人类彼此间已经形成了深度的跨国合作互动，产生了紧密的相互依赖关系，开展了大规模的集体行动，在各个方面形成了一套可靠而稳定的全球组织和法律体系。一幅非霍布斯主义的国际情景画卷正在徐徐展开。彼得·辛格（Peter Singer）对此满怀希望，他断定"超越国家主权的世界正在形成"①。即使全球化未必像辛格所认为的那样产生了类似于民族国家共同体的全球共同体，但是全球化的趋势和成果、"二战"后的历史经验和进步、全球正义思想史上的哲学探索，确实向当代世界主义者预示了人类过上一种更美好、更正义、更和平的生活的愿景。大有希望的是，人类对共享的价值和制度有着更加深切的道德忠诚，可以共同制定可靠持续的全球协议，达成稳定一致的全球行动，解决错综复杂的全球难题。

全球化带来的道德上的乐观主义和国际现实主义的错位催生了对全球正义问题的哲学思考。政治哲学不再对全球正义问题保持沉默。正义而非人道成为重新阐释世界和人类关系的热词。全球正义成为一项正在发展中的理论。当代世界主义者提出了全球正义研究的问题和内容，试图回答在国际社会究竟是什么引发了我们对外国公民的正义义务。最早主要有三种全球正义阐释进路。一是契约主义，二是效用主义，三是人权主义。三种进路的阐释者虽然都持有基本的世界主义立场，但是在具体观点上存在差异及争议，为全球正义提供了多种思辨维度和多个实践方案。

---

① Peter Singer, *One World Now: The Ethics of Globalization*, New Haven, CT: Yale University Press, 2016, p. 5.

第一节　全球化与正义问题

20世纪下半叶，政治、经济、文化、科技全球化迅猛发展，全球化大生产、通信技术革命、交通运输发展、信息资源共享等各种交互方式拉近了世界的时空距离。20世纪80年代，随着全球化进程明显加快，全球化呈现出不同以往的全新特点，如经济相互依赖、跨国政治紧密联系和国际体制政治经济化等。21世纪初，全球政治环境主要有七个方面变化：经济一体化、各国在文化经济和政治制度传统上出现差距、根据全球背景制定和运用决策、全球规则影响所有行动者的行为和福利、跨国运动和组织出现、政府和非政府的行动者在决策时相互考虑、通过激励和施加制裁约束的能力增强。[①] 在21世纪，人类社会已经在不同领域取得重大成果。

第一，人类普遍交往格局和共生性利益链不断形成，命运共同体进一步发展。在经济方面，全球经济一体化进程加快，国际经济合作纵深发展，贸易投资自由化、金融一体化、服务自由化趋势更为显著。在政治方面，全球政治格局"多极化"进一步发展，不同国家或地区的影响力逐渐增强，形成了多个权力中心，国家之间合作更加密切。在文化方面，不同国家和地区的人民之间的文化交流变得越来越频繁，交流的领域和范围不断扩大。在技术方面，以计算机和互联网为主要的现代科学技术快速发展和普及，科技人才和技术资源在全球范围内更加自由地流动。从整体上看，各国人民已经成为一个祸福相依的共同体，不仅在经济上相互依赖，而且在心理上相互关怀。全球化和自由贸易带来了繁荣和发展，造福了世界人民。全球化是当今世界的发展趋势，不可阻挡。

第二，诸多宝贵的制度成果和法律成果产生，更为严格的国际道德和义务规范形成。国际制度是指为促进国际合作、维护国际秩序和解决国际争端而建立的、涉及国际规则和程序的制度，包括国际组织、国际协议和法律、国际惯例和共识等。

一是建立体系化的国际组织，设有官僚机构和领导成员且能对各种国际

---

① Joshua Cohen and Charles Sabel, "Extra Rempublicam Nulla Justitia?", *Philosophy & Public Affairs*, Vol. 34, No. 2, March 2006, pp. 164–165.

事务做出及时反应。在政治合作方面成立联合国、北大西洋公约组织、欧盟等正式的政府间组织和跨国联合体；在经济合作方面成立世界贸易组织、国际货币基金组织、世界银行等；在教科文卫合作方面建立世界卫生组织、国际奥林匹克委员会、万国邮政联盟等；以及成立其他为促进经济和贸易发展、维护地区稳定和促进人类和平的各种常规化、非正式的跨国组织、合作论坛、国际协定等。

二是在一些国际领域确立国际公约、法规、条款，建立国际法庭。首先《联合国宪章》成为实在法性质的国际法文件，定义了联合国的宗旨、原则和组织机构，确立了国际关系的主要原则，规定了联合国成员国必须遵守的原则和义务，促进了国际和平与安全、维护国际公平与正义、促进国际经济和社会的发展以及各国文明的交流。其次一系列国际法得以制定并在一些领域有效执行。《世界贸易组织协定》规定贸易自由化、关税和非关税措施、知识产权保护等方面的贸易规则；《国际人权公约》规定公民、政治、经济、社会和文化权利，促进各国在人权领域的合作和发展；《联合国海洋法公约》等规范环境、海洋、海底、外层空间等全球公域，规定海洋资源的使用和保护、海域划界、海上航行自由等问题；《维也纳领事关系公约》等确立和保障外国领事的权利、义务、安全和自由；《不扩散核武器条约》等防止核武器和核技术的扩散，促进和平利用核能方面的合作和核裁军目标的实现；《裁军公约》限制军备竞赛和军备扩张，为国际裁军和军控领域确立具体措施。最后联合国建立下属立法委员会、国际法院和多个仲裁法庭。它们依照各种国际法审理国际法律纠纷，调停国家间和国际组织间的争端，为国家、联合国和国际组织提供国际法的解释和应用意见，仲裁国际违法犯罪。

三是全球社会已达成一些基本共识，它们成为具有普遍约束力的国际道德规范和义务。（1）每个个体和族群都有基本人权，禁止非法拘禁、酷刑和其他残忍伤害行为；（2）一般情况下互相尊重主权和领土完整，互不侵犯，互不干涉内政，但当一国发生残暴统治时，其他国家有权进行人道主义干涉；（3）反对恐怖主义和屠杀，禁止种族灭绝，抵制殖民活动；（4）维护世界和平与安全，主张基于自卫的战争权利及其限定条件；（5）保护妇女和儿童权益，反对极端贫困，对极端贫困人口施以人道主义援助，确保满足其食物、水和医疗保健等基本需求；（6）保护环境和地球，尊重生物多样性，共同应对气候变化；（7）关心共同利益，支持发展中国家发展，由发达国家提供一定的发展援助和债务减免。

第三，全球合作、互助、联合行动的范围不断扩大，能力和水平也显著提升。全球社会就恐怖主义、气候变化、非正义战争、核武器扩散等问题基本达成了一致意见，采取了较为统一的行动。在联合国的组织引导下，主权国家和国际组织联合支持发展援助、对抗全球极端贫困、反对恐怖主义、深化国际合作等国际行动取得了一些富有实效的成果，引领着人类走向一个更加团结、宽容、尊重、兼爱的全球社会。

以国际发展援助为例。它主要包括多边援助、双边援助和非政府援助，其中直接由国家和政府提供的双边援助占主要部分。"二战"后，由于重建和复兴的需要，一些官方贷款机构如国际复兴开发银行和欧洲复兴计划先后创建和实施，大规模的国际援助开始出现。1960年，美国、加拿大及欧洲诸国等共20个国家成立经济合作与发展组织（OECD），把支持援助发展中国家的经济社会发展和改善人民生活水平作为目标之一，专门设立向发展中国家提供援助的官方发展援助委员会。

OECD报告显示，这些国家的对外捐助总资金量逐年上升，并于1968年达到捐赠国国民生产总值（GNP）的0.78%。20世纪70年代初期，官方发展援助下降至0.3% – 0.35%。[①] 1998年，官方发展援助的下降趋势停止，当年增长36亿美元，实际增长9.6%。[②] 在这些国家之外，阿拉伯国家或苏联、东欧等共产主义国家在20世纪70年代中期也提供了大约30%的援助。[③] 这些发展援助在消除贫困、提升受援国家的发展能力、促进发展伙伴政策连贯性、解决国际问题和实现国际合作等方面扮演重要角色。它们主要用于支持发展中国家的工业和基础设施建设，引导大量国际私人资本流入发展中国家的农业和工业部门，集中于发展中国家缺乏国际市场的社会性投资的领域，包括自然灾害紧急援助、饥荒和极端贫困治理、技术合作、与和平有关的援助等。

---

① OECD, "Development Co-operation Report: 1999 Report", *The DAC Journal*, Vol. 1, No. 1, 2000, p. 46.

② OECD, "Development Co-operation Report: 1999 Report", *The DAC Journal*, Vol. 1, No. 1, 2000, p. 68.

③ OECD, "Development Co-operation Report: 1999 Report", *The DAC Journal*, Vol. 1, No. 1, 2000, p. 54.

1969—1998 年，主要技术合作、项目和方案援助以及粮食和紧急援助占双边援助总额的最大比例。①

全球化进程影响了全球政治、经济、军事等各个方面，既将一些遗留问题复杂化，又诱发了新的难题。

1. 国际政治发展不公平。当代人类社会已经发展出多样化的社会制度，但各个国家政治发展能力不一致、水平不均衡，全球政治环境也不公平。国家间如何平等共存、如何和平发展、如何实现全球政治环境的公平正义，成为人类社会主要的政治难题。它们不仅涉及主权独立和不干涉原则，而且涉及全球性的政治公平和正义问题。

第一，"二战"后，人类社会有社会主义和资本主义两种最基本的社会制度，各个国家在选择不同社会制度的基础上又结合自身特点和优势发展出多种多样的社会政治制度和形态。社会主义国家和资本主义国家之间彼此的政治诉求和发展方向不完全一致，这导致它们在国际舞台上所呈现的理念、行为、策略有所差异，也导致一些纷争和冲突。这些纷争和冲突波及面广，冲击范围大。典型事件是 1947 年到 1991 年之间的美苏冷战。第二次世界大战结束后美国和苏联在意识形态、经济、政治和军事领域存在分歧，而导致两国在政治、经济和军事上的紧张关系。冷战期间，美国和苏联之间进行了大量的竞争和对抗，包括军备竞赛、外交斗争、代理战争和核武器对抗等。这场冷战对世界政治、经济和文化的格局产生了深远的影响。苏联解体造成了东欧国家的崩溃和社会主义阵营的分化，导致了一系列的政治、经济和社会变革。随着冷战的结束，许多社会主义国家走向了政治制度、经济制度和文化制度的转型道路。然而，这个过程并不总是平稳和成功的。一些国家没有转型成功，反而处于长期的政治动荡、经济衰退和社会混乱之中。

从社会主义国家的角度来看，资本主义国家主导建立的不公正和剥削的国际制度是造成全球不平等和贫困的主要原因之一。社会主义国家认为，资本主义国家通过控制国际贸易、金融和资源的流动，维护自己的利益，使发展中国家陷入了贫困和落后的境地。社会主义国家主张通过全球合作和改革国际秩序来解决这个问题。从资本主义国家的角度来看，它们主张市场自由

---

① OECD,"Development Co-operation Report：1999 Report", *The DAC Journal*, Vol. 1, No. 1, 2000, pp. 48 – 51.

和个人自由是实现正义的最佳途径。资本主义国家认为，私有财产和市场机制可以提高生产率和创新能力，进而推动全球经济发展，这样可以实现全球的繁荣和进步。资本主义国家主张通过市场机制和自由贸易来解决国际不平等和贫困问题。社会主义国家和资本主义国家在国际正义问题上充满争议，各国对国际正义的定义和追求不完全一致。

第二，由于地理、历史、文化、经济、社会制度等内在因素和国际政治经济秩序等外在因素的影响，各个国家政治发展水平参差不齐，国际实力也强弱不一。一些国家拥有更多的资源、技术和手段，可以更轻松地发展先进的政治制度和民主实践，而一些发展中国家则面对更多的挑战和困难，比如腐败和政治不透明、民族和宗教冲突、贫困和社会不公、国际政治秩序不公平，等等。其中，国际政治秩序不公平较为显著。一是先前的国际政治制度结构主要是由英、美、法、德等先行发达国家所确立，后发展国家作为追随者或追赶者往往削足适履以满足其准入要求。西方国家拥有更多的资源和话语权，在制定国际规则、标准和协定方面占据主导地位，大国对弱国的影响、干涉或支配已然成为国际政治常态。二是全球政治结构的稳定性主要取决于少数几个大国的力量。这些大国的实力和影响力在国际政治中具有重要地位，它们的行动和态度会影响其他国家的决策和政策，从而影响整个国际体系的稳定性。三是国家之间不断试探、冲突、妥协，通过缔结或退出各种协议、协定、条约来追逐自我利益或寻求部分共同利益。在这些过程中，一些国家把自我利益置于优先地位，其发出的国际声音、执行的对外政策、签订的国际条约不全是正义的。四是在一些国家和地区，发展的不均衡性催生出民族分裂主义、民粹主义、少数主义，加剧了全球政治的不稳定性。尽管它们作为消极的解构力量而存在，但其诉求的由来和反映的问题敦促我们以全人类文明的角度看待全球社会的政治发展。

2. 国际经济发展不平等。它主要表现为各国在经济发展上面临的巨大差异、全球财富差距和全球贫困问题。如何改变现有的全球经济发展结构和体系，推动各个国家之间、地区之间、各个阶层之间实现均衡、公平、平等发展，使得所有人平等共享全球经济发展的好处，是一项重大挑战。

其一，不同国家或地区在经济上的发展水平存在较大差异或不均衡的现象。一些地区或国家出现经济发展缓慢、社会进步滞后、资源匮乏、极端贫困、贫富分化加剧等问题。以美国为代表的发达资本主义国家仍然主导着世界经济的运行方式，掌控着当代世界经济制度和国际贸易规则，占据着全球资本市场的制高点，享受着全球化生产和贸易带来的诸多好处。可是，也有一些老牌资本主义国家的经济状况不断恶化，英国、西班牙、葡萄牙等多国深陷经济停滞或发展缓慢的泥潭。与此同时，以中国、印度为代表的一些发展中国家的经济状况不断改善，生产力水平大大提高，经济地位和实力显著增强。各国经济势力的此消彼长冲击着现有世界经济基本格局，挑战原有的国际贸易体系，也不可避免地影响另一些国家的根本利益。

其二，全球穷人和富人的财富差距过大，穷者生活困苦不堪。根据联合国开发计划署发布的《2016 年人类发展报告：每个人的发展》，虽然中国和印度的发展推动全球相对不平等指数在过去几十年稳步下降（从 1975 年到 2010 年，相对基尼系数从 0.74 降低至 0.63），但是根据绝对基尼系数，绝对不平等从 20 世纪 70 年代中期开始急剧上升（1975 年到 2010 年，从 0.65 上升至约 0.72），人们收入差距扩大，全球财富更加集中。2000 年前后，全球最富有的 1% 人口拥有 32% 的财富，2010 年左右这一比例为 46%。[①] 总体上，发达国家有着更多的富人，而发展中国家有着更多的穷人。

这种不平等、不均衡的原因是多方面的。首先，先行发达资本主义国家具有历史发展优势，它们曾长期占领国际市场，攫取世界自然资源，以殖民主义而自肥。其次，这些国家在当代仍以发达的技术占据很大部分的世界市场，以雄厚的资本赚取生产、贸易和金融的最大利润。再次，还有些国家通过国际战争、武力威胁、利用各种国际制度体系、在他国扶植代理人等多种手段谋取本国的经济发展。最后，一些拥有丰富自然资源的国家凭借天然的优势快速实现了国民经济发展，而资源贫乏的国家长期处于落后状态，无力改变国内贫困面貌，无法保障其人民的生命安全、健康和福祉。此外，还有一些贫困国家内部的富裕阶层一方面利用国内优势夺取好处；另一方面与国外势力合谋，成为国外势力和国外资本在本国的代理人和买办，攫取自身利益。

其三，极端的贫富差距更多地来自资本收入的不平等。法国经济学家托马斯·皮凯蒂（Thomas Piketty）在《21 世纪资本论》（*Capital in the Twenty-*

[①] The United Nations Development Programme, "Human Development Report 2016: Human Development for Everyone", 2016, pp. 30 – 31, https://hdr.undp.org/system/files/documents/2016humandevelopmentreportpdf., 引用日期：2019 年 5 月 3 日。

First Century）中谈到，发展中国家与发达国家之间的人均国内生产总值差距日渐缩小，各国之间的趋同和不平等缩小，但是全球穷人和富人之间的差距在增大，全球不平等日渐突出。皮凯蒂给出了一个大致数据：自2010年以来，全球财富不公平程度表现为：最富的0.1%人群大约拥有全球财富总额的20%，最富的1%人群拥有约50%，而最富的10%人群则拥有总额的80%—90%；全球一半人口拥有的财富额绝对值处于全球财富总额的5%以下。① 全球财富分布的不均衡是一个既定事实。这种差距或许并不会引起一些人的担忧，例如有人会认为富人的收入来自个人的努力、天赋、国家内部利好的制度和政策等，但也有人质疑财富分布不均的背后存在的全球经济制度不正义问题。

总之，当前全球经济结构在一定程度上影响了一些国家的发展及其人民的福祉，产生了国与国之间、地区与地区之间、人与人之间的经济发展差距、生活水平差距和贫富差距。虽然当前许多发展中国家努力融入经济全球化趋势，但这种融入不等于认同。国际贸易规则和国际金融体系的设计和运作使得发展中国家难以在国际上获得公正的经济利益，制约了它们的经济增长和发展。同时，它们面临着债务危机、汇率波动和金融风险等问题，这些问题导致发展中国家在国际经济中相对弱势的地位，难以实现经济繁荣和人民福祉。由是，发展中国家希望重新制定公平正义的国际经济体系。

3. 传统与非传统领域的安全和正义问题相互交织。"二战"后，国际安全问题不仅包括军事竞赛、局部冲突，而且包括恐怖主义袭击、核武器扩散、疾病传播、气候变化等问题。在这些安全领域和事件中，谁来维护世界和平？靠什么维持和平？如何界定正义战争和非正义战争？如何介入重大非传统安全事件并共担责任、共迎风险？这些问题都避不开"正义"一词。

第一，大国间从未停止军事博弈和军备竞赛。"二战"后，世界形成了美国和苏联两个超级大国对立的格局。两个超级大国在军事领域进行了长期的竞争和对抗，都大量增加军备投入，扩大军队规模，提高武器装备水平，在技术上进行创新和改进。两个国家大量生产核武器，并在武器性能、威力等方面进行不断升级和变强。双方在全球范围内进行了地缘战略的角逐，包括

---

① ［法］托马斯·皮凯蒂：《21世纪资本论》，巴曙松、陈剑等译，中信出版社2014年版，第451页。

通过外交手段争夺影响力、在各个地区的军事介入和干涉、对第三世界国家的援助和拉拢等。这场军事竞赛在苏联解体后逐渐降温，但是军备竞赛在全球范围内仍在进行。许多国家都在增加自己的军备投入，不断研发各种新型军事武器，并在网络战、太空战等领域开展新型战争。

第二，政治谈判、外交磋商、经济制裁、军备竞赛、核威慑等"隐性"方式成为解决国际竞争和利益冲突的主要手段，但是直接的武装冲突和局部战乱依然屡见不鲜。大国之间虽然尽力避免直接战争，但也会发动非直接的代理人战争——支持、操纵、资助其他国家或组织进行军事对抗和武装冲突。受大国影响和控制，一些较小国家沦为代理国，局部地区成为战火肆虐的场所，这给代理国的经济、政治和社会造成巨大破坏，给民众带来巨大的痛苦。一些大国可能利用和扶持民族分裂势力，通过这些分裂势力来干扰、削弱对手国家的影响力，以达到自身的政治和军事目的。在战乱中，这些极端的民族分裂主义者和分裂势力形成极端势力和恐怖主义，冲击着这些民族国家的主权，形成了错综复杂的地区矛盾和冲突，进一步破坏当地的和平和发展，加剧全球不稳定局势。战争频仍和地缘政治因素给全球社会带来极大的不确定性和危机感，对国际社会造成负面影响。

第三，非传统安全愈发影响人类整体利益。非传统安全是指在直接的武装冲突、政治倾轧和外交摩擦之外影响国家发展、国际稳定和人类和平的不安全威胁和风险，它涉及气候变化、重大传染疾病等多个领域。全球气候变化是指由人类活动和自然因素引起的气候系统变化，包括气温升高、海平面上升、极端气候事件等；其主要原因是温室气体排放增加，导致地球大气层的温度上升。全球气候变化对生态环境、社会经济等方面都有巨大影响。而且，像艾滋病、埃博拉等传染性疾病的国际传播也危及人类安全与健康。自 2019 年新冠肺炎疫情大流行以来，国际社会充斥着疫情焦虑。这种疫情焦虑不仅表现为对疫情本身的恐惧与不安，而且表现为对他国及其公民的不信任，以及对疫苗研发和分配的怀疑态度。近些年来一些和疫情有关的国际事件频发，它们显示了这种非传统安全给国际社会带来的严重消极影响和危害：如人们对疫情原因恶意揣测，肆意谩骂，发泄情绪；一些国家或地区以有色标签对入境的外国人进行分类；在合作抗疫时，一些国家人为地制造"免疫鸿沟"，拒绝共享科技成果，不愿分享疫苗研发技术和信息；在疫苗援助时，一些国家以邻为壑、不愿提供及时援助，或者在向发展中国家进行援助时植入政治目的，谋求政治利益。整体而言，疫情之下的国际社会时常处于失序状态，呈现出排他性和压迫性的不利倾向。

全球化时代存在诸多全球性难题。这些难题已经超出了传统国际正义理论和国际治理实践的范围。在战争与和平问题之外，最具有挑战性的难题就是大规模的极端贫困、贫富国家之间的显著差别和国际秩序的不公平。但更具有道德争议的是，国际秩序的不公平被认为是造成前两者的祸首。涛慕思·博格（Thomas Pogge）指出，当前的国际秩序在本质上是一种临时协议，体现出各个政府间的深度敌对和利益博弈，造成世界充满暴力、政治镇压以及在战略上没有价值的人口的赤贫，给人类带来诸多深重苦难和灾害。[①] 查尔思·贝兹（Charles R. Beitz）也表示，鉴于日益明显的全球分配不平等、饥荒以及环境恶化，全球分配正义问题将是未来主要的政治挑战。[②] 全球化使得人们反思当前的国际伦理和政治理论，促使人们意识到必须以全球社会和整个人类为研究视角，关注这些全球性问题中的正义问题，以正义做出规范性论证，探索可能的解决路径。

作为一种新的国际道德和政治理论，全球正义应时而生。"全球"正在取代"国际"观念，成为看待事物和问题的新视野。"全球"既是地理和空间概念上的人的存在范围，也表示人与人相互交往的关系范围。全球正义贴切地表达了"人类一员"所含有的道德意义：一个人无论身在何处，无论是否与他人有互动关系，他的利益与幸福都应被纳入考虑范围。全球正义正在成为一种新的国际正义理论，成为独立的规范术语和研究范式。

在过去的 50 年间，学界出版了大量关于全球正义的文献，也出现了各种不同的全球正义理论，其主要的支持者秉持世界主义立场，提出全球契约主义、全球效用主义和全球人权主义三种研究进路。当代世界主义秉持自由主义和个体主义，认为人类共同面临的困境和难题是全球正义问题，试图证明全球化时代人们彼此间普遍存在的正义关系和义务，主张全球分配正义。世界主义全球正义在当代政治哲学中占据重要地位。

---

① ［美］涛慕思·博格：《实现罗尔斯》，陈雅文译，上海译文出版社 2015 年版，第 263 页。
② ［美］查尔斯·贝兹：《政治理论与国际关系》，丛占修译，第 116 页。

第二节　全球契约主义

全球契约主义是最早的世界主义全球正义理论，是罗尔斯契约主义的全球化版本，其代表学者是贝兹和博格。罗尔斯启发了贝兹和博格对《正义论》的全球化解读，引导其反思全球财富和自然资源分布不正义问题。

弗雷曼指出："罗尔斯仍然深刻地影响着目前有关社会正义、政治正义和国际正义的争论，也对道德哲学产生着重大影响。当前有关全球正义的讨论尤其受到了罗尔斯的重大影响。"[①] 1971年，罗尔斯出版《正义论》，阐述公平正义的契约论正义观。他所要讨论的问题不是如法律正义、社会正义或交易正义等一般的正义问题，而是社会制度正义。他把正义的主题限定为社会基本制度或社会基本结构，即政治宪法和主要的经济与社会制度。万俊人对此解释道："罗尔斯将正义视为社会制度'第一美德'的真正本义在于：作为建构社会基本秩序和规范社会公共行为的制度体系，社会制度所应追求和可能达到的最高目标，首先且最终是社会制度安排本身的公平正义。"[②] 社会制度正义之所以重要，是因为这些社会制度既用来分配基本权利和义务，也用来划分来自社会合作的利益，影响着人们预期的生活前景。而这些因素从一个人出生便开始影响其一生的发展，难以因个人的后天因素而变动。"基本结构包含着各种社会位置，出生于不同社会位置的人，有着不同的生活预期，这些预期部分取决于政治系统、经济环境和社会环境。这样，社会各种制度就是某些起点比其他七点更加受人喜爱。这些是极其深刻的不平等。它们是随处可见的，而且影响人们的最初人生境遇。"[③] 这类由社会制度导致的不平等是最根本的不正义。因此，罗尔斯提出两个社会正义原则，使得它们首先应用于社会基本结构，进而评判和改造这些不平等，实现社会制度正义。

罗尔斯采取了一种契约主义式的论证方式，假设人人处于平等的原初状态。在这种原初状态下，每个人是自由理性人，既有正义感能力，又有理性

[①] Samuel Freeman, *Rawls*, New York: Routledge, 2007, p.458.
[②] 万俊人：《论正义之为社会制度的第一美德》，《哲学研究》2009年第2期。
[③] 张国清：《〈正义论〉评注》（上），中国社会科学出版社2023年版，第90页。

能力。各方的关系也是平等的，且互不关心。当他们意欲进入合作系统时，为了促进自身利益，他们在无知之幕下将会选择正义的社会原则。无知之幕意味着：（1）他们不知道自己在社会中的位置，既不知道自身的阶级地位，也不知道自身的社会等级；（2）不知道自己在自然资质分布和天赋能力分布上的运气，对智力、体能、外貌、特长一概不知；（3）不知道自己持有的善观念，也不知道各自的特殊心理倾向。① 在无知之幕下，人们将在诸多选项中进行挑选，最后一致同意选取公平正义原则为首要原则，将其作为安排基本权利义务和决定社会利益之划分的根据，并用以规制各种制度、筛选宪法和立法机关、颁布和实施法律、筛选政府机构等。

罗尔斯将两个原则表述如下："第一个原则　每个人都持有平等的权利，享有一整套最广泛的平等的基本自由，它兼容于所有人皆享有的一套类似自由。第二个原则　社会不平等和经济不平等应当这样安排，以便它们都将做到以下两点：（1）与正义储蓄原则保持一致，符合最少优势者的最大利益；（2）附设的各种职位和位置，在公平的机会均等条件下，向所有人开放。"② 由于每个人对自己的自然天赋条件或社会偶然因素（如阶级地位、社会出身、先天资质、能力或体力等）一无所知，他们都有可能是最少受惠者，那么当人们选择这两个正义原则时，自己将在合作中尽可能地受益，过上称心如意的幸福生活。

第一个原则要求每个人平等地享有最广泛的基本自由。第二个原则规定社会和经济不平等可以得到正当性辩护的唯一条件是：位置对所有人平等地开放，而且这种不平等必须能给每一个人带来好处，尤其是最不利者。第一个原则优先于第二个原则。罗尔斯强调，两个正义原则其实体现了更一般的正义观："所有的社会价值——自由和机会、收入和财富，以及自尊的社会基础——都应当平等地分配，除非不平等地分配这些价值的任一价值或所有价值，将符合每个人的优势或利益。"③ 他把权利、自由、机会、收入和财富、自尊界定为社会基本善（primary goods）的主要类别，而这些基本善正是由社会的基本结构所决定并分配的。

在现实中，自然禀赋、家庭出生、阶级地位、职权职务等差异决定了人

---

① 张国清：《〈正义论〉评注》（上），第106—107页。
② 张国清：《〈正义论〉评注》（中），中国社会科学出版社2023年版，第889页。
③ 张国清：《〈正义论〉评注》（上），第279页。

们各自享有不同的社会基本善,也因此产生了幸福感的人际比较。一些较受青睐者凭借与生俱来的较高智力、体能特长、才华天资或富裕家庭能轻松获得良好的生活条件和较高的社会地位;同时,也有另一群人在社会关系、个人能力和生活运气上样样不如他人,穷困潦倒,生不如意,过着卑微低下的生活。两个正义原则将规制由社会基本结构所导致的不平等,缓解自然天赋、偶发事件、社会际遇的任意性所带来的伤害。借助于基本善,罗尔斯为合理的不正义设置了一个评定标准,即对最不幸者有利。"那些受到上天眷顾的人,不管他们是谁,都可能从他们的好运中获益,但其条件是,要改善较不幸运者的处境。得天独厚者,之所以得天独厚,不仅是因为他们更有天赋,而且是因为他们愿意支付培训和教育费用,以及用天赋来帮助那些较不幸运者。"①

  罗尔斯借用传统的契约观念,科学地解释作为自由平等个体的公民所享有的基本权利和基本自由,论证公平机会均等原则和差别原则的合理性。无论是契约主义方式还是两个正义原则,都展现了一种深刻的平等主义正义理念。罗尔斯承认人际差别,但也试图消除自然或社会偶然因素对个体所享有平等的分配份额的影响。这一正义观念拒绝以自然禀赋的偶然因素和社会条件的随机因素为追求政治利益和经济利益的筹码,希望实现人际平等,阻止道德上任意的因素对收入和财富分配的过度决定。当这两个正义原则应用于整个社会基本结构时,个体之间在道德上的任意区分将不会对个体福利产生决定性的影响,每个个体将获得在权利和义务、社会合作利益和负担方面的适当分配。

  然而,罗尔斯默认他所阐述的平等主义正义只适用于主权国家范围内部。《正义论》出版后,一些学者对它非常不满。他们与罗尔斯围绕社会契约论、效用论、基本自由、产权民主、差别原则等展开了深刻而卓有成效的讨论。分配正义就是其中重要的讨论焦点之一。事实上,关乎分配原则的争议从未停歇,人们根据持有、应得、贡献、平等、需要等不同的理由提出了不同的见解和分配正义原则。但大多数人都主张将社会经济正义原则的适用范围划定为一国公民之间、主权国家之内。

  同时,也有一些学者批评罗尔斯没有论及国界之外的正义和分配问题。

---

① 张国清:《〈正义论〉评注》(上),第 394 页。

例如辛格指出："罗尔斯《正义论》的失败之处在于它竟然完全没有讨论各个社会之间贫富差距的不正义。"[①] 一些学者以罗尔斯社会正义理论为"理论原点",将眼光转向了国际社会,探讨传统国际法、全球贫困、自然资源、全球基本结构、全球合作体系、全球分配正义等议题。

贝兹和博格较早质疑罗尔斯不讨论国界之外的正义问题。贝兹对罗尔斯提出了三个方面的批评。第一,当前的全球不正义是广泛的,这使得一些国家和个体处于致命的不利境地。发展公正的国内制度需要一个新的正义的国际经济秩序。第二,现实世界中每个社会并不是完全封闭和自足的,国际经济和合作使得国家间相互依赖,形成一个全球社会合作体系。第三,即使一个社会是封闭和自足的,但全球自然资源在各个国家的自然分布在道德上是任意的。

博格也赞同贝兹关于全球不正义的基本判断,肯定将罗尔斯正义观全球化的尝试。博格认为,罗尔斯《正义论》存在两大缺陷。第一个缺陷是他没有严肃对待现实世界的相互依赖性和现代国家体系的开放性。由于全球间的相互依赖程度日益加深,现代国家不再是封闭的自给自足的社会,我们必须超越罗尔斯为论证社会正义而设置的封闭社会系统,并且使其社会正义观适应于越发紧密的国际互动情形。在一个全球化的世界,国家无法成为自足的社会合作系统,它必然是开放的体系。这一点既体现了现实世界的复杂性,又迫使任何一种正义理论直面现实和实践的重要性。第二个缺陷是罗尔斯的道德观念在所辖领域的局限性。罗尔斯提出的正义观念所适用的范围相当狭窄,只适用于所有本质上自足的、存在于正义条件下的社会体系。换言之,罗尔斯只是为自由主义范式占领统治地位的社会设计正义原则,这对于正义的实践而言是无益的。面对当前世界制度秩序的不正义时,博格提出强烈的批评。他表示,目前全球制度秩序的不公正导致全球范围内的贫困、不平等和人权侵害,导致许多发展中国家陷入经济困境,而发达国家却能从中获得巨大的利益。博格认为存在一种可选的新的全球制度秩序,它将改善全球贫穷、避免极端剥削、制止暴行。

贝兹和博格将罗尔斯在《正义论》中为国内正义原则所提供的正当性证

[①] Peter Singer, *One World Now: The Ethics of Globalization*, New Haven, CT: Yale University Press, 2016, p. 9.

明置于国际社会的背景。贝兹指出:"国际关系与国内社会在几个方面越来越相似,这些方面与(国内)社会正义原则的正当性证明相关。直觉的观念是,将社会正义的契约主义原则的应用限制于民族国家是错误的,相反,这些原则应该在全球适用。"① 通过类比国内社会和国际社会,两位学者把罗尔斯的原初状态从封闭的自给自足的社会内部应用于整个世界,设想了一个单一的国际原初状态。他们试图发展罗尔斯主义的全球正义观,尝试把社会正义原则解释为全球正义原则。

贝兹最早尝试全球化罗尔斯正义理论。他的全球正义观是指全球社会拥有一个正义的国际经济秩序,遵循资源再分配原则和全球分配正义原则。他认为,根据罗尔斯的契约主义,我们也可以同样假设一个国际原初状态,在这一状态下的各方不知自身国籍和占据自然资源的总量,他们最终会选出全球资源再分配原则和全球分配原则。贝兹对于这两个原则的推论过程有所不同。就全球资源再分配原则来说,他表示,自然资源是近似于罗尔斯笔下自然天赋一样的东西,它甚至比自然天赋更具有道德上的任意性和偶然性,因为一个人既不能宣称应得其足下的资源,也没有最初的要求权。贝兹把自然资源完全剥离于个体和社会,强调它具有绝对纯粹的道德任意性,所以无论一个社会是否自足封闭,它都不能宣称自己拥有领土内的自然资源所有权。"根据类似的推理,国际原初状态中各方也会认为资源的自然分配是道德上任意的。有些人碰巧处于自然资源有利的位置……因此,各方会认为资源(或者来自它们的好处)需要在一条资源再分配的原则下再次分配。"② 贝兹由此推定全球资源再分配原则,用以改变资源匮乏社会的人们的不利命运,帮助他们"实现足以支撑公正的社会制度以及保护由个体原则保证的人权的经济条件"③。就全球分配原则来说,它有一个事实性前提:当今世界各个社会不是封闭自足的,而是紧密联系和相互依赖的,存在一个全球社会合作体系。"如果社会合作是分配正义的基础,那么人们可能认为国际经济的相互依赖为全球分配正义原则提供了支持。"④ 换言之,如果全球社会合作体系像国内社会合作体系那样也要分配利益和负担,那么在国际原初状态中的各方会基于

---

① [美]查尔斯·贝兹:《政治理论与国际关系》,丛占修译,第116页。
② [美]查尔斯·贝兹:《政治理论与国际关系》,丛占修译,第125页。
③ [美]查尔斯·贝兹:《政治理论与国际关系》,丛占修译,第129页。
④ [美]查尔斯·贝兹:《政治理论与国际关系》,丛占修译,第131页。

同样的理由为国际社会选出两个正义原则来。

继贝兹之后，博格也同意贝兹所提倡的全球化的契约主义和罗尔斯式社会正义原则；他甚至比贝兹更为彻底地主张罗尔斯式的全球分配正义原则。博格借助罗尔斯的基本结构概念，把当前的国际关系框架解释为全球基本结构，并做出如下道德假设："在其他条件相同的情况下，假设我们相信：（1）在道德上有理由偏爱这样一个世界，它有着更低的营养不良、婴儿死亡和政府暴行的发生率；（2）存在一种可选的全球基本结构，在其下，这些发生率显著偏低。那么，我们就有理由把现存全球秩序视作不正义，并且认为那些在这种秩序中进行长期合作的人们对此负有道德责任，因为他们把这一秩序强加给（尤其是）那些在当前体制下极有可能遭到屠杀、折磨或者忍受饥饿的人们。在这里，受到威胁的不仅是积极的权利和义务，而且还有消极的权利和义务。"① 在博格的预设中，个体的福祉和政府部门的善行与全球正义标准密切有关，它们主要取决于国际社会是否能建立一个正义的基本结构。

在一个统一的全球无知之幕下，国籍同个体的天赋能力、兴趣、社会地位等都是自然或者社会的偶然。博格由此得出结论：根据罗尔斯的契约主义和个人主义基础，"应该按照在全球层面被阐释的罗尔斯的两个正义原则去评估所有基本社会制度"②。他的全球正义原则正是罗尔斯两个正义原则的全球化版本：（1）最大限度地支持基本权利和自由；（2）最大限度地促进世界范围内的机会的公平平等，促成裨益所有人（尤其是全球最不利者）的生活前景。在博格笔下，这两个全球正义原则试图与罗尔斯国内社会正义保持一致，全球化的第二原则既不排除国家间财富的不平等，也不否认每个国家对自己所拥有的自然资源的所有权或支配权，但它强调规制和分配它们的全球制度结构能够得到正当性辩护，即它将有利于全球最不利者的生活前景。

作为较早的全球契约主义者，贝兹和博格秉持了罗尔斯的契约主义和个体主义，也预设了罗尔斯契约主义正义理论的合理性和可接受性。以此为基础，他们进行了全球化"推论"。其一，在原初状态的无知之幕下选择

---

① ［美］涛慕思·博格：《实现罗尔斯》，陈雅文译，第 276 页。
② ［美］涛慕思·博格：《实现罗尔斯》，陈雅文译，第 294—295 页。

正义原则的人不只局限在一个特定社会共同体内部，所有的人都不知道其所属国家和公民身份，那么原初状态假设和契约主义逻辑也为跨国的分配正义提供辩护。其二，存在一个类似于国内社会基本结构的全球基本结构（全球合作体系或全球秩序），它证明罗尔斯正义原则的运用范围不应只是国家单元，还可以是国际社会。依据这两个理由，贝兹和博格认为自己所做的"推论"与罗尔斯的国内正义观是自洽的。他们的逻辑是：如果我们接受罗尔斯正义理论，那么我们基于同样的理由也会接受全球化的正义原则。顺理成章，不同公民身份的人们彼此之间有分配的义务，社会正义诸原则也可以在全球适用。

贝兹和博格对罗尔斯正义理论的全球化并没有遇到任何理论和实践上的障碍。但是，这种尝试受到了许多批评，他们的思想也被称为"幼稚的罗尔斯式思想"（Young Rawlsian View）[1]，是一种对罗尔斯正义观的错误应用。然而，在贝兹和博格心中，《正义论》中所确立的有关基本历史问题的理性观念和原则对国际社会也可能同样有效。

罗尔斯对社会基本制度和分配问题的解释为当代世界主义者提供了一种分析全球不正义的制度进路，他的《正义论》也引领人们去探寻关于国际正义新的研究视角和思路。其后来者推崇罗尔斯的个人主义、自由主义和平等主义观念，借鉴罗尔斯的契约主义和基于社会基本结构的循证思路，在此基础上提出了全球正义理论。他们以道德世界主义[2]者自居，对全球正义进行了颇有启迪性的哲学探索。

第三节　全球效用主义

当代效用论者辛格阐释了以效用主义为基础的全球正义理论。作为一种后果主义，它关心受影响的所有人的利益。他人的利益被视为全球正义的基本目标和衡量原则。辛格相信，世界正在成为一体，国家主权正在弱化，正义不局限于一个国家之内，效用主义式正义同样适用于国际社会。

---

[1]　A. J. Julius, "Nagel's Atlas", *Philosophy & Public Affairs*, Vol. 34, No. 2, March 2006, p. 178.
[2]　博格最先提出并界定道德世界主义，贝兹随后也引用这一术语来描述自己的基本立场。虽然贝兹和博格的具体观点有所不同，但是他们都主张世界主义的道德立场和全球正义的规范性要求。

古典效用论把产生最大多数人的最大幸福视为道德行为的基本准则。于效用论者而言，幸福可以测量、比较，也可以转让、加总。杰里米·边沁（Jeremy Bentham）曾表示，当我们对任何一种行为予以赞成或不赞成的评价时，我们的衡量标准是看该行为是增多还是减少当事者的幸福。一个人对自身利益和幸福的计算决定了他如何看待自身和他人的关系，以及自己对他人的责任与义务。个体的感觉经验是伦理道德的起源和基础，个人对自身利益和幸福的天然追求将达至幸福总量的最大化。在一些批评者看来，边沁的一些观点从不区分庸俗的快乐和值得欲求的快乐，辞鄙意拙，轻浮庸俗。

为此，穆勒对效用主义进行了修正。首先，他明确快乐的数量和质量之别。欲望分大小，快乐亦分高低。不是所有的快乐都值得欲求，口腹之欲、感官之乐等一己私欲并不足为道；相反，帮助他人免除痛苦、贫穷、疾病、苦难，为他人过上更加快乐、安康、富足、幸福的生活而做出牺牲，这一行为将促使人们放弃自私的欲望，成全个人高尚的人生志趣，得到更高级的快乐。其次，他修正了最大幸福原理。穆勒认为，效用论的最大幸福原理是尽可能地免除人类的痛苦，使更多的人在数量和质量上更多地享有快乐。① 因此，判断行为对错的标准是所有相关人员的幸福，而不是本人的幸福。穆勒认为，行为者在自己与他人的幸福之间，应当像一个公正无私的仁慈的旁观者那样做到严格的不偏不倚。他不介意行善的动机，只看重行为和行为的结果能否增加最大幸福。即使某种行为出于自利，但只要它不损害其他任何人的权利或合法期望，同时还能增加总量幸福，那么这种行为就是一种善。

最大幸福原理之所以具有普适性道德标准的约束力，是因为这是人类出于良心的一种感情。"各种社会联系的加强和社会的健康发展，不仅会使每一个人更有兴趣在实际上顾及他人的福利，而且会使每一个人在感情上日益倾向于他人的福利，或者至少倾向于在更大的程度上实际考虑他人的福利。"② 效用论者一贯相信，经过人类社会及文明的发展，人类已经形成了非常强烈的天然的社会情感，每一个人都愿意促进他人的幸福。这种拒绝冷漠、彼此关心的情感将使我们把促进他人的幸福视为一种坚定的道德信念和绝对的道

---

① ［英］约翰·穆勒：《功利主义》，徐大建译，商务印书馆2019年版，第19页。
② ［英］约翰·穆勒：《功利主义》，徐大建译，第19页。

德忠诚。

辛格接受伦理普遍主义，持守效用论立场，主张基于利益的效用主义。他的效用原则表明，我们应该平等地考虑每个人的利益，以每个人利益的最大化为目标行事。

首先，辛格强调伦理的普遍性。辛格同意黑尔（R. M. Hare）的观点，认为普遍化是道德判断的逻辑特征。伦理的普遍特征生发于普遍的人类关系而非任何特殊或宗派团体的关系，它彰显中立客观的旁观者立场而非个人的利益或喜好。"伦理要求我们超越'我'和'你'，达至普遍法则，做出可普遍化的判断，这就是不偏不倚的旁观者或理想观察者的立场。"[1] 这种普遍的伦理视角要求我们承认别人的利益与自己的利益同等重要，在伦理思考时推己及人，在行动时成人之美。辛格的效用主义试图处理不同人的利益问题，包括自利与他利、公民利益和外国人利益，并将有利于所有人的结果置于利己的审慎判断和实践行为之中。

其次，辛格主张行动的结果是否最优取决于能否促进所有被影响者的利益，而不仅仅是增加快乐或减少痛苦。罗尔斯曾批评古典效用论忽视人际差别，只关心产生最大满足的分配，却不在意分配形式的正当与否。他指出："强加于个别人的不利因素是否能被他人享有的较大优势（或利益）总量所抵消。"[2] 为回应类似诘难，辛格反对古典效用主义囿于幸福或痛苦之增减的观念，而主张基于利益的效用主义。辛格所说的效用是指对个体利益、必需品和欲望的满足，而非仅仅是最大多数人幸福（快乐）的实现。他不仅关心最大多数人的最大幸福，更关心每个人利益的满足和生活的改善。他希望每个人在考虑自我利益时，应当思及他人利益，促进彼此利益，共同过上美好生活。辛格认为，如果前伦理状态下的个体根据自身利益选择行动，那么当他们经历伦理慎思和推理后便能将所有受影响者的利益纳入考虑范围，并选择结果最优的行动——"最有可能最大限度地促进所有受此行动影响的人的利益"[3]。

此外，辛格表明，当我们决定哪种行为更能促进更大满足时应遵循平等原则，平等权衡利益偏好。平等原则实质上是"利益平等考虑的原则"——

---

[1] ［美］彼得·辛格：《实践伦理学》，刘莘译，东方出版社2005年版，第12页。
[2] 张国清：《〈正义论〉评注》（上），第185页。
[3] ［美］彼得·辛格：《实践伦理学》，刘莘译，第13页。

"在伦理慎思中，我们要对受我们行为影响的所有对象的类似利益予以同等程度的考虑。"① 这一平等原则将禁止我们因智力、体力、心理、性别、社会地位、种族、国家等外在差异和个人偏好等主观意念而做出差别化决策。"利益的平等考虑原则就像一架天平，不偏不倚地在利益之间进行权衡。"② 辛格的效用论以受影响者的利益作为评价标准和分配的唯一依据，在分配体系和制度中要求贯彻平等原则。这要求将所有人的利益置于个人选择和公共政策同等重要的地位，最大限度地实现对所有人切身利益的平等对待，最大限度地促进所有人的利益。这是所有人利益和福祉的正向增加，符合分配形式的正当性。

在全球化时代，辛格在道德目的上完全忽视国家边界，直接把效用主义置于国际社会的背景，推广论证其普适性。在他看来，全球化正在重塑由主权国家组成的世界，使其由分割走向一体，这意味着民族国家主权时代的终结。他笃定，现代技术、跨国合作和经济全球化使得"同一个世界"成为现实，地球上所有生命之间的联系越来越紧密，个体的"我"和由"我"组成的"我们"的行动已经相互影响彼此的利益，我们共享"互利互惠"的全球伦理。③ 一个超越民族国家的全球共同体正在到来。

"我们最近相互依赖的全球社会以及它明显将地球上的人联系在一起的可能性，给我们新的伦理提供了物质基础。"④ 全球化推动效用主义发展为新的伦理和政治理论。如果说辛格把效用主义理解为"促进所有受此行动影响的人的利益"，那么其全球化就表明我们应当在追求自我利益的同时推己及人，把世界上所有人的利益平等地纳入考虑范围。一个国家的政治领导人及其公民不能只关心他们同胞的利益，必须为促进世界全体人民的利益而采取行动。辛格以效用主义推导出两个原则——尽力援助和按利益分配。前者引导私人慈善伦理，后者规范国际正义制度。

1. 尽力援助。1972 年，辛格在《饥荒、富裕和道德》（"Famine, Afflu-

---

① ［美］彼得·辛格：《实践伦理学》，刘莘译，第 21 页。
② ［美］彼得·辛格：《实践伦理学》，刘莘译，第 22 页。
③ Peter Singer, *One World Now: The Ethics of Globalization*, New Haven, CT: Yale University Press, 2016, pp. 165 – 166.
④ Peter Singer, *One World Now: The Ethics of Globalization*, New Haven, CT: Yale University Press, 2016, p. 13.

ence and Morality"）一文中阐述了我们对陌生人普遍的慈善理由和道德义务。辛格做出如下道德格言：每个人应该在不伤害于己道德上重要之物时尽可能地援助他人。在任何时候援助穷人，是一项普遍的慈善义务。慈善不再是私人美德或义举，而是具有强制性规范性的义务要求。穆勒认为："无论是何种形式的义务，义务这一概念总是包含着，我们可以正当地强迫一个人去履行它。义务这种东西是可以强行索要的，就像债务可以强行索要一样。任何事情，除非我们认为可以强制他履行，否则就不能称为他的义务。"① 穆勒把慷慨、仁慈和慈善看作不完全强制性义务，是不产生任何权利的道德义务。所以，我们不能以慈善为名要求社会和他人满足穷人的要求。然而，辛格主张尽心尽力的援助是应当（ought to）做的强制性义务。当一些人能够伸出援手却对陌生人之苦难冷漠旁观、无视他人之利益的道德重要性时，那么他们就应受到道德上的谴责。换言之，当一个人的利益缺失或受损时，无论他处于哪个国家，都可以正当地要求世界上那些有能力的人来实现或保护他的利益。"如果我们接受任何中立、普遍化、平等之类的原则，我们就不能仅仅因为一些人与我们之间有距离而差别化地对待他们。"② 仅出于为他人利益考虑的帮助没有亲疏远近之别，也没有空间、距离、国界之分，更不受能做到此事的人的数量限制。

2. 按利益分配。辛格把"利益"定义为"人们所渴望的任何东西"（anything people desire）③。人的最重要利益包括"避免痛苦，发展自己的能力，对于食品和住房等基本需求的满足，享有亲密的私人关系，享有不受干涉地追求事业的自由"④。由于个体的利益关涉与个体愿望和福祉相关的一切物品，因此其也在一般意义上有着共通性。世界上的每个人都需要这些同等重要的物品。同时，人们的相互依赖和相互影响决定了我们对世界上所有人都有实现其利益的正义义务。因此，我们应当在国际决策和制度建设时同等地关照所有被影响者的利益，在涉及分配时最大限度地促进世界上每个个体利益。显然，辛格把他人的利益（interest）视为唯一的分配标准。

---

① ［英］约翰·穆勒：《功利主义》，徐大建译，第60页。
② Peter Singer, "Famine, Affluence and Morality", *Philosophy & Public Affairs*, Vol. 1, No. 3, Spring 1972, p. 232.
③ ［美］彼得·辛格：《实践伦理学》，刘莘译，第13页。
④ ［美］彼得·辛格：《实践伦理学》，刘莘译，第31页。

虽然辛格的全球正义方案蕴含着平等的道德要求，但是他从不主张结果平等。他所提倡的全球正义原则既与平均化无关，也不是为了弥补人与人之间初始状态的差距，更不是为了平等每个人的所得。其目的只是尽力保证受我们行动影响的所有人的利益最大化，保证他们获得那些最基本的利益需要。从根本上讲，辛格的全球正义观念以促进所有人的福祉为鹄，即全球穷人和富人幸福的同等增长。"关键的是人们的福祉，而不是贫富差距。"① 辛格的全球正义观的内核是在利益平等考虑原则和利益满足原则之上的总量幸福最大化。

在辛格笔下，从国内到国际，从尽力援助到按利益分配，效用主义并无理论疑难。"既然功利最大化的计算不需要考虑国家边界，那么当不同类型的义务发生冲突时，就存在可利用的决策方法。"② 对辛格来说，全球正义是尽力援助和普遍慈善的更高阶形式，是切实增进世界每个人的利益的更优方案。人类不断增进的感情和友谊是效用主义在国际社会中具有的天然的情感基础。而全球正义只是从更普遍的视角来实现平等利益考虑的一种形式。尽管辛格未必赞同贝兹和博格具体的全球正义方案，但是他也认为自己是一个道德上的世界主义者。他们都肯定，国界的重要性应减少，在进行利益考量时，遥远的陌生人和我们自己的同胞具有同等重要性。只不过辛格选取了自由主义的效用主义进路来论证全球正义。

第四节　全球人权主义

全球正义的人权主义进路是一种以人权为基础的全球正义理论。这种理论认为人权是一种普遍的和不可剥夺的基本权利，所有人都应该有平等的机会享有人权，不受歧视和剥夺。因此，全球正义的人权观要求全球范围内人权的平等尊重和充分保护。全球正义不仅仅是国内契约主义或效用主义的扩展，而且是对普遍人权的更深层次的重构。全球正义的人权主义进路强调以全球制度正义来促进人权，要求国际社会和国家采取集体行动，缓解诸如贫

---

① Peter Singer, *One World Now: The Ethics of Globalization*, New Haven, CT: Yale University Press, 2016, p. 103.
② ［美］查尔斯·贝兹：《政治理论与国际关系》，丛占修译，第115页。

困、饥饿、疾病和不公平的经济状况等全球性的人权问题。

在人权概念上，舒伊较早做出了重要贡献。他曾明确世界上所有人都享有生存权、安全权和自由。其中，安全权和生存权更具有基础性，且是同时必需品。但舒伊的人权观受到三个方面的质疑：一是它基于一种对外援助的视角，不能充分反映全球正义的要求；二是它对人权概念、范围和类别的解释有诸多不合理之处；三是它强调了个人的权利，但对义务承担者的论述尚不足为信。博格指出，舒伊的人权观确实加强了人们保护和帮助的义务，但这种人权观并没有引起当今世界绝大多数富人对人权问题的关注，并且他们的做法完全没有被当作对穷人人权的侵犯。[1]

博格在表达对舒伊人权观的不满之余，重点强调全球正义之于保护人权的重要性，以及需要通过全球制度和措施来促进人权的实现。他提出穷人有免于贫困的自由，这是一项基本人权。在博格看来，每个人对基本物质条件的获取是一项人权，若人因缺失这些东西而陷入极端贫困则是对这一人权的侵犯。当前，由富裕国家及其公民控制的全球秩序正在产生大规模的极端贫困，他们正在侵犯穷人的人权，正在妨碍穷人免于贫困的自由。博格进而要求富裕国家及其公民有不伤害穷人人权的正义义务。与舒伊所主张的保护人权的积极义务不同，这是一项消极义务，它要求富裕国家及其公民支持全球制度改革，建立一种不伤害穷人人权的全球制度秩序，保障穷人免于贫困的基本人权。他认为，实现穷人免于贫困的人权不仅仅是个人或一国的责任，而是全球社会的共同责任，特别是富裕国家及其公民的责任。博格希望以人权与制度的强相关性来引起人们对于全球贫困问题的重视，特别是引导发达国家及其公民的积极行动。

西蒙·凯尼（Simon Caney）提出了一个更完整的基于人权观念的全球正义理论框架。他认为，全球正义是一种人权理论，它的目的是使世界上所有人的权利得到平等的尊重和保护。这种理论需要考虑到每一个人的权利，并认识到他们的权利是不可剥夺的、不分国界的。凯尼对全球契约主义、全球效用主义和已有的人权观进行了批评。

---

[1] Thomas Pogge, "Severe Poverty as a Human Rights Violation", in Thomas Pogge ed., *Freedom from Poverty as a Human Right: Who Owes What to the Very Poor?*, New York: Oxford University Press, 2007, p. 19.

1. 凯尼反对全球契约主义，认为契约论进路不足以为全球正义提供充分支持，它所依据的"制度主义"的道德前提不足为信。凯尼指出，贝兹和博格都持有一种"制度主义"主张，把罗尔斯式的差别原则用于相互有关联的人。博格是不受限制的制度主义者，他假设所有的正义原则只适用于合作制度；贝兹是受限制的制度主义者，他假设一些正义原则（如差别原则）只适用于合作系统内，但其他原则（如资源分配原则）适用于不属于同一合作系统的人之间。制度主义立场过于关注"义务承担者"，而不够重视"权利资格持有者"。

凯尼所说的这种"制度主义"其实是一种"关系主义"方法，即正义主要发生在彼此有相互关系的人之间。这种互动关系较为宽泛，包括合作、强制、相互影响。它的前提是世界已成为一个紧密联系的整体，所有人都处于某种互动关系之中。凯尼反对这种"制度主义"式的论证方式。他表示，制度主义与分配正义并无道德相关性。凯尼指出，从制度关系来分析分配公平原则主要有两个角度：一是关乎权利资格（entitlement），即为什么人们有权利资格（entitled）公平地获得某些物品；二是关于义务承担者（duty-bearer），即为什么人们对彼此有公平分配义务。①

从权利资格视角看，是否是一个制度体系的成员与任何产生资格的特性都无关。不论是国家这一制度关系还是贝兹、博格笔下那种更宽泛的国际互动，本质上都是一样的，都是关系性体制。但世界主义本身就反对任何关系式的正义理由。我们很难说清楚为什么由互动联结的一群人会影响他们的资格。

从义务承担者视角看，无论我们与其他人是否有因果关系，我们都对所有人有积极的责任。针对博格的论点"存在全球制度框架，人们负有不将不公正的全球制度框架强加于世界其他地区的消极义务"②，凯尼认为一个人有不参与不公正的制度的消极义务并不意味着这是他所具有的唯一的正义义务。有人对这种消极义务的违反只是导致一些人贫困和被剥夺的原因之一，而自然资源的缺乏、疾病的困扰、社会隔绝或残暴统治等都是致贫的原因。如果

---

① Simon Caney, *Justice Beyond Borders: A Global Justice Theory*, New York: Oxford University Press, 2005, p. 111.
② Simon Caney, *Justice Beyond Borders: A Global Justice Theory*, New York: Oxford University Press, 2005, p. 113.

仅仅采用制度主义和消极义务的论证，那么我们就无法解决其他导致贫困和痛苦的问题，进而也无法证明我们对所有的穷人和被剥夺者的积极的正义义务。"我们没有正义的义务去帮助那些贫困的人，因为他们的贫困不是由于我们强加给他们的不公平的全球经济体系，而是由于他们自己政府的压迫和不公正。"① 博格的制度主义和消极义务观点无法为所有被剥夺者的利益提供辩护。

当然，凯尼相信世界主义是有效的，只不过贝兹和博格论证的方式和得出的具体的全球正义原则有问题。他表示，拒绝贝兹和博格错误的制度主义分析方法并不意味着拒绝全球原初状态的设定和全球差别原则。他对罗尔斯正义理论的全球化进行了修正：存在一个全球原初状态，它包括世界上所有人在内，不论他是否和别人有某种互动或制度关系。一个人仅凭借其作为人的权利和利益就有资格被包括在假定的契约之中。一个人是否是任一制度体系的成员根本无关紧要。因此，他也表明贝兹后来修正的观点是正确的，即人在道德上重要的方面是"道德人格的两种基本力量——一种有效的正义感的能力，一种形成、修正和追求善的概念的能力"②。这些是人之皆有的普遍属性。一个人因拥有这两种道德能力而具有道德重要性，这既是国内分配的理由，也是全球分配的依据。因此，所有人都有权利资格在一个全球原初状态中被代表。"无论如何，它表明可能存在一个全球原初状态，包含所有人，无论是否所有人都参与全球经济体系。因此，我们不能拒绝这样一种立场：首先，即使不存在相互依存，也应该有一个全球原初状态（从而有一个全球差别原则）；其次，应该有其他分配正义的原则，只适用于制度框架的成员（在这种情况下，这第二个组成部分由博格的'消极义务'论点得到了证明）。"③

2. 凯尼质疑全球效用主义和其他后果主义。凯尼认为辛格效用主义的论点最主要的问题是其严苛性，其道德计划过于激进。凯尼指出，后果主义的

---

① Simon Caney, *Justice Beyond Borders: A Global Justice Theory*, New York: Oxford University Press, 2005, p. 114.

② Simon Caney, *Justice Beyond Borders: A Global Justice Theory*, New York: Oxford University Press, 2005, p. 115.

③ Simon Caney, *Justice Beyond Borders: A Global Justice Theory*, New York: Oxford University Press, 2005, p. 114.

主要问题有两个方面。第一，除了一些过于严苛的道德要求外，它们坚持的最大化原则可能会剥夺一些人的基本权利。因此，一种更完备的后果主义必须要求不允许侵犯任何一个人的核心权利。第二，效用主义需要进一步补充一种权利理论，以此明确哪些是核心权利、哪些后果不被允许等问题。"后果主义的解释并不能令人信服地解答负担和利益应该如何分配的问题，即使它们能够很好地解答我们把什么判定为利益，把什么判定为负担的问题。"① 后果主义没有根据"权利"来解释"分配"问题，包括分配的内容、标准。因此，现有的效用主义不是证明全球经济正义的合理理论。凯尼要求每个人的基本权利及其不可侵犯性必须成为任何一种全球正义理论的核心。

此外，凯尼也指出后果主义的正确一面，即它们非常关心分配正义原则所产生的后果及其对我们的重要利益的影响。"后果主义的基本原理产生了一个普遍主义的或者世界主义的结论。"② 所有的后果主义理论都依赖于一种普遍主义的道德个体性，依赖于一个人的资格，它们都坚信这与人们的族群、种族、阶层或者民族授予的资格是一样的。

3. 凯尼也批评一些人权学说，强调权利义务的承担者和制度的重要性。首先，凯尼质疑舒伊的权利论证逻辑和排序问题。他认为舒伊主要通过将生存权设置为其他权利的逻辑前提来证明其价值和基础性。但是，生存权与言论自由等权利并不只是先后次序关系，也可以是并列关系。因此，凯尼主张对权利进行更基础性的原理推导，把权利看作保护人们的根本利益。由此，权利论既可以证明生存权，也可以证明公民权和政治权，因为它们都是在保护人类高度重视的根本利益。其次，凯尼指出权利论还存在一个明显缺点，那就是它虽然鼓吹一套人权，却未能充分说明人们的义务。"任何关于分配正义的完整解释都必须说明谁有义务确保人们获得应得的权利。"③ 最后，凯尼表示现有的人权观没有强调制度之于人权保护的重要性。他说道："为使人们获得其权利，重要的是建立起保护人们权利的政治体系。因此，我们可以由此推断出我们的义务是什

---

① Simon Caney, *Justice Beyond Borders: A Global Justice Theory*, New York: Oxford University Press, 2005, p. 118.
② Simon Caney, *Justice Beyond Borders: A Global Justice Theory*, New York: Oxford University Press, 2005, p. 118.
③ Simon Caney, *Justice Beyond Borders: A Global Justice Theory*, New York: Oxford University Press, 2005, p. 120.

么，即我们有义务支持那些最能保护人们权利的制度安排。"①

4. 在批评全球契约主义、效用主义和一些人权学说的基础上，凯尼充分论证了第三种以权利概念为中心的全球正义理论。

首先，凯尼主张普遍主义。凯尼认为，人之皆有普遍的公民和政治人权（civil and political human rights）以及经济人权（economic human rights）。这种普遍人权根本不依赖于任何制度性的成员身份，而是依赖于人之为人的人类身份，即以人的基本资格所享有的一般权利。人权作为一种正当性概念，它和一些高层次的善（good）有关。这种善可能是人的自治、人的能力、人的发展、人的繁荣。例如，纳斯鲍姆的能力进路认为："一种权利的根据是：人之为人，不仅仅是因其实际上拥有一系列初级的'基本能力'——尽管这对于精确地描述社会义务而言相当中肯，还因为他/她生于人类共同体之中。"② 每个人的权利以他作为人类成员所具有的基本能力的特征为依据。

如凯尼所说，普遍主义告诉我们，"如果所有人在道德相关的方式上是相似的，而且全世界的人都在道德上有共同的相关属性，那么适用于一些人的道德原则应该适用于所有人"③。这种相关的共同属性包括：共同的需要和脆弱性（needs and vulnerabilities）、共同的益品和能力（goods and capabilities）、共同的目的（ends）。④ 基于人在道德上的平等资格和共同属性，人人都应享有保证道德资格的基本权利和资源。因此，无论是否和他人处于某种关系或制度下，世界上所有人都应得到平等关切和尊重，都有权利宣称平等地享有人权，也有义务尊重和保护他人的普遍权利。这是一项积极的普遍权利，不受任何时间、地点、国籍、条件、贫困原因（内部或外部）的限制。同时，人之道德资格的普遍性也决定了资源共享的开放性。一个社会不应把资源分享的资格限制于自己国家或自己人。

其次，凯尼支持世界主义。他相信个人道德的普遍主义证明了世界主

---

① Simon Caney, *Justice Beyond Borders: A Global Justice Theory*, New York: Oxford University Press, 2005, pp. 120-121.
② [美]玛莎·C. 纳斯鲍姆：《正义的前沿》，朱慧玲、谢惠媛、陈文娟译，中国人民大学出版社2016年版，第200页。
③ Simon Caney, *Justice Beyond Borders: A Global Justice Theory*, New York: Oxford University Press, 2005, p. 57.
④ Simon Caney, *Justice Beyond Borders: A Global Justice Theory*, New York: Oxford University Press, 2005, p. 37.

义正义原则。凯尼肯定贝兹、博格和辛格等世界主义者的贡献，认为契约主义、效用主义和相似的人权学说充分证明了一个原理：正义的范围是跨国的，分配正义理论的内在逻辑产生了分配正义的世界主义原则。世界主义是根本的道德价值，也是一种普遍的世界主义道德原则，它应该应用于所有人。

凯尼提出四项全球正义原则：（1）生存人权原则，即每个人有生存的人权。（2）全球机会平等，即不同国家的人应该享有平等的机会，任何人都不应该因为国籍而面临更差的机会。（3）同工同酬原则，即人人享有同工同酬的权利，不受任何歧视。（4）增益原则，即使人受益比使人变糟更重要。① 为了实现全球正义，需要采取政策措施来促进全球的经济平等和人权保护，并鼓励国际合作以实现这一目标。他也呼吁各国承担责任，让所有人都有机会享有全球正义和人权。

当凯尼把世界主义建立在普遍主义的道德资格及其权利的基础之上，他就否认了我们对公民同胞的特殊义务，主张我们应该有普遍的世界主义正义义务，保障每个人普遍的公民政治和经济人权。他相信，为公民、政治和经济的标准辩护的理由说明这些相同的公民、政治和经济权利是所有人的人权，而为分配正义原则的标准辩护的理由说明分配正义是普遍的世界主义原则。

小　结

贝兹和博格把世界主义确立为自己的理论立场，旗帜鲜明地支持全球正义。许多学者接受世界主义立场，将人类共同面临的困境和难题视为正义问题。在贝兹和博格之后，全球正义思想发展起来。当代世界主义者对于全球问题的关注最为密切，对于全球议题的讨论最为热烈，关于全球正义的成果最为丰富。世界主义成为全球正义理论重要的一支。

从学术发展史看，世界主义不是一个陌生的词汇。从古希腊罗马时期的犬儒学派、斯多葛学派和西塞罗、启蒙时期的康德到当代世界主义者，世界主义的基本观点和主张一直处于变化之中。世界主义主要有三类定义方式：

---

① Simon Caney, *Justice Beyond Borders: A Global Justice Theory*, New York: Oxford University Press, 2005, pp. 122 - 123.

（1）政治世界主义和道德世界主义：政治世界主义是指要重建世界政治权威和重造世界政治制度，使国家和其他政治单元统一于超越国家的权威，如世界政府、世界国家之下；道德世界主义不涉及世界政府的制度建构本身，主要论证和评价当前全球社会的道德基础——从个体的角度出发，我们彼此应该持有什么样的道德关系，承担什么样的道德义务和建立何种制度的道德格言。①（2）关于正义的世界主义和关于文化认同的世界主义：关于正义的世界主义主要研究正义的范围和内容，认为社会、民族、国家等边界不影响正义的应用范围；关于文化认同的世界主义主要研究个体的社会认同和自治，认为特定文化共同体的成员身份（如民族）不是个体认同和自治的唯一选择，个体认同和自治自洽的文化共同体是多样的，可以是家庭、乡邻、民族，甚至可以是全球文化共同体。②（3）互动型世界主义和制度型世界主义：互动型世界主义是关于人的互动行为的全球伦理规则，直接规范人或群体的实践；制度型世界主义则是评估那些规范所有人互动的规则和实践的标准，主要用于规范制度化的全球体系。③

在全球正义这一主题上，当代世界主义已经脱离了世界主义历史传统，转向道德的世界主义。全球正义是道德世界主义的正义观。当代世界主义有三个基本元素：个体主义、普遍性和一般性。④它是将自由主义、个体主义和普适主义相糅合的道德图式，有如下多层含义。

（1）当一种理论和实践选择世界主义立场，它将每个个体看作道德关切的基本单位，并将之视为论证其正当性的一个视角。世界主义从根本上讲是看待事物的一种方式，它不一定充当一种普遍的根本原则。

（2）所有个体拥有平等的道德价值，对每个个体的道德关切源于个体作为人类成员的身份，而非在任何特定组织群体或政治共同体中获得的身份。家族、种族、民族、文化群体、宗教群体和国家都是道德关怀的间接结果，

---

① Charles R. Beitz, "Social and Cosmopolitan Liberalism", *International Affairs*, Vol. 75, No. 3, July 1999, p. 519.

② Samuel Scheffler, *Boundaries and Allegiances: Problems of Justice and Responsibility in Liberal Thought*, New York: Oxford University Press, 2001, pp. 112–113.

③ Thomas Pogge, *World Poverty and Human Rights: Cosmopolitan Responsibilities and Reform*, Malden, MA: Polity Press, 2002, p. 170.

④ Thomas Pogge, *World Poverty and Human Rights: Cosmopolitan Responsibilities and Reform*, Malden, MA: Polity Press, 2002, p. 169.

不对个体的道德价值产生任何决定性影响。个体在不同的共同体中获得的特殊性身份和偏向性认同不具有唯一性和排他性。

（3）任何特定的群体边界不能限制论证正义的范围，无论这一边界的确定标准是共享的政治制度，还是共有的历史、文化或民族特性。这不否定家族、民族、国家等共同体的道德重要性，只是否认它们加于个体之上的特殊身份、特殊地位和任何附带之物；其他非共同体成员也应合理正当地享有那些与个体福祉有关的东西。

世界主义全球正义既是一种私人的道德概念，又是一种公共的政治概念。全球正义的私人道德概念是指个人基于同情和人类团结对诸如全球贫困、饥饿、疾病、灾难等那些人类苦难的直觉抗议、道德谴责和情感憎恶，是对全球化时代各个行动者（包括个体、国家、跨国企业、国际组织和机构等）之间的关系的道德判断。它要求人们在国际社会承认彼此认同、平等、尊重和相互关心，也要求人们帮助改善处于不利条件下的人的生活状况。全球正义的公共政治概念是从正义的角度思考和探究在超越国家的全球性政治经济活动中所产生的规范性问题，要求以正义评估、评价或改革制度化的全球政治和经济结构。

许多人批评世界主义，认为它是一种一元论，与多元论冲突，但这对世界主义的理解有所偏差。全球正义的世界主义立场表明，在对当前的全球制度、决策和行动进行正当性证明时，要求将全人类作为道德思考的整体对象，将每个个体看作道德关切的基本单位，平等地考虑每个人的利益和前景。因此，全球正义既可以理解为一元论，也可以解释为多元论。凯尼笔下的世界主义是一元论。他支持一种普遍主义，把世界主义当作前政治、前制度、无条件的普遍原则，是任何道德重要性之物的源泉。他遵循康德的义务论——只有按照一个普遍的、绝对的一般性规则行动才是正当的。该人权原则内含的世界主义道德是唯一的价值来源，其他的道德义务必须由世界主义道德作为根本原则或目的加以推导和证明。民族或国家不具有任何道德上的重要性，只具有派生的道德价值。然而，更多的世界主义者持有多元论主张，赞同如下观点：世界主义全球正义并非推演自一些更基本的普遍原则，也不是回应更普遍的直觉性的道德原则的媒介，而是符合国际社会特征和要求的原则。他们相信，由于国际社会和国内社会的相似性，支持国内正义理论的逻辑实际上也适用于国际社会，论证国内分配正义的依据实际上也证明了全球分配正义。由此看来，即便人们认同世界主义立场而支持全球正义，也不能断定全球正义完全是一元论的绝对原则，断言它不符合合理多元论的国际事实。

全球正义提倡者贝兹和博格在将罗尔斯正义原则全球化的过程中，并不是将世界主义看作一种前政治的根本原则，而是根据对全球化世界的现实判断和全球契约主义的假设做出相应的理论引申。贝兹表明，他把正义原则全球化的原因是存在一个全球合作体系，而这种体系与国家基本结构所呈现的特性相同。按照罗尔斯的社会合作理论，如果合作体系能够证明分配正义原则，那么全球合作体系的相似特性也应能证明我们可以把相似的分配正义原则运用于它。① 博格也做出了相似的论证。尽管契约主义全球正义不一定可取，但是它说明了世界主义不一定是一元论。与其说它是一元论的，不如说它认为全球正义是把国内社会正义的逻辑投射于国际社会。贝兹和博格认为自己的观点符合罗尔斯的契约主义和个体主义，亦符合现实多元论。他们主张的全球正义明显不是通过普遍世界主义而得出的结论，不是罗尔斯和内格尔所说的一元论。在他们眼中，如果一个人接受罗尔斯的社会正义原则，那么他也可以基于同样的理由接受全球化的正义原则。如此，不同公民身份的人们彼此之间也有正义义务。辛格也表示："罗尔斯证明正义本质的方法是质问在原初状态下人们会选择何种原则。这一方法也同样可以应用于全球思考，而不只是特定社会，那么很明显，它也使得人们不知自己的国籍和公民身份而做出同样的正义的选择。"②

在这些主张之外，更多的世界主义者强调，全球分配是由全球社会的紧密互动和普遍的制度关系所产生的正义义务，是源于国际情景的本质要求。如 A. J. 朱利叶斯（A. J. Julius）所说："罗尔斯的多重道德体系要求我们不断叠加其层次、丰富其内涵，却不是执行一开始就给出的蓝图，而是为我们不断发现的世界所包含的不同的道德事物腾出空间。"③ 世界主义也得符应合理多元的国际事实。不论是家庭、学校、社区、国家还是国际社会，它们都有自己的原则，我们没有理由认为这些原则来自一些更加基本的或更高层次的

---

① 贝兹在《政治理论与国际关系》的"修订版后记"中解释了这一问题。参见［美］查尔斯·贝兹《政治理论与国际关系》，丛占修译，第179页。
② Peter Singer, *One World Now: The Ethics of Globalization*, New Haven, CT: Yale University Press, 2016, p. 9.
③ A. J. Julius, "Nagel's Atlas", *Philosophy & Public Affairs*, Vol. 34, No. 2, March 2006, p. 187.

道德理由。

尽管还有其他的全球正义理论，但是世界主义全球正义思想最为完备。世界主义全球正义将世界上每个个体都看作道德关切的基本单位，追求每个个体在道德上的平等，承认每个个体的利益同等重要，肯定人的基本价值。"世界主义的力量在于迫使我们讨论，是否有理由认为用于国家制度的那些政治正义标准也可以用于国际和跨国体系与制度。"① 它促使人们关心全球化时代应赋予彼此的正义义务和全球行动与制度的道德准则，研究全球制度的应然状态和变革的基本指导原则，旨在解决全球实践性难题。归根结底，它是关于人如何对待彼此、人如何看待世界的主张；是关于全球制度如何评估和改革的主张；是关于全球实践难题如何解决的主张。全球正义的世界主义路径之于全球化的世界是非常重要的。

第一，世界主义认为目前世界已经成为一个普遍交往、紧密联系的共同体，存在一个全球基本结构。世界主义者相信，在全球化时代，以民族国家为中心的传统国际关系和全球交往模式将被颠覆，新的全球政治道德和伦理规范亟待形成。自20世纪下半叶起，全球化浪潮下的世界呈现出不同于以往的全新面貌：各国在政治上紧密联系、在经济上相互依赖、在国际政治经济体制建设上卓有成效。贝兹曾把存在全球实践难题、形成全球行动能力、出现跨国公民社会总结为全球正义的背景条件。② 辛格也表示人类的集体行动正在形成可靠而稳定的全球组织和法律体系、经济贸易体系和全球共同体。③ 当世界逐渐成为一个紧密联系的整体，其主要制度将形成一个全球基本结构。这一结构的规模和特性与国内社会的制度结构相类似，对个人生活前景具有重要意义。④ 它建立在强制或合作的基础之上，会产生广泛影响，并能获得更大范围的认同。它不仅关涉和影响国家间的交往正义与国家内部的社会正义，而且决定和干预个体之间的正义义务与对基本必需品的获取。

---

① Charles R. Beitz, "Cosmopolitanism and Global Justice", *The Journal of Ethics*, Vol. 9, No. 1/2, 2005, p. 25.
② Charles R. Beitz, "Cosmopolitanism and Global Justice", *The Journal of Ethics*, Vol. 9, No. 1/2, 2005, pp. 11-12.
③ Peter Singer, *One World Now: The Ethics of Globalization*, New Haven, CT: Yale University Press, 2016, p. 7.
④ ［美］查尔斯·贝兹：《政治理论与国际关系》，丛占修译，第182页。

第二，世界主义主张本国人和外国人之间普遍的正义关系。（1）基于关系主义的全球正义。有世界主义者表示，正义义务源于一般的互动关系，正义的范围取决于处于该互动关系之中的人的范围。只要人们处于互动关系之中（无论是政治、经济还是文化方面），都有正当理由要求以正义为名对彼此的交往行为和结果进行约束和调节。虽然没有一如国家主权的政治权威之于这个世界，但类似于国内社会的合作、强制、广泛影响、普遍认同也同样存在于全球社会，它们也使得个体之间产生规范性正义要求。换言之，正义规范应超越国界，普适于受全球基本结构所影响的所有人。（2）基于普遍主义的全球正义。有世界主义者表示，基于个体的道德平等和资格，世界上的每个个体都享有基本人权以及实现和维护基本权利的保障性物品。人们可以合理宣称享有这些基本权利或利益是正义的。他人应为所需者提供这些物品。这并非仅仅出于慈善或人道，而是一项人们必须履行的正义义务。对此，辛格从效用论出发，主张基于利益的正义原则应该适用于世界上所有的人。凯尼从人权角度认为，人之皆有同等的道德相关属性，无论是否和他人处于某种关系或者制度下，因此世界上所有人平等地享有基于普遍人权的正义。总体而言，世界主义主张实现国家之外更为普遍的正义，认为全球和国内领域不存在能产生不同行动理由的根本性差异。

第三，世界主义主张人类共同分享全球交往产生的利益和负担，实践全球分配正义。世界主义者关心基本生活物品、财富和收入、自然资源、气候责任这类社会经济利益或负担的再分配。世界主义者认为，当前的全球自然资源、社会财富和气候责任的自然分配具有道德任意性，需要以某种全球再分配原则向处境不利者进行再分配。"全球分配正义意味着，有一些正义的资格（entitlements）具有全球范围，有一些正义义务（duties）具有全球范围……作为正义的问题，个人将拥有一些资格，比如获得清洁饮用水或基础教育，世界各地的人都有全球分配正义的义务。"① 一方面，通过分配来保护外国人的普遍人权，向他们提供生存和生活的基本物品，从而实现所有人的道德平等、尊严和社会价值；另一方面，通过分配来调节在全球合作、利用、强制等新型全球交往活动中产生的利益和负担，证成其合法性和可接受性。但是，"一个人应该拥有的

---

① Chris Armstrong, *Global Distributive Justice*, Cambridge: Cambridge University Press, 2012, p.17.

道德平等的内涵丰富性，以及它在多大程度上和政治、分配平等有关"[①] 则取决于不同的世界主义观念。全球平等主义并非世界主义者的唯一旨趣，不同的世界主义者提出了多样化的分配正义标准，包括基于利益、基本人权、平等主义和充分行为能力的分配原则。但对于"谁应该承担义务"的问题，他们一致希望富裕国家及其公民承担更多的正义义务，积极改善贫穷国家及穷人的不利处境。他们将其视为出于正义的规范性要求，而非人道主义的外交援助和私人义举。

总体而言，当代世界主义通过对全球化时代下人类价值和交往伦理的探讨，重新定义了人类的正义关系，重塑了全球社会伦理道德，并力图证明人们彼此间普遍存在的正义义务。这一理论积极提倡新的全球政治规范，意图改变传统国际正义理论范式，改革全球政治经济制度结构，实现每个人的利益和福祉。它是研究和解决全球性不正义问题，证成国家成员和他国公民的道德义务和正义规范的世界主义。正如凯尼所言，全球正义的研究很重要，"因为它独特的问题会迫使我们重新审视我们传统的承诺和标准化的哲学理论，有助于揭露我们可能视而不见的不正义"[②]。世界主义彰显了全球正义研究的人本意识和平等价值，是实现将道德上的平等关切从抽象走向实在的理论探索，对于我们解决全球性实践难题具有一定的启发意义。

全球正义内含积极的道德平等，在道德上具有巨大吸引力和独特魅力。政治状态的平等和经济状态的平等是道德状态平等的两个衍生物。一般而言，任何理论都承认每个人应在其国家享有平等的政治自由和权利，例如思想自由、结社自由、公平投票权等。但是关于经济上的平等问题颇有争议。当代世界主义者认为个体在全球层面上都应该免于贫困，有权获得满足自身基本体面生活的需要，主张要实现平等的机会权、自然资源权、教育权或经济权（收入和财富）等。他们关注全球分配正义，讨论在全球范围内谁有义务基于何种理由把什么东西按照何种原则分配给谁，强调全球公平分配。对于义务承担者的问题和权利资格的问题，他们给予了重点关注。一般来说，这些世界主义者提到的义务承担者有富裕国家（或其公民）、国家（或其代理人）、国际组织等。分配物包括具体的自然资源、收入、机会、教育资源、碳排放

[①] Mathias Risse, *On Global Justice*, Princeton, NJ: Princeton University Press, 2012, p.9.
[②] Simon Caney, *What Is This Thing Called Global Justice*? (*Second Edition*), Oxon and New York: Routledge, 2022, p.4.

量等。对于权利资格的充分理由也非常多,比如罗尔斯式的益品(goods)、辛格式的利益(interest)、罗纳德·德沃金(Ronald Dworkin)式的资源(resource)、阿马蒂亚·森式的能力(capability)等。在分配原则上,有世界主义者论证全球化的罗尔斯式原则,也有人提出不同于此的分配正义原则。这些主张不是要求将每个人的利益或前景平均化;反之,它们以道德平等的实质化为鹄,希望促进每个个体的道德平等、利益和福祉。这一巨大的道德动机很难将我们对他人的关心局限于自己的公民同胞。面对那些全球性难题,社会、民族、国家等边界带有深刻的偶然性和道德上的任意性,它将推动我们从全球视野思考正义问题。

通过理论发展,世界主义者扬弃了罗尔斯的社会正义理论,发展了全球正义思想。基于契约主义逻辑,罗尔斯对社会基本制度和分配问题的解释为一些世界主义者提供了分析全球不正义的制度进路和全球分配正义的要求。罗尔斯开启了当代学者研究全球正义的大门。但其反对者表示,贝兹和博格把罗尔斯社会正义理论简单化与模板化,全球正义是对罗尔斯正义原则的错误应用。罗尔斯本人也反对贝兹的"资源再分配原则"和"全球分配原则"、博格的"全球差别原则",以及任何版本的正义全球化原则。一些世界主义者在批评和反驳这些反对意见的过程中,论证了常规化制度化的全球互动关系,为非公民间的正义和分配义务做出了有效辩护。这些互动关系是包括全球合作、强制、控制、认同等在内的国际交往事实。在全球化时代,我们有充分的证据支持用于证明国家政治经济正义标准的理由同样适用于全球领域的类似证明。当然,像罗尔斯公平正义观这样的国内社会正义理论并不能简单地应用到全球领域。对于世界主义者而言,他们主要是接受罗尔斯正义理论的论证方式、理由或其价值规范,却不一定接受其结论的全球适用性。当前全球正义的基本思路也不是将罗尔斯适用于国内封闭社会的正义原则扩展运用于全球背景,而是试图寻求和实现符合全球社会互动关系和事实情形的全球正义理论和原则,并为此提出多种全球正义方案。

世界主义者彰显了全球正义研究的人本意识和平等价值。基于其提倡的道德平等和对个体利益的平等关切,世界主义特别反对令人无法接受的显著贫困,拒斥各个全球性问题中潜在的不平等,关心造成个体利益受损或增进的原因和方式,尤其当它把这些原因指向全球结构性的不平等时。按照威尔·金里卡(Will Kymlicka)的说法,从最广泛的定义讲:"一种理论是否是平等主义，只取决于它是否承认共同体内每一位成员的利益都同等重要。"①虽然存在各种平等主义理论和原则（不一定都坚持严格平等原则），但是我们可以判断是否有一种理论比其他理论更符合我们对个体道德平等的承诺和肯定，更贴近我们平等关心每一个个体的利益。虽然平等主义能否作为全球正义的内核取决于不同研究者对全球政治道德的基本判断、理论架构和实践理性选择，但当代世界主义者多少都带有平等倾向。平等主义是大多数全球正义倡导者的志趣，即便像不太关心平等问题的效用主义者辛格，他也肯定平等的重要性。

全球正义不仅在道德上承认个体平等，而且希望它落实于制度和实践中。有人可能会辩解道，从承认个体的道德平等角度讲，世界主义全球正义和其他的国际正义理论并无二致，因为当世界主义只要求道德上的平等时，这种"弱"世界主义将被所有人接受。毋庸置疑，当今世界任何一种理论都承认个体的道德平等，但关键在于如何解释每个人在道德上的平等，以及"一个人应该拥有的道德平等的内涵丰富性，及其在多大程度上和政治、分配平等有关"②。因为希望以分配来解决全球贫困和不平等问题，当代世界主义者才倡导全球分配正义。但正如徐向东所说，为了缓解和最终根除全球贫困，全球正义需要采纳规范个体主义，将每个人看作道德关怀的终极单元，但是"接受这个主张并不意味着我们必须破除国界、在全球范围内实施一种平等主义分配正义"③。

全球正义的价值还在于它对全球化时代现况的判断力和批判力，以及对全球化问题的回应力和解决力。全球正义是探究一个正义的世界如何可能的问题。和人道主义的拥趸相比，世界主义者更关注全球制度正义。在他们看来，当前的全球发展困境和集体行动失范主要是因为国际政治制度和经济体系不正义，缺乏一种普遍的正义原则来规范行动主体间的交往。这主要体现在以下两个方面：一是国家交往不正义，这一点在发达国家和发展中国家之间的不对等关系中体现得尤为明显。发达国家和发展中国家之间主要有四种交往模式和道德后果——跨国经济的剥削、国际贸易规则不平等、气候伤害

---

① ［加］威尔·金里卡：《当代政治哲学》（上），刘莘译，上海三联书店2003年版，第7页。
② Mathias Risse, *On Global Justice*, Princeton, NJ: Princeton University Press, 2012, p.9.
③ 徐向东：《权利、正义与责任》，浙江大学出版社2021年版，第35页。

的疏忽、帝国权力的不负责任。① 在一些世界主义者看来，国家间的交往经常伴随着霸权、欺凌、控制、利用、剥削和不正当干涉，致使发展中国家难以获得公平的发展权利和发展机会。即使那些否认国家间剥削和利用关系的世界主义者也承认传统的国际关系远不够道德化，因为它至少纵容和默许一些国家内部的贫穷、残暴与无序。因此，这些普遍不正义将限制一国内部社会正义的孕育和发展，阻碍发展中国家实现均衡持续的繁荣。二是全球贫困和贫富差距，这一点主要体现为富裕阶层和贫穷阶层之间的极端差距，穷人长期处于全球社会经济上的不利地位。因此，世界主义以一种新的正义的全球秩序为前提，以消除全球分配不正义为手段，试图建立一个没有饥饿、贫困、压迫和剥削的正义世界。它以正义评估和改革全球制度结构，规范国与国之间的交往正义，促进国家内部自发社会正义，确保穷人能满足基本需要和增进自身福祉。

塞缪尔·谢夫勒（Samuel Scheffler）强调，致力于发展全球正义概念的哲学家可能和任何其他人一样对现实世界情况很悲观，但是他们想要证成将正义规范运用于整个世界是有意义的，而不是说我们生活在一个正义世界或者我们有可能活着实现它。② 我们可以接受世界主义的道德立场，却不一定接受某一具体原则的全球适用性。无论如何，在世界主义的启发下，我们难以抵制思考全球正义问题的诱惑。

---

① ［美］理查德·W. 米勒：《全球化的正义：贫困与权力的伦理学》，杨通进等译，江西人民出版社 2020 年版，第 4—7 页。
② Samuel Scheffler, "The Idea of Global Justice: A Progress Report", *The Harvard Review of Philosophy*, Vol. 20, Spring 2014, p. 19.

第三章 全球正义的主要议题

前世贸组织总干事帕斯卡尔·拉米（Pascal Lamy）在《2008年世界贸易报告》中指出："全球化，即相互依存，是一种多层次和复杂的现象，涉及国家和国际上密切的政治、社会和经济互动。全球化给数亿人带来了更大的繁荣，也给各国带来了更大的稳定，很少有人会质疑这一点。但是，世界各地不同社会中的许多人很少或根本没有分享到全球化的好处。"① 全球正义主要是讨论全球化的规范性问题，关心那些没有分享到全球化的好处的群体。全球正义包括全球贫困、气候变化、贸易与剥削等主要议题，它的核心是贫困问题。

世界主义者不仅在道德上承认个体的全球平等地位，而且希望它落实于制度和实践中。在面对全球贫困、气候变暖、贸易不公等全球难题时，世界主义者认为发达国家及其富裕阶层应履行正义义务，向发展中国家及其贫困阶层进行财富转移和分配，推动建设公正的国际制度。全球正义为有关为什么人们可能对彼此担负有责任以及对使其在道德上可受谴责的特定制度担负责任这一问题提供了一系列特定的回答。②

第一节 全球贫困

一 极端贫困：现状、趋势和问题

贫困是人类共同面临的苦难。全球贫困是对人生命的残酷与漠视，是对

---

① WTO, "World Trade Report 2008: Trade in a Globalizing World", 2008, p. xi, https://www.wto.org/english/res_e/booksp_e/anrep_e/world_trade_report08_e.pdf., 引用日期：2022年6月11日。

② ［美］布莱恩·巴里：《全球视野中的人道和正义》，载徐向东《全球正义》，浙江大学出版社2011年版，第70页。

人尊严和自治的践踏与伤害，是对人类生存和发展的威胁与障碍。它已成为复杂严峻的全球性难题，人类现有的探索和实践尚未能实现减贫或灭贫的理想与目标。1992 年 12 月 22 日，联合国组织通过 47/196 决议，自 1993 年起，把每年 10 月 17 日定为国际消除贫困日（International Day for the Eradication of Poverty），用以唤起和增加世界各国对全球极端贫困的群体、阶层与国家的注意与援助。

学界对贫困有多种定义。第一种也是最普遍的观念认为贫困与人的生存和基本需要有关，即物质资源的匮乏不能满足自我生存的基本需要。这是一种生存性贫困，意味着一个人面临活下去的问题。第二种观点认为贫困与尊严和地位有关，即人因物资匮乏而无法在社会中被尊重、认可和接受，其尊严和地位受到伤害或威胁。这是一种地位性贫困，意味着一个人面临有尊严地活着的问题。托马斯·斯坎伦（T. M. Scanlon）指出，穷人因缺钱而无法获取必要的生活资料，或没有能力获取与他人相同的东西，会产生差人一等、劣于他人的感觉，从而失去尊严；更为严重的是，社会可能歧视穷人，形成优劣尊卑的社会关系，使得穷人被排斥在一些角色或位置之外，尤其是那些可以获得好处的位置之外。① 第三种观点认为贫困与自主和自治有关，即人因物资匮乏或能力剥夺而无法作为一个自主的、有效的行动者行于世间，没有充分的选择、自由和机会，不能够根据自己的意志制定特定的计划、取得个人的成就和发展自己的兴趣，不能过上自己认为有意义的生活。这是一种自治性贫困，意味着一个人面临有意义地活着的问题。慈继伟称之为能动性贫困②，森称之为能力剥夺③。由上述定义可得出，贫困即意味着剥夺——穷人应该享有的 A 因缺少 B 而被剥夺。A 可以是生存所必需的食物、住所、安全，也可以是社会交往所需要的尊严、地位和平等，还可以是人的能动性、自由、自治、权利、机会等；B 一般意味着收入（金钱、财富、物资、资源）或者能力。

全球贫困问题主要是极端贫困问题。目前极端贫困主要有三个判断标准。（1）收入方法。这是识别贫困最简单的方法。按照收入方法，"穷人是指这样

---

① T. M. Scanlon, *Why Does Inequality Matter?*, New York: Oxford University Press, 2018, pp. 27 – 29.
② Jiwei Ci, "Agency and Other Stakes of Poverty", *The Journal of Political Philosophy*, Vol. 21, No. 2, June 2013, p. 134.
③ Amartya Sen, *Development as Freedom*, New York: Alfred A. Knopf, Inc., 1999, p. 87.

的一种人，即按照社会的传统行为方式，其收入不足以满足规定的最低需要"①。根据收入的经济指标，世界银行在2015年确定绝对贫困的标准是人日均收入低于1.9美元。该标准以2011年的国际购买力平价（PPP）为基础，这意味着这笔收入可以在购买力相当于2011年1.9美元的物品和服务时维持一个人一天的生活需要。2018年，世界银行将这一最低标准提高至每日2美元。（2）生存的生理指标。这一指标主要指基本生存需求的满足，例如得到饮用水、食物、住房、基本医疗保健和基础教育的基本保障，而极端贫困的生活无法达到这一标准。（3）能力的功能指标。根据能力的功能指标，极端贫困指最低限度的基本能力无法开展基本的功能性活动，比如得到营养、获得住所、能够上学。

考虑到目前收入是教育、健康和尊严等其他一切的基础，国际社会主要把极端贫困界定为生存性贫困，并以经济收入作为衡量尺度。极端贫困是死亡、疾病和悲惨的生活状况，是"营养不良、文盲、疾病、肮脏的环境、高婴儿死亡率、低寿命预期"等任何不符合人类尊严的合理定义的状态。② 这是一种普遍的绝对的最低标准，是任何国家、任何人以任何标准衡量都会承认的贫穷状态。

从历史发展和数据变化来看，全球贫困主要有以下趋势。第一，极端贫困人口总量在不断减少。《1990年人类发展报告》的数据显示，从20世纪60年代到80年代，发展中国家在消除极端贫困方面取得了重大进展，生活在极端贫困中的人口百分比总体上不断下降。从1960年到1987年，发展中国家人口的预期寿命从46岁上升到62岁，成人识字率从43%提高到60%，五岁以下儿童死亡率减半，初级卫生保健扩大到61%，安全饮用水扩大到55%。尽管发展中国家新增了20亿人口，但粮食产量的增长超过了人口增长的20%左右。由于人口增长，从1960年到1990年，发展中国家的人口从20亿人增加约40亿人。1990年至2015年间，发展中国家地区的收入贫困下降了三分之二以上。全球极端贫困人口数量从19亿人下降到8.36亿人。儿童死亡率下降了一半以上，五岁以内儿童死亡人数从1270万人下降到600万人。在世

---

① ［印］阿马蒂亚·森：《贫困与饥荒》，王宇、王文玉译，商务印书馆2011年版，第36页。
② Peter Singer, *One World Now: The Ethics of Globalization*, New Haven, CT: Yale University Press, 2016, p. 100.

界人口从 53 亿人增加到 73 亿人的同时，超过 26 亿人获得了改善的饮用水源，21 亿人获得了改善的卫生设施。① 整体而言，发展中国家的极端贫困人口在不断减少。

中国为人类的减贫事业做出了巨大贡献。2020 年年底，中国完成脱贫攻坚目标任务，现行标准下 9899 万名农村贫困人口全部脱贫，完成消除绝对贫困的艰巨任务。贫困地区农村居民人均可支配收入不断提高，从 2013 年的 6079 元增长到 2020 年的 12588 元，年均增长 11.6%。贫困人口的福利水平大幅提升，粮食、教育、医疗、住房、饮水等条件明显改善。"改革开放以来，按照现行贫困标准计算，中国 7.7 亿农村贫困人口摆脱贫困；按照世界银行国际贫困标准，中国减贫人口占同期全球减贫人口 70% 以上。在全球贫困状况依然严峻、一些国家贫富分化加剧的背景下，中国打赢脱贫攻坚战，提前 10 年实现《联合国 2030 年可持续发展议程》减贫目标，显著缩小了世界贫困人口的版图。"②

第二，极端贫困的减贫率在不断下降，目前仍有数量较多的极端贫困人口。虽然摆脱极端贫困的人数在不断减少，但减贫的速度也在放缓。1990 年至 2015 年，每年的减贫率约为 1%，但 2015 年至 2017 年下降到每年约 0.5%。2019 年新冠肺炎疫情的全球大流行阻碍了全球极端贫困人口减少的进程，打破了 1990 年以来极端贫困人口数量稳步下降的趋势。③ 目前，全球极端贫困人口还大量存在，导致这一现象的社会内部原因有就业不稳定、基础设施不完善、医疗保健系统不发达、技术性失业等，而外部原因则是战争、自然灾害、经济衰退、国际经济制度不公平等。《2016 年人类发展报告》显示，尽管过去 25 年在减少贫困方面取得了很大进展，但是在 2013 年仍有 7.66 亿人（其中 3.85 亿儿童）每天的生活费不足 1.9 美元，营养不良造成 5 岁以下儿童的死亡率达 45%；由于身体发育不良和迟缓，2016

---

① The United Nations Development Programme, "Human Development Report 2015", 2015, p. 4, https://hdr.undp.org/system/files/documents/2015humandevelopmentreportpdf_1.pdf. 引用日期：2022 年 6 月 11 日。

② 中华人民共和国国务院新闻办公室：《〈人类减贫的中国实践〉白皮书》，2021 年 4 月，http://www.gov.cn/zhengce/2021-04/06/content_5597952.htm，引用日期：2022 年 6 月 11 日。

③ The United Nations Development Programme, "Human Development Report 2021/2022", 2022, pp. 32-33, https://hdr.undp.org/system/files/documents/global-report-document/hdr2021-22pdf_1.pdf., 引用日期：2022 年 6 月 11 日。

年出生的发展中国家儿童将损失近 1770 亿美元的潜在终生收益。① 《2021/2022 年人类发展报告》指出，2018 年全球有 6.89 亿人每天靠不到 1.9 美元生存，而在 2020 年到 2021 年，由于新冠肺炎疫情的流行，可能又有 1.1 亿人至 1.5 亿人陷入极端贫困。②

第三，极端贫困过去集中在亚洲、非洲和拉丁美洲等地区的发展中国家，但近年来它也逐渐成为发达国家的问题。在 20 世纪极端贫困人口集中在发展中国家，发展中国家面临着巨大挑战。根据《1990 年人类发展报告》，当时第三世界有超过 10 亿人生活在绝对贫困之中。亚洲占发展中国家极端贫困人口的 64%，非洲占 24%，拉丁美洲和加勒比占 12%。非洲贫困人口增长最快，1970 年至 1985 年期间极端贫困人口增加了约六成。③ 根据购买力平价调整的每人每天 1 美元收入来估算，2001 年世界上绝大部分极端贫困人口生活在东亚、南亚以及非洲撒哈拉沙漠以南的地区。④《2006 年世界发展报告》显示，生命本身的机会一开始在国与国之间就有很大差异：每 1000 个美国婴儿在一岁以内死亡的有 7 个，而每 1000 个马里婴儿在一岁以内死亡的则有 126 个。除马里外，在非洲、亚洲和拉丁美洲较贫穷国家幸存的婴儿所面对的营养不良风险也要远远高于在富裕国家的婴儿。这些地区和国家的学校质量也比欧洲、日本或者美国的差很多，超过 4 亿名发展中国家的成年人从来没有上过学。并且，出于学校质量较差、营养不良以及儿童去工作能获得收入等原因，许多儿童幼年辍学。⑤

但是，近二十年，发达国家的贫困率也在逐年升高。《2016 年世界发展报告》指出，据国际劳工组织估计，2012 年有超过 3 亿名发达国家人口生

---

① The United Nations Development Programme，"Human Development Report 2016：Human Development for Everyone"，2016，p. 29，https://hdr.undp.org/system/files/documents/2016humandevelopmentreportpdf1pdf.pdf.，引用日期：2022 年 6 月 11 日。

② The United Nations Development Programme，"Human Development Report 2021/2022"，2022，p. 33，https://hdr.undp.org/system/files/documents/global-report-document/hdr2021－22pdf_1.pdf.，引用日期：2022 年 6 月 11 日。

③ The United Nations Development Programme，*Human Development Report 1990*，New York：Oxford University Press，1990，p. 22.

④ ［美］杰弗里·萨克斯：《贫穷的终结：我们时代的经济可能》，邹光译，上海人民出版社 2007 年版，第 22 页。

⑤ The World Bank，*World Development Report 2006：Equity and Development*，New York：A Copublication of The World Bank and Oxford University Press，2005，p. 6.

活贫困。① 以美国为例，凯瑟琳·艾丁（Kathryn Edin）和卢克·谢弗（Luke Shaefer）在《两美元一天：一无所有在美国生活》（*$ 2.00 a Day：Living on Almost Nothing in America*）中指出，2011 年年初，有 150 万个家庭（约有 300 万名儿童）在任何一个月里每人每天的收入都不超过 2 美元。从 1996 年开始，在有孩子的家庭中"每天 2 美元"的贫困率一直在上升，而且速度非常快。从 1996 年到 2011 年，每日生活费为 2 美元的贫困家庭数量增加了一倍多。② 若仅基于收入来评估美国的贫困率，在 2010—2014 年，美国的年平均贫困率为 14.9%，这是自 20 世纪 60 年代中期以来最高的 5 年平均贫困率；若考虑更为综合的多维贫困指数（Multidimensional Poverty Index）③，美国当前的贫困率还要高得多④。多项研究表明，在许多发达国家，例如美国、意大利、西班牙等，多维贫困的发生率和强度相当高，陷入贫困的群体多是老年人、儿童、妇女、少数族裔、移民，尤其是他们之间的交叉组合群体。⑤

在 20 世纪 80 年代，国际社会已经非常关注全球极端贫困人口，许多国家的政府和国际组织都采取措施来解决绝对贫困问题。

实施经济增长政策，创造劳动和工作机会。一直以来，发展经济被认为是消除极端贫困最根本的方法，它主要遵循经济学的"滴漏效应"（Trickle-down effect）。这种理论认为，经济增长的好处会从富裕阶层逐渐"滴漏"至底层穷人，提高他们的生活水平。因此，大多数国家解决极端贫困问题主要依靠经济发展的带动效应。其政府在国内制定有利的经济政策，吸引国内外投资，创造就业岗位，支持创新和科技发展，大力提高生产力和经济增长率。

---

① The United Nations Development Programme，"Human Development Report 2016：Human Development for Everyone"，2016，p. 30，https://hdr.undp.org/system/files/documents/2016humandevelopmentreportpdf.，引用日期：2022 年 6 月 11 日。

② Kathryn Edin and Luke Shaefer，*$ 2.00 a Day：Living on Almost Nothing in America*，Boston and New York：Houghton Mifflin Harcourt，2015.

③ 该指数由萨比娜·阿尔基尔（Sabina Alkire）和詹姆斯·福斯特（James Foster）在 2007 年提出，包括教育、健康和生活水平三个维度。联合国开发计划署（UNDP）于 2010 年正式采用它作为衡量贫困的指标，取代原来使用的人类贫困指数（Human Poverty Index）。

④ Roger White and Stacy Yamasaki，"Multidimensional Poverty Among the Native- and Foreign-Born in the United States：Evidence from the 2010 – 2014 American Community Surveys"，in Roger White ed.，*Measuring Multidimensional Poverty and Deprivation Incidence and Determinants in Developed Countries*，New York：Palgrave Macmillan，2017，pp. 183 – 184.

⑤ Roger White ed.，*Measuring Multidimensional Poverty and Deprivation：Incidence and Determinants in Developed Countries*，New York：Palgrave Macmillan，2017.

在国际社会，发达国家把发展中国家列为主要贸易伙伴，提供了更广阔的市场、更大规模的经济投资、更多的出口机会和就业岗位。根据《2015年人类发展报告》，1990年至2015年，73亿人口通过各种形式的劳动减少了极端贫困：近10亿人从事农业，5亿多个家庭农场生产了世界80%以上的粮食，改善了营养和健康；8000万名卫生和教育工作者提高了人的能力；10亿多名服务业工作者为此也做出贡献。[①]

建立社会福利体系，完善贫困保障机制。社会福利保障被视为消除极端贫困的有效方法。它主要依靠政府直接向极端贫困人口转移财富，提供教育和技能培训、社会保障和福利、贫困救济和援助、消除贫困的专项政策和计划。随着一些发展中国家经济实力的提升，它们在社会福利与贫困保障等方面进行了大量投入，切实有效地改变了部分发展中国家严峻的极端贫困现象。

提供经济援助，缓解极端贫困现象。消除全球极端贫困的另一种做法是由发达国家或国际组织向发展中国家提供经济援助。发达国家和国际组织主要遵循保护基本人权和人道主义原则，向发展中国家提供资金援助，帮助发展中国家建设基础设施、建立贫困保障机制、促进教育和技能培训、引导完善社会经济政策和改善法律环境等。在各类不同目的的经济援助中，人道主义援助是一种针对极端贫困特别直接的国际援助形式，它是指为因受经济落后、自然灾害、武装冲突、疾病暴发等因素而陷入极端贫困危机中的人提供紧急救援和生活必需品的行动；其目的在于缓解人道主义危机造成的生存性问题，保护生命和尊严，并促进贫困地区和受灾地区的恢复和重建。人道主义援助通常由富裕国家的政府、政府间国际组织或非政府组织提供，包括提供庇护所、食品、水源、医疗援助、基础教育等。

总之，目前应对极端贫困的主要措施是各国的国内政策和外交上的自发性援助。这些援助遵守人道主义原则。人道主义的支持者认为：（1）富裕国家有人道主义义务承担大规模的针对贫困的援助行动，以使他国的穷人免于大范围的饥饿、死亡、流离失所；（2）富裕国家的公民对他国穷人的普遍义

---

① The United Nations Development Programme, "Human Development Report 2015", 2015, p. 4, https://hdr.undp.org/system/files/documents/2015humandevelopmentreportpdf_1.pdf.，引用日期：2022年6月11日。

务只是保护最基础层次的基本权利,例如生命权和安全权;(3)减贫的主要责任方是贫穷国家自身,其他国家的义务是次级的和消极的。"次级"表明其他国家作为履行义务的主体在顺序上是靠后的,只有在突然发生大规模极端贫困且该国不能及时进行自发救助的情况下,外来者才提供必要的援助;"消极"表明义务的非严格性,这意味着即使外来者不实施帮助,他们在道德上也不受到指责。人道主义援助的支持者强调这一方案具有理论和实践优势。第一,无论人们处于哪一地区、国家、文化或政治背景,对于人之基本权利的观念往往趋同,对于生存性贫困的道德缺陷的认知大致相似,对于生存性贫困的物质要求也较为一致。第二,以解决生存性贫困为鹄的援助既有目标又有中止点,做起来易于实现。第三,因为免于生存性贫困的要求不那么严苛,保护基本权利的成本相对较小,人们对外国人的人道主义义务不需要让步于民族共同体内部的正义义务,因而也不会面对两种义务选择的道德冲突。

人道主义援助方案在减缓全球贫困上有一定成效。生存性贫困以其道德上的"最低关切"和简单明了的物质要求,为人道主义援助提供了充分理由。在人道主义的要求下,国际社会就全球极端贫困达成基本共识,开展了广泛的国际合作和援助。这对于减少全球极端贫困人口数量、提高减贫率起到了一定作用。然而,近年来,人道主义援助的效用越来越小,这既与被援助国家内部的复杂国情有关,又与援助国的政治组织和结构、对外政策、援助的动机、决策程序和合法性过程有关,还涉及国际上支持性的规则、将承诺转化为行动的决心和有效的制度体系安排等。[①] 因此,全球极端贫困问题依然是世界各国政府和国际社会面临的巨大挑战。

在极端贫困问题上,世界主义者鲜明地反对三种观点。一是生产不足论。持有这种观点的人表示全球极端贫困的原因主要是经济发展程度不高和物资生产不足。他们相信发展经济理论和"滴漏"效应,希望通过发展经济生产来缓解极端贫困。然而,世界主义者指出,全球极端贫困不是生产问题。他们相信全球物资产量高度丰富,人类已经能够产出足够的物资

---

① William Easterly ed. , *Reinventing Foreign Aid*, Cambridge, MA: The MIT Press, 2008; Carol Lancaster and Ann Van Dusen, *Organizing U. S. Foreign Aid Confronting the Challenges of the Twenty-first Century*, Washington, D. C.: Brookings Institution Press, 2005; Jack Corbett, *Australia's Foreign Aid Dilemma: Humanitarian Aspirations Confront Democratic Legitimacy*, Oxon and New York: Routledge, 2017.

以养活所有人。这意味着每个人都能够过上满足基本需要的生活,获得基本的衣、食、住、行、教育、健康保障,以及其他生命安全的需要。与世界上部分处于极端贫困的人口相比,相当数量的人口处于绝对富裕状态。此绝对富裕是指远好于基本生存的生活状态,这一群体有着丰厚的收入,过着十分优渥的生活。因此,在全球生产已经足够满足全部人口的基本生活的前提下,极端贫困是可以解决的问题,关键在于人们选择何种理由和方式去处理和解决它。

二是国内因素论。许多人认为极端贫困的根本原因在于国内因素。不少人相信它是贫困国家自己的过错,即贫困原因是其政府和领导人的腐败、社会经济体制的不适应、政治社会文化的落后或人民的惰性。例如,罗尔斯就表示贫困是由于不良文化和有缺陷的社会制度造成的。杰弗里·萨克斯(Jeffrey Sachs)认为远不止于此,他总结了八种导致社会经济停滞或衰退、人民贫困或落后的原因,包括贫困陷阱、实际地理位置、财政陷阱、政府失灵、文化障碍、地缘政治学、缺乏创新、人口陷阱。① 萨克斯把极端贫困问题置于复杂的国内社会经济系统和外部环境的宏大视野中。除了国内原因以外,他特别强调一些地区的贫困原因是地理自然因素,或者是国际的地缘政治因素。世界主义者表示,极端贫困有更多的外部成因,如富裕国家对贫穷国家的奴役和剥削历史、当前全球合作制度不利于穷人、全球秩序不正义等。例如,博格认为,虽然一些国家的贫困有诸多原因,但是富裕国家对全球的奴役历史和当前主导的全球秩序是导致一些国家极端贫困的根本原因。这种不正义的全球秩序体现在以下几个方面:(1)许多贸易条约、关税、反倾销法、农业补助、知识产权有利于富裕和强权国家,他们在历史上就通过入侵、殖民、剥削和屠杀等手段长期占有非正当的利益;(2)全球制度秩序是这些富裕国家强加于贫穷国家及其人民之上的,它直接严重伤害了贫穷国家及其人民的人权,导致后者长期穷苦;(3)现有秩序支持一些国家的统治者对其人民的残暴统治,纵容其压迫人民。因此,全球贫困受到全球秩序不正义的极大影响。

三是消极人道主义论。消极人道主义的支持者认为,全球极端贫困只能通过国内社会内部变革和人道主义援助来解决,我们对极端贫困人口的

---

① [美]杰弗里·萨克斯:《贫穷的终结:我们时代的经济可能》,邹光译,第52—60页。

义务只是消极的人道主义义务。世界主义不否认积极的人道主义和援助的重要性，但是反对消极的人道主义。其理由大致有以下几点：第一，消极的人道主义援助仅关注生存性贫困，增加物资、资源和收入，忽视了其他程度和性质的贫困现象，没有解决人的充分人权、发展和能力剥夺问题。第二，人道主义援助只是在短期内缓解贫困危机，没有培育受援国的自我发展、自我组织、自我恢复的能力，不利于受援国的可持续发展。例如，人道主义援助有可能导致受援国长期依赖援助，降低受援国的自主性和自救力。第三，人道主义援助不是以实现极端贫困人口的利益或权利为目的，而是以国家利益为根本目的。一些发达国家和国际援助机构在提供援助时可能会有政治目的，干涉受援国的内部事务，损害受援国的主权。第四，由于援助机构管理和运营不善，或者缺乏对受援地区与人民特定的生活习惯、社会心理的了解，人道主义援助的效率可能不高，援助物资可能会被滥用或浪费。第五，人道主义援助忽视了富裕国家的贫困化问题。需要一个优良的治贫方案以回应富裕国家内部的贫困化现象。第六，人道主义援助忽视了全球性的制度正义，弱化了国与国之间、人民与人民之间、不同国家的公民之间的交往正义和制度正义。第七，人道主义援助的义务是自愿性的，而不是强制性的。

二 世界主义的观念与策略

在世界主义看来，全球极端贫困既不是生产问题，也不是援助问题，而是正义问题。他们明确区分了解决贫困的人道方案和正义方案。人道是为了行善，正义是为了权力和权利，"人道和正义并不是对同一件病症的互为取舍的处方，它们有着各自不同的主题"[①]。当代世界主义者在哲学上为消除极端贫困给出了多个正义理由。

1. 极端贫困影响穷人的利益。辛格以效用主义的观察视角看待全球贫困问题。他认为，当今世界存在普遍的极端贫困问题，这严重危害了穷人的基本需要和利益。极端贫困意味着悲惨的生活状况，诸如早夭、死亡和疾病，不充分的食品、住所和衣服，糟糕的卫生、医疗和教育。处于如此状态的个体不符合任何定义下的"体面的人"。因此，阻止贫困具有道德重要性。穷人作为最弱

---

① ［美］布莱恩·巴里：《全球视野中的人道和正义》，载徐向东《全球正义》，第84页。

势的群体之一，其基本利益应当得到同等重视。辛格发现，富裕和贫穷有着明显的国别差异。发达国家的绝大多数公民都是处于绝对富裕状态下的富人，他们不仅能够满足自己和家人的基本需求，而且能凭借绰绰有余的收入经常进行奢侈享乐活动。辛格表示："发展中国家的贫穷是用与基本需要有关的绝对标准来衡量的。它不是发达国家所使用的相对贫困的衡量标准——其已经有安全饮用水、卫生安全、健康保障、电力、足够的食物和像电视、汽车、空调那样的家用电器。"① 他相信全球化使得我们的世界正变成一个逐渐超越国家主权的、融合的共同体，远处他乡的极端贫困者也是受到我们行动结果影响的人，他们的利益应该纳入我们同等考量的范围。因此，面对大范围的极端贫困，为了实现穷人的利益，辛格主张人们有较为严格的义务来帮助处于极端贫困状态下的人。

2. 极端贫困伤害穷人的自由。博格关于全球贫困的核心主张是，免于贫困的自由是一项基本人权②。他认为，极端贫困就是人作为物质性的存在而没有健康的食物、水、衣服、住所、基本医疗等其他物质保障，那么免于极端贫困的自由就是人最为重要的利益。那些可以明确定义的物质条件是人活下去所要获得的基本必需品。博格把每个人对这些必需品的获取看作一项自由权利，把一个人因缺失这些东西而陷入极端贫困看作对自由的侵犯。如柏林所言："对自由这个词的这种使用，依赖于一种特殊的关于我的贫困与弱势起因的社会与经济理论。……当我相信我因为一种我认为不公正或不公平的制度安排而处于匮乏状态时，我就涉及到了经济的奴役或压迫。"③ 通过分析贫困的全球制度原因，博格认为发达国家及其公民直接或间接、有意或无意地阻碍了穷人获取必需品的愿望和能力，侵犯了穷人免于贫困的自由。在此意义上，穷人免于贫困的自由是柏林式的消极自由，即本来能够获得生存必需品的穷人因为发达国家及其公民的干涉和阻碍而陷入了一种不自由的状态。因此，穷人应当获得基本的生存所需，这是一种涉及生存的、最低限度的、

---

① Peter Singer, *One World Now: The Ethics of Globalization*, New Haven, CT: Yale University Press, 2016, p.99.
② Thomas Pogge, "Severe Poverty as a Human Rights Violation", in Thomas Pogge ed., *Freedom from Poverty as a Human Right: Who Owes What to the Very Poor?*, New York: Oxford University Press, p.11.
③ ［英］以赛亚·柏林：《自由论》(《自由四论》扩充版)，胡传胜译，译林出版社2011年版，第190—191页。

神圣不可侵犯的个人自由。而发达国家及其公民有正义义务避免伤害穷人，并保障穷人获得基本必需品的人权。

3. 极端贫困违背普遍人权原则。针对全球极端贫困，凯尼确立和发展了免于贫困的积极人权观念。他认为，基于人的资格，每个个体享有普遍的人权，包括生存权、政治权利和社会经济权利。极端贫困之所以是不正义的，就在于它违背了普遍人权原则。凯尼表示："人们有资格不遭受贫困，并且基于正义而要求缓解贫困。"① 在这一要求下，所有的全球行动者，包括个体、国家、公司、跨国组织等都要积极履行这一义务。他批评舒伊、博格等人的人权学说，提出了"混合论"（the Hybrid Account）主张："（a）人们有消极的正义义务，即不将一种不正义的全球秩序强加于他人；（b）人们有积极的正义义务，即根除所有的贫困，即使这些贫困不是来自不正义的全球制度。"② 但两者相较而言，后者应得到更多的重视，因为积极的正义义务是所有人的义务，无论他们是否是公民同胞或者一种制度体系范围中的成员。凯尼曾举例，如果在一个与世隔绝的非常遥远的岛上住着一群非常穷困的人，和世界上其他地方没有任何贸易、政治或环境的联系，那么我们对他们是否有正义义务，保护他们不受贫穷之苦？③ 他的答案是肯定的：因为免于贫困是所有人共同的基本身体需要，是公民和政治人权的基础。

在实践操作层面上，世界主义者并不悲观。他们认为我们已经可以共同决定人权的基本内容和基本体面生活所需之物，已经可以明确履行义务的主体是发达（富裕）国家及其公民，特别是发达国家的富人。富裕国家及富人有充分的理由承担解决极端贫困的正义义务，改革国际制度，积极采取多样化的行动方案。

首先，辛格强调富裕国家和富人应尽可能地保护穷人利益，积极消除贫

---

① Simon Caney, "Global Poverty and Human Rights: The Case for Positive Duties", in Thomas Pogge ed., *Freedom from Poverty as a Human Right: Who Owes What to the Very Poor?*, New York: Oxford University Press, 2007, p. 276.

② Simon Caney, "Global Poverty and Human Rights: The Case for Positive Duties", in Thomas Pogge ed., *Freedom from Poverty as a Human Right: Who Owes What to the Very Poor?*, New York: Oxford University Press, 2007, p. 288.

③ Simon Caney, "Global Poverty and Human Rights: The Case for Positive Duties", in Thomas Pogge ed., *Freedom from Poverty as a Human Right: Who Owes What to the Very Poor?*, New York: Oxford University Press, 2007, p. 288.

困。辛格希望每个富人用实际行动切实增进穷人的利益，践行"有效的利他主义"（Effective altruism），"行最大的善"（Do the most good）。[①] 帮助穷人免于绝对贫困，这于富人而言不是慈善和义举，而是一种严格的分内义务，是积极的道德责任。辛格以"拯救落水儿童"类比，认为如果富人不这样做，在道德上就是错误的。

他坚持康德式的道德义务观念，主张富人"行最大的善"的道德法则是理性法则。理性支配着人们的道德判断、推理能力和行为动机。"每个人在道德上都有义务把他人之善当作自我之善来看待"[②]，辛格特别赞赏西季威克的这一道德格言。他指出，人们基于理性能普遍接受如下道德律令：对所有生命价值的平等尊重，对所有个体之善的平等对待，把他人的幸福视为于己同等重要。作为理性的能力，推理将帮助人们判断何种方式能帮助更多的人，能最有效地实现每个人利益的最大化。而"行最大的善"恰是理性的要求，它既不出自良善之本性，也不源于想象之同情。

有学者指责功利主义会导致自我否定的禁欲主义和严苛的世界主义，"如果在我的所有行为中我必须要考虑所有人的幸福，那么，除非所有人都享有了类似的快乐，否则我也是无多少快乐可言的，而且，任何多余的财富都要奉献出来支援穷人和弱者，而不是享受些许快乐，如珍馐美食、歌台舞榭"[③]。然而，辛格指出，富人对自身利益和穷人利益的同等对待和均衡考量并不是在结果上实现利益均等。换言之，这不是一种"有福同享，有难同当"意义上的苦乐共享观。相反，富人在做出道德选择时平等考虑他国公民的利益，进行有益的捐赠，这一行为本身将提升富人的社会价值，助其获得更多的社会尊严和自我满足感。富人乐于扶危济困，把"他人的生活和幸福视为与己同等重要"，参与创造一个更美好的世界，这使得富人可以过上"合情合理的伦理生活"。[④]

罗伯特·古丁（Robert E. Goodin）提出："通常引发'道德严格性'抨击

---

① Peter Singer, *The Most Good You Can Do*, New Haven, CT: Yale University Press, 2015, pp. 117–127.
② Peter Singer, *The Most Good You Can Do*, New Haven, CT: Yale University Press, 2015, p. 82.
③ ［英］弗雷德里克·罗森：《古典功利主义：从休谟到密尔》，曹海军译，译林出版社2018年版，第9页。
④ Peter Singer, *The Most Good You Can Do*, New Haven, CT: Yale University Press, 2015, p. 102.

的不是'简单救助的责任',而是'(可能)代价高昂的救助的责任'。"① 辛格否认帮助穷人免于绝对贫困会导致富人为此付出高昂代价。他强调,富人的援助义务决不能以牺牲自身重要利益为代价,否则富人可以拒绝履行。在这一前提下,富人应该思考的问题是,我该如何行最大的善。辛格认为,增加富人与增加穷人利益在量和质上都有显著区别。过着优渥生活的富人很难通过更多的物质享受来增进利益,但是处于绝对贫困境况的穷人只需要补充少量的生活必备物资或增加小额的收入就可以明显改变生活状况,实现个人利益在量与质上的飞跃。因此,若美国的富人每天少花一美元,其生活状态和质量几乎没有变化,但当美国的富人把这一美元捐给津巴布韦的穷人,后者将可以吃一顿饱饭,喝上干净的水,获得必需的日用品,这将以指数形式增进其利益。所以,富人的格言是有限地牺牲自我、有效地增加他人利益。辛格一直遵循效用论的"利益"换算模式:在不大量减少富人利益的前提下,既不威胁到富人的核心利益,又尽可能地减少或消除穷人的痛苦,而这将增加幸福和福祉总量。按照这种逻辑,富人行善只是富人生活的适度调整。辛格为富人"行最大的善"做出了具体的对象、内容和方式上的限制。他要求富人必须识别最穷的人和其最需要之物,以及能最广泛增进穷人利益的方式。

在公共行动上,他要求富裕国家(富人)要积极干预全球贫困,按照穷人的需要进行全球性分配。他主张为穷人的利益采取"积极的政治行动":(1)为私人援助和公共援助制定新的、更高的海外援助标准,鼓励富裕国家政府增加更多不附带条件的援助;(2)为富国和穷国之间的贸易往来制定更公平的机制;(3)减少跨国公司对穷国的经济支配;(4)进行 WTO 改革,以增进所有人的利益为目标代替现有的新自由主义宗旨,以改善穷人福利为目的的全球规则体系代替当前全球贸易的自由放任政策;(5)扩大非政府组织的行动范围,增进其作用;(6)将"最低标准的民主"作为一个政府合法性的标准,抵制不合法政府,拒绝承认独裁和腐败政府出卖其国家资源的权力,拒绝从这些国家购买资源。②

---

① Robert E. Goodin, "Demandingness as a Virtue", *The Journal of Ethics*, Vol. 13, No. 1, 2009, p. 6.
② 此处列举的 (1)(2)(3) 条措施出自辛格的《实践伦理学》,参见 [美] 彼得·辛格《实践伦理学》,刘莘译,第 237 页。(4)(5)(6) 来自辛格的《同一个世界》,参见 Peter Singer, *One World Now: The Ethics of Globalization*, New Haven, CT: Yale University Press, 2016, pp. 111, 115–120。

其次，博格主张富裕国家及其公民要避免伤害穷人免于贫困的自由，积极改革全球制度。在博格笔下，发达国家及其公民应该拥有一种自由主义的良知，愧悔他们当下（曾经）对穷人犯下的错误和造成的伤害，并积极补偿穷人，承担改变其极端贫困的责任。

在罗尔斯的制度正义逻辑的启示下，博格认为造成穷人贫困的主要原因是全球制度性因素。他指出，现存的全球结构存在广泛的、过度的剥削、压迫和不公，相当数量的穷人为此正遭受贫困、死亡和悲惨命运。而究其根本，这种大规模的贫困当归因于宏观的世界制度结构。"只要所生成的剥削和不利在评估社会制度中起着重要作用，我们就能够证明，在存在某种可行的可选制度不会生成这种极端的不平等的情况下，现存的全球秩序是不正义的。"① 但是，这种不正义的全球制度框架是由处于优势地位的富裕国家及其公民强加给穷人的。穷人是该制度的牺牲者，因为他们无法从中获取基本必需品而陷入极端贫困；而富裕国家及其公民是最大获益者，是对穷人自由的侵犯者，他们对此制度的维系和获益本身就是一个道德错误，他们"没有履行不支持不正义的更严格的消极责任，没有履行不造成他人贫困的不正义或不从中获利的消极责任"②。若他们对贫困问题无所作为，这就等同于"助纣为虐"意义上的恶行。基于此，富裕国家及其公民对穷人的义务就不是私人的慈善或利他，而是一种对不公正的强制性制度不再予以支持的消极责任。这要求富裕国家及其公民必须选择支持不再产生贫困和极端不平等的世界制度，以此改变穷人的贫困现状。

博格要求富裕国家及其公民积极改革全球制度秩序，以新的正义制度保障穷人免于贫困的基本人权。博格提倡富裕国家和富人要参与、引导和推进改革世贸组织贸易规则、国际特权和全球卫生体系。这包括：（1）消除富裕国家的贸易壁垒；（2）打破损害其人民利益的统治者的资源和借债特权；（3）把先进的医药知识作为一种全球公共物品，向穷人免费、公开，使其能自由获取。③

---

① ［美］涛慕思·博格：《实现罗尔斯》，陈雅文译，第317页。
② Thomas Pogge, *World Poverty and Human Rights: Cosmopolitan Responsibilities and Reform*, Malden, MA: Polity Press, 2002, 197.
③ Thomas Pogge, *World Poverty and Human Rights: Cosmopolitan Responsibilities and Reform*, Malden, MA: Polity Press, 2008, p.264.

博格提供了"一种关于为什么世界贫困是道德错误的哲学诊断、一种关于为这种错误负责的道德义务的哲学论述和一种关于特定的行动者如何履行这种义务的特别建议"①。在博格所提出的富人对穷人的伤害关系推定中,解决全球贫困的义务承担者不是每个人,而是那些"共同强制施加这种秩序"的人,即富裕国家及其公民。义务内容也不是私人的捐赠,而是改革全球制度秩序,并以制度保障穷人的基本人权。博格力图使自己的建议符合适度原则。他指出,在履行富人对全球贫困的责任上,不需要富人做出激进的牺牲,只需要他们支持"轻微改革"(minor modifications)。"大规模的极端贫困可以通过轻微改革全球秩序(global order)来实现,而这种轻微调整不会给富人的收入带来显著的减少。"② 博格希望,若富人在改革制度上所做的一切努力和付出不以他们在实际资源和财富的转移上的重大牺牲为代价,那么富人将更愿意承认并践行其特殊的责任。

此外,博格还为全球贫困问题设计了专门的操作方案——"全球资源红利"(Global Resources Dividend)③。他认为全球贫困人口对所有有限的自然资源拥有不可分割的股份,各个国家应该就使用或售卖其领土内的资源而被征收"红利税"。他希望这些资源红利再分配给全世界的穷人,用于确保所有人都能有尊严地满足自己的基本需求。在《平等主义的万民法》("An Egalitarian Law of Peoples")一文中,博格把"全球资源红利"的上限确定为全球生产总值的1%。④ 在他看来,这少量的全球资源红利足以解决贫困问题,它既不会妨碍各个国家对自己领土内资源的控制权和造成财政负担,又可以极大地改善穷人的生活状况。他建议"全球资源红利"体系应利用经济学家和国际律师的专业知识,确保付款遵循明确直接的一般规则,确保管理费用低廉且透明,且向任何消除国内贫困的发展中国家提供明确和强有力的激励措施。这种激励措施包括:(1)支付规则应奖励取得的进步:向进步的国家分配更多的资金和/或将更多的资金直接分配给该国政府;(2)在统治者完全不关心

---

① Alison M. Jaggar, "Introduction", in Alison M. Jaggar ed., *Thomas Pogge and His Critics*, Malden, MA: Polity Press, 2010, p.6.
② Thomas Pogge, "Severe Poverty as a Human Rights Violation", in Thomas Pogge ed., *Freedom from Poverty as a Human Right: Who Owes What to the Very Poor?*, New York: Oxford University Press, p.30.
③ Thomas Pogge, *World Poverty and Human Rights: Cosmopolitan Responsibilities and Reform*, Malden, MA: Polity Press, 2002, p.196.
④ [美]涛慕思·博格:《平等主义的万民法》,载徐向东《全球正义》,第349页。

人民贫困的国家，直接向人民或他们的组织支付现金，也可以通过联合国机构或有效的非政府组织资助其发展项目；（3）在一些极端情况中，当一些国家不能有效利用分配的全球资源红利时，应把这些资金花在其他更能有效改变贫困的地方。① 博格希望"全球资源红利"帮助穷人免于绝对贫困，使之"从个人依赖的束缚和其他关系中解放出来"，"能够有效地维护和实现自己的基本利益"。②

最后，凯尼质疑辛格和博格的讨论没有完全涵盖所有应当帮助穷人的主体。他做出一个相当严格的判断："只要人们能够提供帮助（can help），他们就有正义义务保护那些人权受到侵犯的人们，无论这些人住在哪、无论他们是谁。"③ 他总结了四种全球贫困的可能原因——全球原因、地方原因、贫乏的自然资源、身体和/或精神缺陷。根据这四种原因，他推导出全球正义的混合方案：（1）全球原因类型情景下，每个人都有博格式的消极正义义务以保障人们免于贫困的人权；（2）在地方原因类型情景下，地方精英有博格式的消极正义义务以保障人们免于贫困的人权；（3）在地方原因类型的情景下，当地方精英不承担博格式的消极责任时，在其制度体系之外的其他人有积极的义务保障人们免于贫困的人权；（4）在自然资源贫乏的情景下，所有人有积极义务保障人们免于贫困的人权；（5）在身体和/或精神缺陷的情景下，所有人有积极义务保障人们免于贫困的人权。④

在这些观点之外，面对全球贫困问题，一些世界主义者还提出其他有益的建议。例如贝兹提倡的全球资源再分配原则、纳斯鲍姆支持的全球化的能力进路、查尔斯·琼斯（Charles Jones）提出的经济权利主张、戴维·赫尔德（David Held）主张的健康—社会—经济权利资格论等。

---

① Thomas Pogge, *World Poverty and Human Rights: Cosmopolitan Responsibilities and Reform*, Malden, MA: Polity Press, 2002, pp. 206–207.
② Thomas Pogge, *World Poverty and Human Rights: Cosmopolitan Responsibilities and Reform*, Malden, MA: Polity Press, 2002, p. 197.
③ Simon Caney, "Global Poverty and Human Rights: The Case for Positive Duties", in Thomas Pogge ed., *Freedom from Poverty as a Human Right: Who Owes What to the Very Poor?*, New York: Oxford University Press, 2007, p. 289.
④ Simon Caney, "Global Poverty and Human Rights: The Case for Positive Duties", in Thomas Pogge ed., *Freedom from Poverty as a Human Right: Who Owes What to the Very Poor?*, New York: Oxford University Press, 2007, pp. 291–294.

三　必要的评论

首先，世界主义为穷人之利益和权利的重要性进行道德辩护，证明了使穷人免于极端贫困的正当性。"对于任何权利之正当性的完整辩护都要包含三个要素……（1）为某种利益的重要性进行辩护；（2）捍卫那些对于实现这种利益必不可少之义务的正当性；并且（3）证明那些义务强加于个别行动者（个人、国家、非政府组织）的合理性。"① 在工业化和全球化的推动下，人类社会进入一个更加繁荣和文明的时代，每个人都应享有作为人类成员的成员资格，过上基本体面的生活。生命的权利和生存的利益是人的资格中最重要、最平等的部分，也是基本体面的表现。一个人要有基本体面的生活状态，必须获得基本的物品和资源，其中既包括维持生命和生存所必需的物资，也包括维系人格和社会尊严所必需的资源。这意味着所有人都应有足够的收入，以满足衣、食、住、行、教育、健康，以及符合其生活环境的社会尊严的需要。绝对贫困不是个人主观判断，而是跨越地理环境、社会历史传统、文化背景等客观存在的事实性定义，是全人类社会普遍认可和基本同意的贫穷状态。可以说，"体面"所必不可少的资源清单和福祉内容是清晰的；认可、促进和保护所有人的与生存有关的利益和权利是普遍的道德义务。

其次，世界主义为解决极端贫困问题提供了分配正义的思路，确定了特定的义务主体。世界主义者强调极端贫困是一个分配问题。分配正义意味着人们有应当享有某些东西的资格，而这一资格源于人的利益或权利。因此，为了解决极端贫困，世界主义者支持全球财富再分配，强调富裕国家和富裕阶层进行财富转移的责任。辛格从效用论逻辑出发，讨论了富裕国家和富人帮助穷人改变极端贫困的积极义务；凯尼从普遍人权的角度论述了全球贫困中的人权问题，强调保护人们免于贫困的人权的普遍性，希望证成每个人帮助他人摆脱极端贫困的正义义务；博格通过构建富裕国家及富人和穷人之间强因果的伤害关系，证明富裕国家及富人必须为此负责的严格性。若以拯救一个落水儿童为例，博格的主张有别于辛格和凯尼，他认为之所以要求人们去拯救一个落水儿童，是因为他们在当下或过去可能将该儿童推下水，或者

---

① ［加］查尔斯·琼斯：《全球正义：捍卫世界主义》，李丽丽译，重庆出版社2014年版，第73页。

参与对该儿童造成伤害的部分环节。博格对造成贫困和未能减少贫困之间极为重要的道德差异进行了区分,进而构建起全球富者和贫者命运之间的紧密相关性。他希望通过论证富人在支持和维系导致伤害穷人的全球制度秩序上的问题,阐明责成富人应该做什么的道德问题。

但是,世界主义无法有效证成把消除贫困的正义义务强加于富人的正当性。斯坎伦指出:"由相信'某个行为是错误的信念'所直接引发的动机之来源在于这一欲望:即能够给予他人不能够合乎情理地拒绝的理由而向他们证明自己的行为合乎情理。"① 若我们要使得富人相信自己的行为是错误的,我们就必须提出让他们无法合理拒绝的理由。而辛格、博格和凯尼的主张面临诸多疑难,例如,辛格的效用论会在道德经验和道德动机方面受到质疑。博格提出的富者和贫者之间的制度关系不一定证明富者需要为此承担后果责任。凯尼主张的普遍人权难以激发富人帮助穷人的动力。

在现实世界,若没有充分的道德事实和强制性约束,富人在道德直觉上无法将穷人与自我的关系内化为直接的严格的义务规范。在全球范围内,让富人为其他遥远地方的穷人的利益和权利而"竭尽所能""愧悔自责"或"补偿伤害"并非易事。当需要自我牺牲时,即使只是少量牺牲,富人也不一定有充分动机去实现穷人的利益和权利。富人选择维护自我利益还是实现穷人的利益和人权具有极大主观性。在没有政治权威的强制调节之下,富人帮助穷人依然是主观推理和调适的道德行为。富人的同情心、良知和理性决定了富人会在什么样的情形下考虑穷人的利益和权利,以及为此做出何种程度的自我牺牲。这个过程充满着不确定的道德算计,考验着富人面对不同场景的判断能力。若富人认为自己的边际损失多于穷人的边际收益,则不会履行自己的义务。富人扶贫济弱在道德动机上的普遍性极可能化归为慈善的偶然性。

第二节 气候变化

一 气候变化:现状、趋势和问题

联合国发布的《可持续发展目标报告2022》指出:"世界正处在气候灾

---

① [美]托马斯·斯坎伦:《契约主义与功利主义》,载[印]阿马蒂亚·森、[英]伯纳德·威廉姆斯《超越功利主义》,梁捷等译,复旦大学出版社2011年版,第120—121页。

难的边缘,而避免这场灾难发生的一线机会稍纵即逝。气候变化导致的热浪、干旱和洪水频频发生,已经影响到全球数十亿人民,给全球生态系统带来不可逆的变化。"① 全球气候变化已经是当今世界面临的重大危机之一。

自工业化以来,人类活动所产生的温室气体排放导致大气中温室气体浓度不断升高,加剧了地球气候变暖的趋势,海平面上升、极端天气事件增多、生物多样性受到破坏等问题逐渐显现。在1990年出版的《气候变化:IPCC科学报告》中,科学家们强调自然的温室效应和人类活动共同影响了气候变化:(1)人类活动产生的各种排放使得大气中的温室气体浓度显著增加,包括二氧化碳、甲烷、氯氟烃和氧化亚氮。人类活动确实导致了全球温度的上升,增强了温室效应;(2)在这些温室气体中,过去和未来增强的温室效应有一半以上是二氧化碳的责任;(3)如果按照"照常方案",21世纪全球平均温度将以每十年0.3℃的平均速率上升,到2025年全球平均气温较现值高约1℃,21世纪末升高约3℃;(4)因此,人类必须要控制向大气排放温室气体,特别是控制二氧化碳的排放量。②

长期以来,气候危机持续存在,对人类的当下生活和未来发展产生不利影响。第一,全球气候变化造成全球动植物减少和灭绝,导致生态系统的不稳定和破坏。全球气候变暖使得生态系统中的生物栖息地丧失、退化或被破坏,生物之间的关系和种群数量被改变,如影响植物的地理分布和成长环境,或影响动物的食物链、迁徙和繁殖等。第二,它导致冰川融化、海平面上升、海洋酸化、极端天气事件(如干旱、洪涝、暴风雨、暴雪等)更加频繁和严重,威胁到生态系统的平衡,给人类造成突发性灾难。第三,它直接危及人类生存和发展,危害人类生活所必需的淡水资源、粮食、生存环境等,损害人类的生命安全、健康和福祉。比如,淡水资源的减少带来缺水和永久水污染,造成农业和渔业产量下降,致使食物短缺、饥饿、营养不良等。一些自然危害伴随着促进疾病传播、增加死亡率、诱发新的疾病等潜在威胁。第四,它可能产生气候难民。海平面上升也将直接危及在沿海地区和周边地区生活

---

① 联合国:《可持续发展目标报告2022》,2022年,第52页,https://unstats.un.org/sdgs/report/2022/The-Sustainable-Development-Goals-Report-2022_Chinese.pdf.,引用日期:2022年9月20日。
② 政府间气候变化专门委员会:《政府间气候变化专门委员会综述》,1990年,第52—61页,https://archive.ipcc.ch/ipccreports/1992%20IPCC%20Supplement/IPCC_1990_and_1992_Assessments/Chinese/ipcc_90_92_assessments_far_overview_zh.pdf.,引用日期:2022年9月20日。

的人的生命安全，迫使一些人流离失所，成为气候难民。据估计，如果格陵兰岛和南极冰盖的融化速度比先前预计的要快，全球海平面将在21世纪上升数米，它将淹没沿海低地，迫使超过10亿居民撤退内陆或面临流亡。① 第五，它改变世界的经济发展趋势，影响各国经济和贸易的可持续发展。气候变化对农业、渔业、林业、能源、交通等行业造成重大损失，进而导致生产力下降、生产短缺和供应中断，影响世界的经济增长和繁荣。许多气候事件还会影响物流、运输、供应链和国际旅游业等，损害一些国家的发展机会。

全球气候变化有如下几个趋势。第一，全球气候系统性变暖。全球平均气温和海温升高，大范围积雪和冰融化，全球海平面上升，干旱现象严重。最近100年（1906—2005年）的温度线性趋势为0.74℃，自1961年以来，全球平均海平面上升的平均速率为每年1.8毫米，而从1993年以来平均速率为每年3.1毫米，从1978年以来北极年平均海冰面积已经以每十年2.7%的速率退缩，南北半球的山地冰川和积雪平均面积已呈现退缩趋势，从1900年至2005年在萨赫勒、地中海、非洲南部地区和南亚部分地区降水减少，受干旱影响的面积可能已经扩大。② IPCC在2014年表明，自1850年以来的过去30年里，每10年的地球表面温度都依次比前一个10年的温度更高，从1983年至2012年可能是过去1400年里最热的30年，从1880至2012年温度升高了0.85℃。③ 2021年，全球平均气温比工业化前的水平（从1850年到1900年）高出约1.11±0.13℃。④

第二，人为的温室气体排放不断增加。人类活动一直持续地增加全球温室气体排放，在1970年至2004年期间增加了70%。其中，二氧化碳是最重要的人为温室气体。在1970年至2004年间，二氧化碳的排放增加了大约80%。⑤

---

① Sujatha Byravan and Sudhir Chella Rajan, "Providing New Homes for Climate Change Exiles", *Climate Policy*, Vol.6, 2006, p.247.
② 政府间气候变化专门委员会：《气候变化2007：综合报告》，2007年，第2页，https://archive.ipcc.ch/pdf/assessment-report/ar4/syr/ar4_syr_cn.pdf.，引用日期：2022年9月20日。
③ 政府间气候变化专门委员会：《气候变化2014：综合报告》，2014年，第2页，https://archive.ipcc.ch/pdf/assessment-report/ar5/syr/AR5_SYR_FINAL_SPM_zh.pdf.，引用日期：2022年9月20日。
④ 联合国：《可持续发展目标报告2022》，2022年，第52页，，https://unstats.un.org/sdgs/report/2022/The-Sustainable-Development-Goals-Report-2022_Chinese.pdf.，引用日期：2022年9月20日。
⑤ 政府间气候变化专门委员会：《气候变化2007：综合报告》，2007年，第5页，https://archive.ipcc.ch/pdf/assessment-report/ar4/syr/ar4_syr_cn.pdf.，引用日期：2022年9月20日。

2014 年 IPCC 发布的《气候变化 2014：综合报告》显示，经济发展和人口增长是造成温室气体排放增加的最重要因素。"极有可能的是，观测到的 1951—2010 年全球平均表面温度升高的一半以上是由温室气体浓度的人为增加和其他人为强迫共同导致的。……人为强迫可能对 20 世纪中叶以来除南极洲之外的所有大陆表面温度升高起到了重要作用。"[①] 尽管国际社会已有大量的气候变化减缓政策和国际行动，但是 2000—2010 年的绝对增加量有所提高，2010 年人为温室气体排放量达到 $49 \pm 4.5 GtCO_2/yr^3$。人为温室气体排放总量长期居高不下。虽然 2020 年因为新冠肺炎疫情全球二氧化碳排放量下降了 5.2%，但是 2021 年与能源有关的二氧化碳排放量增加了 6%，回升至历史新高。[②]

第三，气候变化对发展中国家和发达国家都有影响，但对发展中国家及其贫困人口的负面影响更大。气候变化对不同国家的人口在健康、水供应、生存环境、疾病传播、人口死亡率、可持续的资源利用、发展规划与目标等方面造成了消极影响。和发达国家相比，发展中国家由于适应和应对能力较弱，易受伤害的脆弱性更普遍。例如，在市场方面，"对于大多数发展中国家，不同程度的全球平均温度升高的研究均表明，其净市场影响将是负的，对发达国家来讲，气温升高在（几）度以内，净市场影响有正有负，如果气温升高超过（几）度时，净市场影响则会是负的"[③]。气候变化使得发展中国家的最贫困人口处于较高的负面风险之中。气候变化带来的环境恶化将加剧他们的贫困陷阱，造成贫困人口在生存、健康、环境等方面的更不利地位。

第四，发达国家的人均碳排放高于发展中国家，英美等国长期占据世界排放量总量第一，近年来发展中国家，如中国和印度的排放量也在不断增加。一项关于富裕国家和贫穷国家二氧化碳排放量的调查研究显示，1960—1990 年，富裕国家的排放份额和人均排放量都高于贫穷国家。在 1990 年，82 个贫穷国家的碳排放量占比 33.2%，而 29 个富裕国家的占比 66.8%，按人均计

[①] 政府间气候变化专门委员会：《气候变化 2014：综合报告》，2014 年，第 5 页，https://archive.ipcc.ch/pdf/assessment-report/ar5/syr/AR5_SYR_FINAL_SPM_zh.pdf.，引用日期：2022 年 9 月 20 日。

[②] 联合国：《可持续发展目标报告 2022》，2022 年，第 52 页，https://unstats.un.org/sdgs/report/2022/The-Sustainable-Development-Goals-Report-2022_Chinese.pdf.，引用日期：2022 年 9 月 20 日。

[③] 政府间气候变化专门委员会：《气候变化 2001：综合报告》，2001 年，第 74 页，https://archive.ipcc.ch/ipccreports/tar/vol4/chinese/pdf/TAR_SYR_ZH.pdf.，引用日期：2022 年 9 月 20 日。

算,富裕国家居民的排放量是贫穷国家居民的 7 倍。① 从国别来看,英美中先后成为排放总量第一的国家:约在 1750 年到 1887 年间,英国在化石能源和工业产生的碳排放量中占据第一位,约在 1888 年到 2005 年,美国成为第一,约在 2006 年之后,中国处于第一位。同时,印度等发展中国家的碳排放量也不断增加。② 从排放量的增长情况来看,2000—2018 年,发达国家和转型经济体的全球温室气体排放量下降了 6.5%。与此同时,从 2000 年到 2013 年,发展中国家的排放量上升了 43.2%。③

全球气候变暖的形势不容乐观,人类需要全球合作和一致行动。1979 年,美国国家科学院全面评估了二氧化碳排放问题对全球气候变化的影响,对即将到来的全球变暖发出了警告。1988 年世界气象组织和联合国环境规划署联合组建了政府间气候变化专门委员会(IPCC)。它的目标是向各国政府提供科学的气候信息和报告,帮助其制定气候政策;其主要职责包括定期发布评估气候变化的科学依据、影响和未来风险,以及制定适应和缓解气候变化的选择方案。数以千计的科学家和环境保护者奔走呼告,致力于唤起国际社会对气候变化的重视。

在这些努力下,各国人民及其政府领导人日渐重视气候问题,意识到人类必须承担联合保护环境、遏制气候变化的重大使命。1992 年联合国在里约召开"地球峰会",150 多个国家签署《联合国气候变化框架公约》。这是全球各国首次达成关于减少温室气体排放的协议。此后,各国政府、科学家和环保组织等开始加强对气候变化问题的研究和宣传,逐渐形成了全球性的关注和合作。1997 年的《京都议定书》和 2015 年的《巴黎协定》都是人类为共同应对气候变化而联合制定的国际公约或国际法律文本。《巴黎协定》规定,把全球平均气温升幅控制在工业化前水平以上低于 2℃之内,并把升温控制在 1.5℃之内。各个国家正在发布各自的气候行动计划,自主承诺将减少温室气体排放量,承担各自共同而有区别的责任,通过国家自主贡献来减缓或

---

① Mark T. Heil and Quentin T. Wodon, "Inequality in CO_2 Emissions Between Poor and Rich Countries", *The Journal of Environment & Development*, Vol. 6, No. 4, December 1997, pp. 434–436.
② Our Word in Data, "Annual CO2 Emissions", https://ourworldindata.org/grapher/annual-co2-emissions-per-country,引用日期:2022 年 9 月 20 日。
③ 联合国:《可持续发展目标报告 2020》,2020 年,第 50 页,https://unstats.un.org/sdgs/report/2020/The-Sustainable-Development-Goals-Report-2020_Chinese.pdf.,引用日期:2022 年 9 月 20 日。

适应气候影响。

但是，效果并不明显。《可持续发展目标报告2022》指出，目前各国的目标和做法不足以实现《巴黎协定》规定的升温控制在1.5℃的指标之内，按照各国的情况，温室气体预计在未来十年将增加14%。目前国际社会的气候行动有三个不利方面：一是全球温室气体排放量增加导致创纪录的温度和更多极端天气现象；二是2021年化石燃料排放量回升至历史新高，抵消了疫情带来的排放量下降；三是气候融资只达到联合国所说的避免最坏情况所需资金的小部分。① 可见，国际社会关于应对气候变化的理念与责任还存在较大争议，人类尚未达成一致意见和形成协调高效的行动。

气候变化是一个全球正义问题。首先，气候变化对国际社会的影响是普遍的。气候变化是一个跨越国家边界和主权的问题。温室气体的排放既来自发达国家，也来自发展中国家，不同国家的人及其活动都相互影响。这不仅影响某个地区或国家，而且涉及全球范围内的环境、经济、社会和文化等各方面，从而导致全球贫困、不平等、健康等问题。其次，气候变化包括公平性问题，它的因果影响是不公平的。一方面，发达国家在历史上碳排放量更多，享受到了无限制排放的好处；而发展中国家却要为今天的气候结果承担责任，减少碳排放量，失去同等发展的机会。另一方面，由于发达国家和发展中国家的技术和财富积累的不同，他们受到气候变暖的影响、应对气候变化的能力也不同。相较于发达国家而言，发展中国家更为脆弱，特别是发展中国家的穷人。最后，解决气候变化问题需要全球范围的共同努力，需要各国共同承担减排份额。一些国家要根据自身情况和责任采取具体的行动，包括减少温室气体排放、转向清洁能源、开发新型技术、应对气候灾害等，从而实现全球公平和可持续发展。

有效应对气候变化涉及两个层面的问题。第一个是科学问题，即如何缓解和如何适应气候变化。第二个是正义问题，即谁应为此负责，如何分配责任。前者已经由科学家给出了准确答案，但是后者却处于长期的争议中。从上文的数据分析可见，人类活动与气候变化有因果关系，当前的气候变暖问题既与历史排放有关，又与当前各国的减排计划有关。第一个争议是过去的

---

① 联合国：《可持续发展目标报告2022》，2022年，第52—53页，https://unstats.un.org/sdgs/report/2022/The-Sustainable-Development-Goals-Report-2022_Chinese.pdf.，引用日期：2022年9月20日。

人们是否要为今天的气候问题负责。第二个争议是发达国家是否应该为此承担更多责任和成本，对发展中国家进行帮助或补偿。谁应该为气候变化付出代价？谁必须减少排放？如何公平分配碳排放额度？如何公平分摊成本？这些问题不只是经验性的科学问题，更是规范性的分配公平的问题。

二 世界主义的观念与策略

全球气候正义主要讨论责任主体和公平分配的问题。人们关于这两个问题的讨论体现了罗伯特·诺齐克（Robert Nozick）曾总结的两种分配正义原则——历史原则和即时原则。[①] 历史原则一般认为气候正义必须考虑气候变化问题产生的历史原因，即过去的获取和转让是否正义，如不正义是否进行了矫正。因此，温室气体排放量的正义分配既要考虑当下情况，又要参照历史贡献率。即时原则表示不应该追溯过往，其分配只取决于当下的持有情况是否遵循正义原则。

早先流行的原则是历史原则，典型的实践口号和方案是"污染者偿付"或"谁污染谁治理"。其核心想法是：发达国家有义务为历史上的温室气体排放量承担相应责任，在当前的排放量分配中为此偿付，他们既应担负更多的减排量，又应向发展中国家（尤其是贫穷国家）提供减排的资金或技术支持。它认为，从历史上看，发达国家是经过了长期工业化的国家，是温室气体的主要排放国，是导致当前气候变化危害的主要责任方。但世界主义者如辛格和凯尼不同意这一点，他们围绕全球气候正义提出了富有启发性的见解。

诺齐克在讨论分配正义的即时原则时指出："按照即时原则，在判断一种分配的正义时，需要注意的仅仅是那些最后的人；在比较任何两种分配时，一个人只需注意显示分配的矩阵。"[②] 辛格主张即时的正义原则，他不接受基于历史原则的气候正义方案。他认为，无论是"污染者偿付"还是"谁污染谁治理"，都过分加重了发达国家的负担，不会被发达国家广泛接受，这反而不利于解决问题、增进人类福利。辛格追求的气候正义原则是能为当代所有人及其子孙后代均带来最大化净收益的原则。他表示："每个人可以声称自己

[①] ［美］罗伯特·诺齐克：《无政府、国家和乌托邦》，何怀宏等译，中国社会科学出版社1991年版，第159页。

[②] ［美］罗伯特·诺齐克：《无政府、国家和乌托邦》，何怀宏等译，第159页。

对像大气那样的公共资源持有所有权,因此每个人应该拥有均等的配额。"①这体现了空间和时间上的平等。从空间上来看,当代人无论身处何处,在地域或国籍上并无二致,都是气候变化的责任主体;从时间上看,气候变化威胁到未来益品,代际间的正义同等重要。"每个人享有均等的配额"是辛格气候正义观的核心内容。他支持的气候正义原则具体表述为"人均未来排放量均等原则":"结合当前联合国对每个国家在2050年的人口增长预测,每个人占有大气层均等的人均未来排放量。"②

据此,辛格提出了气候正义的具体方案:(1)人均排放量分配。根据科学探测的排放限额,估测每个国家从现在开始到未来某一时间(排放限额到达的年限)的既定人口,按照既定人口来分配每个国家被允许的排放额度。(2)全球排放量交易。将各国被分配的排放量资源化和市场化,允许各个国家间进行温室气体排放量转让、售买、交易。辛格表示这一方案将产生满足所有人利益的最佳结果,有着诸多优势。例如,它在遵循平等排放量的同时,既帮助发达国家合理获取充分的可消费的资源,又有利于发展中国家得到相应好处以满足自身需要。这既公平又高效,有可执行性。首先,辛格认为用什么手段去测量每个国家的精确排放量是一个科学问题,这一技术难题在长期看来是可以克服的。其次,对于发达国家购买排放量用于过度消费而没有导致排放量的真正减少是否不当,他表示,只要能够控制全人类排放的总量,"你情我愿"的公平交易就没有任何问题。最后,针对一些腐败独裁政府通过售卖排放量以权谋私、损公自肥,不顾其人民的福祉,辛格设置了全球排放量交易的准入门槛——"拒绝承认只关心自保和自肥的腐败独裁政府,只接受可出售剩余限额的合法政府";当这一合法政府不存在时,可由联合国授权的国际权威机构来管理一个国家的交易额度。③ 此外,辛格还提出了其他可供全球社会参考的建议,如建立机构或设立国际法和国际法庭以敦促各国遵守《巴黎协定》,联合国对不遵守减排规则

---

① Peter Singer, *One World Now: The Ethics of Globalization*, New Haven, CT: Yale University Press, 2016, p.41.
② Peter Singer, *One World Now: The Ethics of Globalization*, New Haven, CT: Yale University Press, 2016, p.54.
③ Peter Singer, *One World Now: The Ethics of Globalization*, New Haven, CT: Yale University Press, 2016, pp.57–59.

的国家进行制裁等。

在谁应该为气候变化付出代价的问题上,凯尼同样反对"污染者偿付"的历史原则。他在《世界主义、责任和全球气候变化》("Cosmopolitan Justice, Responsibility, and Global Climate Change")一文中分析了该方案三个方面的局限性。第一,这种方案是集体主义逻辑,即国家要作为整体为过去负责。这种逻辑看似体现了机会平等原则,但是从个体主义来看,它实际上是不平等的,这也不符合代际公平。凯尼表示:"如果我们采取个人主义的立场,仅仅因为过去生活在 A 国的人排放了更高水平的温室气体,就给一些人(A 国的人)比其他人(B 国的人)提供更少的机会,这是错误的。"① 因此,没有正当理由要求当代人以损害自身权利为代价为过去祖先的排放量买单,即使他们是处于高度发达的工业化国家的人。第二,"污染者偿付"没有明确规定个体应享有的排放权的内容和范围,无法诉诸正义。第三,它难以应对污染者不偿付的情况,没有指明其他的责任主体。这三个方面的局限相对应地无法解决前代人、可辩解为对气候影响无知的人、拒绝履行责任的人的排放问题。

在凯尼看来,气候变化问题本质上是人的基本权利问题——气候正义不是说当代人应该为本人或者本国过去的排放行为负责,而是说"人有不受全球气候变化不利影响的人权"②。换言之,任何应对气候变化的方案都不能伤害他所界定的人权。凯尼为辛格提出的"每个人享有均等配额的温室气体排放量"增加了一个限制条件,那就是人权原则。他指出,任何方案都要保障不受气候变化危害的那些根本利益。"人的根本利益在于不受下列情况之苦:(a)干旱和农作物歉收;(b)中暑;(c)传染病(如疟疾、霍乱和登革热);(d)洪水与住房和基础设施破坏;(e)被迫迁移;和(f)他们的自然、社会和经济世界发生了迅速、不可预测和戏剧性的变化。"③ 气候变化危害的关

---

① Simon Caney, "Cosmopolitan Justice, Responsibility, and Global Climate Change", in Stephen M. Gardiner, Simon Caney, Dale Jamieson and Henry Shue, eds., *Climate Ethics: Essential Readings*, New York: Oxford University Press, 2010, p. 133.

② Simon Caney, "Cosmopolitan Justice, Responsibility, and Global Climate Change", in Stephen M. Gardiner, Simon Caney, Dale Jamieson and Henry Shue, eds., *Climate Ethics: Essential Readings*, New York: Oxford University Press, 2010, p. 136.

③ Simon Caney, "Cosmopolitan Justice, Responsibility, and Global Climate Change", in Stephen M. Gardiner, Simon Caney, Dale Jamieson and Henry Shue, eds., *Climate Ethics: Essential Readings*, New York: Oxford University Press, 2010, p. 135.

键人权是生命权、健康权和生存权。凯尼表示，这三项人权是与气候变化相关的最低限度的人权概念，是不太具有争议的、普遍接受的人权。由于气候变化突破最低限度侵害了这三种人权，因此，权利受侵犯者应当得到相应的赔偿和保护。"这里的核心问题是，如果我们接受一系列基本人权，那么任何应对气候变化的计划本身也不应侵犯这些权利。因此，任何分配排放权的国际条约和任何国家层面的气候行动计划都不应危及健康、生命和生存的人权。在实践中，这要求最弱势群体——那些人权最脆弱的群体——不应承担应对气候变化的负担。"①

全球气候正义包括四个原则："（1）所有人都有义务不排放超过自身配额的温室气体。（2）那些超过配额（和/或从1990年开始超过）的人有义务赔偿他人（通过减缓或适应）（污染者赔付原则的修订版本）。（3）考虑到前代人、可辩解为无知的人、不打算偿付的污染者，最有利者有义务根据这三类人产生的伤害的比例相应地减少他们的温室气体排放（减排），或者处理他们所带来的气候变化的不良后果（适应）（偿付能力原则）。（4）因为存在不打算偿付的污染者，最有利者有义务建立防止他们未来不偿付的机构（偿付能力原则）。"②

凯尼将这四个原则看作对"污染者偿付"方案的修正。原则（3）和原则（4）均强调"最有利者"及其偿付能力，即全球的富裕阶层是气候变化的主要义务承担者。凯尼强调富人必须履行严格的义务。一方面，他们有着更大的能力或者说更多的收入，更容易履行相应的义务；另一方面，他们的收入是通过危害气候或其他不公平的方式获得的。③ 这与他们是否一定是直接的"污染者"无关。所以，于凯尼而言，尽管保护免于气候变化危害的人权和保护他人免于贫困的人权都是普遍的道德义务，但前者主要是有利者、有能力者或者说全球富人的正义义务。国家不是主要的气候责任主体。凯尼对此做

---

① Simon Caney, "Cosmopolitan Justice, Responsibility, and Global Climate Change", in Stephen M. Gardiner, Simon Caney, Dale Jamieson and Henry Shue, eds., *Climate Ethics: Essential Readings*, New York: Oxford University Press, 2010, p. 172.

② Simon Caney, "Cosmopolitan Justice, Responsibility, and Global Climate Change", in Stephen M. Gardiner, Simon Caney, Dale Jamieson and Henry Shue, eds., *Climate Ethics: Essential Readings*, New York: Oxford University Press, 2010, p. 136.

③ Simon Caney, "Human Rights, Responsibilities, and Climate Change", in Charles R. Beitz and Robert E. Goodin, eds., *Global Basic Rights*, New York: Oxford University Press, 2009, p. 245.

出了如下论断："应对气候变化的重担应主要落在世界上的富人身上，我指的是世界上富裕的人（而不是富裕的国家）。"①

最后，凯尼提出了具体的气候正义实践路径：（1）国家将上述原则应用于自己管辖范围内的个体。国家可以利用碳排放税和/或碳配额以一种大致和快速的方式来确保他们的公民支付相应比例的个人排放量，除此之外，由富人支付剩余的排放量。（2）各国合作建立全球碳交易机制，但不把排放权分配给各国。该机制以竞争性拍卖的形式向企业拍卖排放权，将筹集的所有收入用于应对气候变化，并为清洁技术的研发提供资金。根据这一竞拍体系，企业支付排放权费用，然后把负担转嫁给消费者。因此，个别消费者将按其排放量支付费用，而不利者的费用将由拍卖所得收入进行偿还。②

三　必要的评价

世界主义将气候变化纳入全球正义的讨论范围有着非常重要的意义。一是它关心不同地区、国家和群体在气候变化之下的利益和权利受损问题，希望发达国家和富人承担更多的责任来解决气候变化对发展中国家、穷人和其他利益受损群体的不公平影响，保护其利益和权利。二是它致力于解决碳排放权（量）和减排责任的公平分配问题，试图找到一个更合理的分配原则来促使各国在应对气候变化问题上凝聚共识、分享责任、加强合作。三是它兼顾可持续性，强调气候环境的代际正义，把未来世代的利益纳入考虑范围，确保未来世代可以继续享有这些资源。阿丽克斯·迪策尔（Alix Dietzel）认为："世界主义者将个人置于道德关注的中心，并强调全球公平对待人类的重要性。参与全球性的全球正义辩论意味着探索气候变化问题的伦理层面：确定不公正的受害者，确定气候责任的公平分配，并将正义义务分配给应负责任的人。"③世界主义的气候正义观念促使我们当下探索气候变化和责任分配问题。

第一，我们应当拒绝碳排放权分配的历史原则。历史原则的出发点是考

---

① Simon Caney, "Cosmopolitan Justice, Responsibility, and Global Climate Change", in Stephen M. Gardiner, Simon Caney, Dale Jamieson and Henry Shue, eds., *Climate Ethics: Essential Readings*, New York: Oxford University Press, 2010, p. 137.
② Simon Caney, "Human Rights, Responsibilities, and Climate Change", in Charles R. Beitz and Robert E. Goodin, eds., *Global Basic Rights*, New York: Oxford University Press, 2009, p. 246.
③ Alix Dietzel, *Global Justice and Climate Governance*, Edinburgh: Edinburgh University Press, 2019, p. 1.

虑发达国家对气候变化的历史排放量。尽管普遍观念认为发达国家的工业化和经济增长是导致气候变化的主要原因之一，但是我们很难证明发达国家的历史排放对气候变化的具体影响。按照戴维·米勒的责任观念来看，一个人为其后果承担责任只有当他明确知道自己的行为后果伤害了他人。发达国家的祖先并不知道自己的行为与气候变化之间的因果关系，因此我们无法判定他们的历史"过错"，也无权要求他们的后代为此赔付。并且，考虑到气候变化是一个亟待解决的问题，即时原则比历史原则带给人的紧迫性更强，更能得到发达国家的认同和支持，从而形成有效的合力来应对和解决气候变化问题。

尽管发达国家过去的碳排放对于当下和未来的气候变化作用较大，但是发展中国家在现代化过程中也需要大量能源和资源，也产生了大量的温室气体，导致相应的碳排放增加。我们应该摒弃历史原则，强调发达国家和发展中国家在当下和未来共同的排放责任。基于即时原则，我们可以更加公平地分配碳排放权，既保障发展中国家的碳排放权，保障其公平发展的机会，又限制发达国家和发展中国家过度的碳排放，缓解气候变暖的危机。这样的碳排放原则可以更好地鼓励所有国家在降低碳排放方面积极采取行动，在监督发达国家减少排放的同时，敦促发展中国家更加谨慎地使用化石能源，避免重蹈先污染后治理的西方资本主义工业化老路，积极探索可持续发展的、人与自然和谐的现代化道路。

第二，我们需要根据各个国家的发展水平和能力来确定碳排放权的分配，保证发展中国家的碳排放权。首先，我们要尊重和保护发展中国家的发展权利，充分保证发展中国家和穷人的碳排放权，允许其人民使用充分低廉的能源来提高生活水平。发达国家在过去几十年中以巨大的碳排放量为代价实现了工业化和现代化，已经产生了累积的财富和发达的技术，其人民过上了相对充裕的生活。比较而言，发展中国家的人均碳排放总量较低，还需要低廉方便的能源来支撑经济增长和人民生活改善。全球气候正义应该考虑到发展中国家的社会公平和经济发展的需求。除非"发达国家向发展中国家和穷人提供足够负担得起的替代能源"[1]，否则发展中国家和穷人有权长期依赖较为

---

[1] Henry Shue, "Distant Strangers and the Illusion of Separation: Climate, Development and Disaster", in Thom Brooks ed., *The Oxford Handbook of Global Justice*, New York: Oxford University Press, 2020, p. 264.

便宜的化石能源。

其次，我们应遵循人均碳排放额平等原则，要求各个国家切实履行更多的减排责任。发达国家不仅有高额的碳排放总量，而且有较高的人均排放额，其人民对于化石能源的消耗数倍于发展中国家人民。因此，依照人均碳排放额平等原则，发达国家应该承担更多责任，削减自身的碳排放量，同时通过转移资金、技术和知识等方式支持他国实现低碳经济转型和节能减排。虽然发展中国家的人均排放额较低，但是其人口和经济增长速度较快，碳排放总量较高，未来碳排放量增长潜力也很大。发展中国家也应该承担适度的碳减排责任，在不牺牲其人民的基本利益和权利的前提下，积极采取可持续的能源消耗和绿色发展模式，避免重复高碳经济模式。

最后，鉴于气候变化对穷人的影响最为显著和严重，我们在制定全球气候变化的应对政策时，应当优先考虑和照顾穷人利益。穷人往往生活在气候极端、环境脆弱的地区，缺乏应对气候变化的资源和技术，面临更大的生存压力和健康风险。和富人相比，穷人的温室气体排放量较少，对气候变化的责任较小，却同样遭受其不利影响。"据政府间气候变化专门委员会的报告估计，有33亿至36亿人生活在极易受气候变化影响的环境中。人类高度脆弱的热点地区集中在小岛屿发展中国家、北极地区、南亚、中美洲和南美洲以及撒哈拉以南非洲的大部分地区。贫穷、获得基本服务受限、冲突和治理不善限制了人类对气候变化的适应能力，从而导致人道主义危机，这些危机可能使数百万人背井离乡。到2030年，估计仅干旱便将使7亿人面临流离失所的风险。"[①] 因此，保护穷人的权利和生计是全球气候正义的重要部分，需要得到国际社会的重视和关注。

第三，全球碳交易的执行情况和效果存疑。作为一项政策工具，全球碳交易经常被视为解决气候变化的合理方法。这种方法试图通过市场机制来减少或平衡各个国家（企业）的温室气体排放，促使财富从富裕国家（企业）向贫穷国家转移。它试图提供一个既兼顾每个人及其国家平等的碳排放权，又使碳排放的成本更加透明、更易适应市场需求的机制。尼古拉斯·斯特恩（Nicholas Stern）认为："好的政策的核心是为温室气体定价——这是解

---

① 联合国：《可持续发展目标报告2022》，2022年，第53页，https://unstats.un.org/sdgs/report/2022/The-Sustainable-Development-Goals-Report-2022_Chinese.pdf.，引用日期：2022年9月20日。

决外部性问题的一个经典而合理的方法,对于减少温室气体排放和降低减排成本的激励机制至关重要。事实上,在一个没有任何其他不完美的世界里,它将是制定最优政策的充分工具。"① 以分配或拍卖排放权交易为基础的碳交易往往被认为是重要的外部性定价方式,富裕国家的政策应该重视碳交易。然而,全球碳交易面临着一些挑战和困难。一是它存在监管难度,难以确保碳交易的可持续性和可靠性。碳交易需要建立监管机制,以确保市场公平、透明、有效。然而,在全球范围内,因为碳市场参与者众多,涉及的国家和地区也较多,碳排放权无论归于国家、国际机构还是企业,其监管难度都相对较大。二是碳交易最终只关注减排的整体情况,容易忽视各个国家减排的具体责任和持续性。通过买卖碳排放权,发达国家及富人仍然占据优势地位,可以进行超量消费。"既然足够富裕的国家有购买碳信用额的消费能力,他们可以选择继续过度消费的生活方式和奢侈品,而牺牲不太富裕的人,他们可能会剩下更少。因此,即使总体消费减少,其代价是确保富人保持富有,而穷人保持贫困。"② 三是碳交易市场价格存在较大的波动性。一旦进入市场,碳交易就会受到宏观经济因素、政策变化等多种因素的影响,其风险会显著提高,极有可能对发展中国家产生不利影响。

第三节 贸易与剥削

一 全球贸易:现状、趋势与问题

全球贸易是各国之间广泛进行商品和服务交换的过程,包括出口、进口和贸易投资等环节。全球贸易是全球化的重要表现形式,是全球化、国际合作和世界发展的重要推动力量。世界贸易组织最新数据表明,2021年,全球商品贸易价值增长26%,平均价格上涨约15%,全球商品贸易额增长9.8%,世界商业服务贸易同比增长16%。2021年,中国、美国和德国是前三大商品

---

① Nicholas Stern, "The Economics of Climate Change", in Stephen M. Gardiner, Simon Caney, Dale Jamieson and Henry Shue, eds., *Climate Ethics: Essential Readings*, New York: Oxford University Press, 2010, p. 61.

② Thom Brooks, "Climate Change Ethics and the Problem of End-state Solutions", in Thom Brooks ed., *The Oxford Handbook of Global Justice*, New York: Oxford University Press, 2020, p. 244.

出口国，分别占世界出口量的 15%（中国）、8%（美国）和 7%（德国）。①

20 世纪以来，在市场全球化作用下，物质资料的生产、交换、分配和消费成为一个全球共同参与的经济贸易过程，全球金融体系和资本流动增强了世界各国金融和资本市场的相互作用。全球贸易有两大显著特点：全球生产共享②和全球资本流动自由化。全球生产共享是指将生产过程分解为地理上不同的阶段，全球价值链延长。例如，美国在 1990 年从地区外的发展中经济体的商品进口占商品进口总额的约 24%，2017 年这一数值达到约 51%，这一数值在其他发达国家同样很高。③ 通过这种国际生产碎片化和垂直专业化，除少数原始部落外，世界上绝大多数的发展中国家、发达国家和国际公司都在参与全球贸易活动。"全球生产共享正在变成经济全球化的象征。"④ 全球资本流动自由化主要是全球资本的投资和金融自由化。"自 20 世纪 80 年代以来，大多数富裕国家提倡完全和绝对的资本流动自由化，没有控制，也没有各国间关于资产所有情况的信息分享。"⑤

全球贸易具有重要的作用，它推动商品、资本和劳动力市场的一体化，扩大市场规模，促进跨国公司的投资和跨国生产的发展，从而促进全球经济增长和繁荣。各国在生产和制造方面实现资源和劳动力的优化配置，降低生产成本和价格，提高生产效率，从而创造更高水平的当前产出和未来更高产出的前景。全球贸易也推动资本市场更加开放、竞争和自由，为跨国公司、投资者和发展中国家提供更多选择和发展的机会，促使一些资本流向需要发展经济的国家。同时，国际贸易和资本流动也可以促进技术和知识的交流，提高各国的技术和创新水平，增进人类文明。

在 20 世纪 90 年代，全球贸易一直呈现出快速增长的趋势。尤其是在 21 世纪初期，全球贸易增长更加迅猛。这得益于发达国家的贸易自由化政策和

---

① WTO, "World Trade Statistical Review 2022", 2022, pp. 7 – 11, https://www.wto.org/english/res_e/booksp_e/wtsr_2022_e.pdf., 引用日期：2022 年 9 月 28 日。
② Rajat Kathuria and Neetika Kaushal Nagpal eds., *Global Economic Cooperation: Views from G20 Countries*, Springer India, 2016, p. 241.
③ 世界银行：《美国：从地区外的发展中经济体的商品进口（占商品进口总额的百分比）》，https://data.worldbank.org.cn/indicator/TM.VAL.MRCH.OR.ZS?end = 2017&locations = US&start = 1990&view = chart，引用日期：2022 年 9 月 28 日。
④ Rajat Kathuria and Neetika Kaushal Nagpal eds., *Global Economic Cooperation: Views from G20 Countries*, 2016, p. 252.
⑤ ［法］托马斯·皮凯蒂：《21 世纪资本论》，巴曙松、陈剑等译，中信出版社 2014 年版，第 551 页。

新兴经济体的崛起。然而，2008年金融危机发生后，全球贸易增长速度变缓，贸易不平衡、收入不平等、利益冲突、贸易壁垒、保护主义等问题凸显。全球贸易主要呈现以下四个方面的发展趋势。

第一，全球贸易总量整体呈上涨趋势（除了新冠肺炎疫情期间），但贸易增长率的水平下降。从1990年至2008年，全球商品贸易快速发展，保持6.0%的平均增幅。2008—2009年金融发生后，全球贸易水平长期下降，商品贸易增长低迷。在2010年到2013年间，全球贸易平均增速为3.3%。2013年，全球贸易量比趋势水平低17.2%，几乎与2009年危机前的趋势水平一样低，全球贸易崩溃。① 从2010年到2019年新冠肺炎疫情暴发前夕，全球贸易保持2.7%的平均增长率。由于新冠肺炎大流行，2020年商品贸易大幅下降了5.2%，但在2021年世界商品贸易额反弹，大幅增长9.7%。②

第二，全球价值链的重要性持续增长，发展中国家越来越多地参与国际生产网络。在1995年到2008年期间，全球价值链贸易参与增长最多的经济体是韩国、中国、菲律宾、印度。在发展中国家与发达国家的全球价值链贸易保持稳定增长的同时，发展中国家之间的零部件贸易占贸易总额的比例从1988年的约6%上升到2013年的约25%。③ 但是，发展程度最低的国家的参与率仍然很低。全球价值链为发展中国家提供以较低成本融入世界经济的机会，但也给发展中国家带来诸多风险和不稳定性。

第三，国际资本流动在20世纪90年代持续上升，并在2000年达到顶峰，随后急剧减少。从外国直接投资（FDI）来看，FDI总额从20世纪90年代初的约2000亿美元激增到2000年的近1.2万亿美元。2001年，这些流动的价值下降了约50%，2002年又下降25%，降至约5000亿美元。④ FDI主要流向发展中国家，特别是中国。2000年，发展中国家吸收全球FDI流量还不到20%，2012年，这一比例达到50%以上。而且，发展中国家也逐渐成为重要

---

① WTO, "World Trade Report 2014", 2014, p. 20, https://www.wto.org/english/res_e/booksp_e/world_trade_report14_e.pdf., 引用日期：2022年9月28日。

② WTO, "World Trade Statistical Review 2022", 2022, p. 22, https://www.wto.org/english/res_e/booksp_e/wtsr_2022_e.pdf., 引用日期：2022年9月28日。

③ WTO, "World Trade Report 2014", 2014, p. 6, https://www.wto.org/english/res_e/booksp_e/world_trade_report14_e.pdf., 引用日期：2022年9月28日。

④ WTO, "World Trade Report 2003", 2003, p. 7, https://www.wto.org/english/res_e/booksp_e/anrep_e/world_trade_report_2003_e.pdf., 引用日期：2022年9月28日。

的投资来源。20世纪80年代末，全球FDI中只有7%来自发展中国家，而2012年发展中国家占34%。[1]

第四，全球贸易促使发达国家和发展中国家之间的差距日益缩小，但发展程度最低的国家仍然非常落后。20世纪90年代以来，由于发展中国家的经济增长加快和发达国家的经济增长放缓，发展中国家的收入一直与发达国家的收入趋同。在20世纪90年代，发展中国家的收入仅以每年1.5%的速度增长，此后收入平均每年增长4.7%。与此同时，发达国家的人均收入年增长率降至0.9%，低于90年代的2.8%，而发展程度最低的国家和其他发展中国家的增长率为3.7%。发展中国家作为整体的经济体，在2000年占全球产出量39%和全球贸易量32%，2014年，其占全球产出量和全球贸易量约50%。这大大改变了世界的收入分配格局，使分配总体上变得更加平等。然而，尽管发展中国家与发达国家的收入差距已经缩小，但发展中国家仍有很长的发展道路要走。其中，发展程度最低的国家仍然远远落后，2014年其人均收入仅为发达国家平均水平的4%。[2]

WTO发布的《2008年世界贸易报告》指出："贸易和全球化更广泛地给许多国家和公民带来了巨大的利益。贸易使各国受益于专业化，以更有效的规模发展经济。它提高了生产力，支持了知识和新技术的传播，丰富了消费者的选择范围。但是，深入融入世界经济并不总是受欢迎的，贸易和全球化的好处也不一定惠及社会的所有阶层。"[3] 全球贸易存在显著的不公平现象，主要有以下三个方面的挑战。

首先，全球贸易伴随着商业贸易的全球风险性、脆弱性和不良竞争性增强。全球经济危机、能源危机、地缘政治因素、地方保护主义等因素都影响着全球贸易和收益。例如，一个国家会遭受全球周期性的商业危机，受到其他地区因供应不足而中断价值链的影响，面临着其他国家的经济制裁和贸易壁垒风险，承担着环境破坏和气候变暖的全球性风险。而且，为了加入国际

---

[1] WTO, "World Trade Report 2014", 2014, p. 7, https://www.wto.org/english/res_e/booksp_e/world_trade_report14_e.pdf.，引用日期：2022年9月28日。
[2] WTO, "World Trade Report 2014", 2014, p. 5, https://www.wto.org/english/res_e/booksp_e/world_trade_report14_e.pdf.，引用日期：2022年9月30日。
[3] WTO, "World Trade Report 2008: Trade in a Globalizing World", 2008, p. xiii, https://www.wto.org/english/res_e/booksp_e/anrep_e/world_trade_report08_e.pdf.，引用日期：2022年9月30日。

贸易组织和全球生产链，一个国家需要处理好改革的风险。全球价值链的收益不是自动产生的。融入全球贸易要求一个国家开展自我改革和投入基础设施建设，进行市场结构转型，以达到世界标准的生产质量、效率和水平。但并非所有的国家都能够改革成功，一些国家往往削足适履，出现一些因为结构性转型所导致的社会问题。

其次，全球价值链目前只能为发展中国家提供低技能、高能耗、劳动力密集的产业，这并不利于发展中国家的可持续发展。其一，由于技能要求低，全球价值链附带转移的知识和技术是较低层次的，不能切实增进发展中国家的技术革新和人力升级。其二，低技能的劳动密集产业在技术投入、科技含量和产业升级方面都存在明显劣势，其劳动者收入必然较低，且存在较高的产业转移风险。一旦资本和产业快速撤离，当地经济和劳动者将大受其害，导致经济发展滞后、大规模失业、劳动纠纷等问题。其三，这类产业往往是高耗能产业，高消耗、高排放、高污染的作业状态会给当地生态环境和人们生活环境造成重大伤害。

最后，全球贸易收入不均衡。它体现为发达国家和发展中国家在全球价值链中的收益分配不平等。"在基于全球价值链的商业关系中，收益如何在合作伙伴之间分配取决于他们的相对议价能力。……通常领先企业拥有罕见的能力，而供应链下游的供应商彼此之间的竞争日益激烈，导致发达国家的主导企业相对于发展中国家的供应商可获得巨大收益。"① 发达国家及主导企业以极低的价格从制造国（发展中国家）获得大量的商品，以高额的回报率得到丰厚的利润，它们占据的利润的份额远高于发展中国家和低技能劳动者占据的份额。《2014年世界贸易报告》显示，服装价值链中95%以上的人员受雇于装配线岗位，大部分位于发展中国家，但他们的收入不到产品价值的10%。全球价值链的主导企业集中于发达国家，控制着对主要资源的获取，如产品设计、新技术、品牌名称或消费者需求，进而获得最高的收益。② 同时，发展程度最低的国家在全球贸易中的参与和收益非常有限。2021年，发展程度最低的国家的商品出口略好于世界平均水平（前者增长率为26.9%，

---

① WTO, "World Trade Report 2008: Trade in a Globalizing World", 2008, p. 100, https://www.wto.org/english/res_e/booksp_e/anrep_e/world_trade_report08_e.pdf., 引用日期：2022年9月30日。

② WTO, "World Trade Report 2014: Trade and Development", 2014, p. 89, https://www.wto.org/english/res_e/booksp_e/anrep_e/world_trade_report14_e.pdf., 引用日期：2022年9月30日。

后者为26.6%），其商业服务出口落后于世界平均水平（前者增长率为9%，后者为17%），在世界商品和服务出口中的份额只有0.93%。①

二是资本收益过高，资本所有者获得更高的回报和收入。根据联合国开发计划署发布的《2016年人类发展报告：每个人的发展》，虽然中国和印度的发展推动全球相对不平等指数在过去几十年稳步下降（从1975年到2010年相对基尼系数从0.74降低至0.63），但是根据绝对基尼系数，绝对不平等从20世纪70年代中期开始急剧上升（1975年到2010年从0.65上升至约0.72），人们收入差距扩大，全球财富更加集中。2000年前后，全球最富有的1%人口拥有32%的财富，2010年左右这一比例为46%。② 财富差距扩大的主要原因是资本收入的不平等。皮凯蒂指出，巨大的收入差距主要有两个原因，一是劳动收入的不平等，二是资本收入的不平等。后者是财富极端集中的表现，前者是一般集中的表现。资本收入不平等反映了更广泛和深层次的结构性不平等，即资本收入率大大超过经济增长率。③ 通过全球生产共享体系、财产私有和继承制度、金融和投资规则，资本收益远高于一般劳动的收益，富裕阶层在贸易中获得的收入远高于贫困阶层。

总体上，尽管世界上所有国家和人民都从全球贸易中获益，发达国家仍在其中占据更大的优势和收益份额，发展程度最低的国家和穷人从中获益最少。这种不平等、不均衡的原因是多方面的。首先，先行发达资本主义国家具有历史发展优势，它们长期占领国际市场，制定国际贸易规则，设定国际贸易结构，而这些贸易规则和制度结构对发展中国家而言并不有利。其次，发达国家通过实施高关税、壁垒、补贴和配额等贸易政策，保护自己的经济利益，限制了发展中国家的国际市场准入。再次，目前发达国家和富裕阶层仍以雄厚的资本和先进的技术占据世界市场和价值链主导地位，赚取生产、贸易和金融的最大利润。最后，发达国家和富裕阶层利用先发优势，获得谈判和议价的权力，垄断信息和技术，控制资源和资本，导致发展中国家和普

---

① WTO, "World Trade Statistical Review 2022", 2022, p. 7, https://www.wto.org/english/res_e/booksp_e/wtsr_2022_e.pdf., 引用日期：2022年9月30日。

② The United Nations Development Programme, "Human Development Report 2016: Human Development for Everyone", 2016, pp. 30 - 31, https://hdr.undp.org/system/files/documents/2016humandevelopmentreporttpdf1pdf.pdf., 引用日期：2022年9月30日。

③ 资本收益率包括利润、股利、利息、租金和其他资本收入，经济增长率指年收入或产出的增长。参见［法］托马斯·皮凯蒂《21世纪资本论》，巴曙松、陈剑等译，第27页。

通劳动者在全球贸易分配中处于不利地位。

二 世界主义的观念与策略

虽然历史上一些重要的政治哲学家如休谟讨论过贸易问题,但是贸易一开始不是当代世界主义者的核心话题。即使贝兹和博格等人在讨论罗尔斯式正义原则的全球化时,把全球合作体系和经济贸易互动作为全球分配的理由,但是他们没有直接讨论过贸易正义问题。"从有关全球正义的文献中可以明显看出,哲学家们很难将贸易置于全球正义的整体方法之中。目前尚不清楚如何在理想/非理想范围内对贸易进行定位,也不清楚贸易是否应遵循关于收益分配的实质性原则,还是应遵循规定贸易者应如何互动的程序性原则,也不清楚贸易如何与全球正义领域的一系列主题(人权、国家正当性、气候变化)相关联。"①

近年来,一些世界主义者关注贸易与剥削问题,讨论贸易不正义。理查德·W. 米勒（Richard W. Miller）对此有所介入。他批评以下两种探究全球正义的哲学进路。第一种是普遍慈善进路。W. 米勒认为普遍慈善义务过于灵活和温和,难以支持援助全球穷人的广泛要求,也会被个人的其他承诺所替代。第二种是跨国政治关切进路。W. 米勒认为它把发达国家对发展中国家的义务建立在全球经济相互依赖这一单纯的全球商业联系之上,而仅仅从商业关系和贸易关系中派生出来的义务不足以使人们付出代价来帮助贫穷的外国人。总之,这两种进路都没有认真对待依赖于跨国交往的任何明显的事实,没有证成发达国家之人民负有的帮助全球穷人的高标准义务。W. 米勒相信,如果从发达国家和发展中国家相关交往的道德图式和道德后果推论出发达国家所负有的高标准的道德责任,那么,"在政治可行性的限度内,那些试图克服当代跨国不负责任现象的人们会优先承诺全球层面的公道关切"②。

在全球贸易领域,W. 米勒详细讨论了跨国经济的剥削问题和国际贸易规则的不平等问题。全球贸易的现实是,发达国家的人在发展中国家进行投资、生产与贸易,商品和利润却大规模地流向发达国家。针对这一现象,W. 米勒

---

① Mathias Risse and Gabriel Wollner, "Three Images of Trade: On the Place of Trade in a Theory of Global Justice", *Moral Philosophy and Politics*, Vol. 1, No. 2, October 2014, p. 202.

② [美]理查德·W. 米勒:《全球化的正义:贫困与权力的伦理学》,第8页。

指出，在生产、交换和金融交易过程以及规范这些交往的国际结构中，发达国家及其富人、公司、政府正在利用和剥削发展中国家及其人民。① 他的主要结论是，发达国家的人民对发展中国家的人民负有广泛的、严格的、尚未得到履行的义务，即一种避免剥削和利用发展中国家之人民的义务，且应对此履行补偿义务。

首先，W. 米勒谴责发达国家利用发展中国家的劣势，剥削发展中国家的工人、不正当地获取收益。剥削是一个非常经典的马克思主义命题。马克思主义认为雇佣劳动是一种剥削，进而批判资本主义经济制度的剥削关系。在马克思主义的经典解释之外，还有些学者讨论作为道德概念的剥削。艾伦·伍德（Allen W. Wood）认为剥削之所以是一个道德问题，是因为剥削涉及对资源的某种程度的控制。他把剥削分为两种类型，一是利益剥削（benefit-exploitation），即"我们利用他人的某些特质，从中获取利益或利用这些特质来达到我们的目的"；二是优势剥削（advantage-exploitation），即"我们利用别人的弱点或脆弱性来增强自己对这个人的控制力或优势，并使我们可以利用它们来获取利益或达到自我目的"。② 没有利益剥削就不会有剥削对象，而没有优势剥削就不会有对剥削对象的控制或操纵。剥削之不公正不在于它危害利益的再分配使得利益从被剥削者流向剥削者，而在于"当我们将他人的脆弱视为促进自己利益或机会的机会时，就违背了对他人的适当尊重"③。因此即使剥削对被剥削者来说是有益的、自愿的，它也是不道德的，因为剥削者先利用了被剥削者的弱势或脆弱性，再利用它来达成自己的目的。

W. 米勒也在类似的意义上反对剥削。他表示，剥削意味着利用他人的弱点来达到自我目的，在道德上是错误的。它有两个错误的道德后果。一是把自己的意愿凌驾于另一方的意愿之上，迫使对方服从，且从中牟利。二是没有认同和尊重他人的平等价值，将其当作从属于个人目的手段和工具。他反对"利用别人的弱点使得弱者的处境变得更好"，并表示"不使对方的处境变得更糟并不是确保利用他人之行为不受谴责的决定性理由"。④ "占人便宜"

---

① ［美］理查德·W. 米勒：《全球化的正义：贫困与权力的伦理学》，第97页。
② Allen W. Wood, "Exploitation", *Social Philosophy and Policy Foundation*, 1995, p.142.
③ Allen W. Wood, "Exploitation", *Social Philosophy and Policy Foundation*, 1995, pp.150–151.
④ ［美］理查德·W. 米勒：《全球化的正义：贫困与权力的伦理学》，第102页。

这件事情本身是令人无法接受的，即便它未给当事人带来负面结果。

W. 米勒正是在这个意义上质疑和批判资本主义全球化及其贸易。在他看来，发达国家及其跨国公司利用自身的谈判优势和对方的弱势来获得廉价的劳动力市场和商品制造工厂。这是一种双重"利用"。第一，一个人利用他人较差的能力以攫取利益，达成自己的目的，而不应允他人以平等的能力去实现自己的利益。第二，利用他人的弱势谈判地位来利用他人。前者是利用事实，后者形成有意识的、长期化的、制度化的利用关系。W. 米勒指出全球化产生的一个消极后果是："作为全球化的后果，生活在遥远地方严重缺乏生活必需品的大量人口的存在本身，就加剧了那些试图出卖其劳动力的人们的弱势谈判地位。'如果我们必须支付更高的工资，我们就把生产转移到别处'——这对于偏僻农村的穷人来说是更为严重的威胁。"[①] 世界上大量的贫困人口处于特别容易受到剥削的弱势谈判地位。发达国家和跨国公司对发展中国家的工人采取了双重"利用"，致使许多发展中国家的人口陷于长期的贫困状态和永久的弱势地位。因此，发达国家及其富人应把他们从不对等的贸易关系中获得的收益用于减轻这些受剥削的人口的苦难，否则他们就是在利用他人，违背了尊重原则，伤害了穷人的自主性。

然后，W. 米勒指出目前的全球贸易和金融框架存在普遍的不公平现状，不仅没有体现公平磋商的结果，而且充满着霸凌与不平等。他认为，当前的贸易制度和投资框架是发达国家利用自身优势制定的有利于自己的全球经贸合作体系和规则。这一结构的特征是：（1）违背开放原则，发达国家对发展中国家设置贸易壁垒，征收较高的关税、技术转让费和专利费；（2）违背互惠原则，发达国家对本国的出口实施补助和出口退税政策，从发展中国家获得低价商品和高额投资利润时没有给予其劳动者以相应的报酬；（3）违背责任共担原则，发达国家没有共同承担发展中国家在经济全球化和贸易自由化过程中面临的风险和危机，一味地为自己获利的同时将风险转嫁给他们；（4）阻碍发展选择，在发达国家的结构性影响下，发展中国家在自由化的过程中很难独立做出政策选择，制定发展策略，实现自决和自治。

对于很多发展中国家而言，当前全球经济贸易制度不是他们自愿选择的，而是被强加的。"世界经济已经演化出了自己的财政和货币制度，这些制度设定

---

① ［美］理查德·W. 米勒:《全球化的正义：贫困与权力的伦理学》，第113页。

了汇率,管制了货币供给,影响了资本流动,也强制执行了国际经济行为所要遵循的规则。"① 从经验上看,发达国家在贸易磋商中的强权和霸权使得发展中国家及人民不得不屈从他们所设置的条条框框,不得不迫于他们的压力而接受现有的贸易制度。W. 米勒相信,贸易制度正义与公平磋商相关。因此,他提出了贸易正义的基本形态:"所有负责任的代表们都能自愿接受的贸易制度,必须是每一个公民都能合理地认为能够整体上促进其利益的制度。……在接受该制度时,政府约束自己不去行使那种拒斥、规制贸易和投资的合法特权。"②

最后,W. 米勒认为发展中国家的贫困是由发达国家及其富人推动的自由主义全球化和不平等的贸易制度所导致的,发达国家应为其过去不负责任的做法而对贫困人口造成的伤害进行补偿。由此,他向发达国家及其富人提出了避免利用发展中国家人民的义务,以及实现正义贸易的基本要求。(1)发达国家对来自发展中国家之商品开放其市场,减少本国的农业补贴,推动劳动力要素的自由流动。发达国家不能因为对其国内弱势同胞负有特殊义务,就把偏离惠及全球穷人的基本模式的贸易保护当作正当的。相反,它们应该做到最大限度的贸易开放与自由,减少贸易壁垒,增进劳动力跨国流动的自由。(2)发达国家支持对全球化的贸易制度进行重大改革,承诺大幅度减少全球化带来的苦难和弥补过去的不平等所造成的伤害。(3)发达国家对发展中国家进行特别援助,支持发展中国家建立保障体系,帮助其贫困人口应对自由化的负担。

科克-肖·谭(Kok-Chor Tan)对 W. 米勒提出了两个方面的批评。第一,W. 米勒没有充分解释为什么富人与穷人的贸易与剥削关系可以解决全球贫困问题,因为富人可以通过简单地退出产生义务的贸易关系来免除自己的某些正义责任。在应对全球贫困时,富人对穷人的正义义务不一定是关系义务,还有非关系性的人权义务。第二,如果真的存在如同 W. 米勒所记录的富人和穷人之间复杂的贸易剥削关系,那么他应该提出全球平等主义。若富人承诺改变剥削穷人的经济关系,那么他们不仅有义务减轻贫困,而且有义务调节国家间经济和政治不平等。③

---

① 徐向东编:《全球正义》,第 198 页。
② [美]理查德·W. 米勒:《全球化的正义:贫困与权力的伦理学》,第 120 页。
③ Kok-Chor Tan, "Global Justice and Global Relations", *Social Theory and Practice*, Vol. 36, No. 3, July 2010, pp. 499–514.

但是以 W. 米勒的观点来看，发达国家及富人对发展中国家及穷人的责任既不是人道主义义务，又不是一般的慈善义务，也不是平等主义正义义务，而是来源于"剥削"和"利用"这一特殊的跨国交往关系。它产生了发达国家及富人应当帮助发展中国家及穷人的非常严格的责任。但他反对普遍慈善，也没有支持普遍人权，更不赞同发达国家和富人通过制度秩序强制性地把贫困强加于穷人这一观点。他认为，发达国家及富人只是不恰当地利用了发展中国家人民的极端贫困，因此他们有义务为穷人提供基本需求，与其他国家进行公平磋商，有义务补救因自身的不负责任而使得穷人遭受的损失。W. 米勒的全球正义观念主要是确立国家间贸易平等原则、权力平等的原则和全球富人对穷人的积极帮助原则，而不是确立平等主义正义原则。他曾明确表示："国际贸易的正确方式只有一个，即各方都平等地接受它的收益和负担。"①

三　必要的评价

W. 米勒对全球贸易与剥削的讨论是对世界主义全球正义理论的有益补充。他认为自己的政治理念是世界主义的，因为他希望建立文明友爱的世界，"在其中，跨越国界的相互依赖是一种建立在有自尊的参与者之相互信任基础上的真正合作"②。从"关系义务"的论证逻辑出发，他向发达国家和富人提出了比一般的人道主义援助更加积极和严格的义务，试图解决贸易不正义和全球贫困的问题。

首先，全球贸易不正义是广泛存在的现象。如伍德所说，资本主义是一种高度剥削的社会秩序。资本所有者会利用强大的经济实力差距为自己谋求最大化利益，进而剥削与利用弱势地位群体。在资本主义全球化的过程中，这种剥削关系是全球化的，也是更加隐蔽的。W. 米勒揭示了资本主义全球化的"剥削"的经济关系，发达国家及富人在全球贸易中利用贫穷国家的人口及其谈判弱势，造成了全球贸易不正义的经验事实和道德后果。

全球贸易不正义主要有三种表现形式。（1）发达国家和发展中国家之间剥削与被剥削的关系。当一些发达国家有意识地利用发展中国家时，会试图

---

①　[美] 理查德·W. 米勒、陈文娟：《全球正义的困境与出路》，《马克思主义与现实》2013年第5期，第149页。

②　[美] 理查德·W. 米勒：《全球化的正义：贫困与权力的伦理学》，第8页。

建立主导与服从的控制关系以维持利用优势。发展中国家出于参与全球贸易和全球价值链的迫切意愿，会经常接受一些并不有利于自身的国际贸易制度。而发达国家深谙发展中国家的这一想法，在协议谈判和缔约的过程中对发展中国家展开控制和剥削。

（2）不同国家的人在收入和回报上的不平等。一部分人得到高额的工资、良好的工作环境和丰厚的工作福利，主要是发达国家的投资者、企业高管、技术工人；另一部分人只有低廉的工资、恶劣的工作环境、贫乏的劳工福利，如发展中国家的技术工人。有数据显示，在2018年中国的制造业劳动成本约为5.51美元/小时，墨西哥约为4.45美元/小时，越南约为2.73美元/小时，而美国制造业的时薪在27美元左右。① 在全球贸易中，相较于发达国家而言，发展中国家的工人获得较低的劳动报酬和福利待遇。

（3）全球富人和穷人在地位上的不平等。整体而言，占据整个贸易体系最优势地位的是发达国家的富人，他们对穷人的"利用"并不分国界，同样包括本国参与这一生产体系的普通人。这些富人通过利用关系和资本游戏将长久地获得有好处的地位。为了维持自己的优势地位，富人会进一步借助政治和经济手段巩固优势，例如在国际社会推动建立有利于资本回报的国际制度、全球劳工制度和劳工价格体系、原材料和商品价格体系等，在国内社会领域推行优质教育资源、医疗资源、文化资源倾斜等政策，通过干涉政治领导人选举、扶植利益集团、影响政治决策等手段把财富优势制度化和结构化。当他们通过国家内部私法领域的财产继承权获得了财富的代际传递，富人的子孙后代也有更多的机会占据这些优势位置。虽然全球化带来了高度繁荣的国际贸易和全球价值链，但发展中国家和穷人都处于被利用的弱势地位，他们的收益较少。而且，穷人越穷，越容易被富人利用。

其次，全球贸易正义既需要自由贸易，又需要公平贸易。巴斯·沃森（Bas van der Vossen）和杰森·布伦南（Jason Brennan）指出："大多数全球正义的哲学家要么对自由贸易保持沉默，要么更糟糕的是，贬低自由贸易，

---

① Statista, "Manufacturing labor costs per hour for China, Vietnam, Mexico from 2016 to 2020 (in U.S. dollars)", https://www.statista.com/statistics/744071/manufacturing-labor-costs-per-hour-china-vietnam-mexico/, https://hdr.undp.org/system/files/documents/2016humandevelopmentreportpdf.，引用日期：2022年9月30日。

而提倡零和转移。这种沉默或反对是一个严重的错误。全球正义需要自由贸易。它要求人们可以在国外和国内自由买卖。"① 他们认为全球贸易正义不是零和转移形式的再分配，不是把钱从一个地方转移到另一个地方，而是贸易自由。这一观点有合理之处。全球正义应反对贸易限制，提倡开放充分的贸易自由和劳动力流动自由。但是，支持贸易自由不等于放任贸易不正义。我们反对剥削和主张规范贸易交往的原因不只是跨国企业支付给劳动者低廉的价格，还因为他们没有同等地被有尊严地对待，没有被置于平等的谈判地位。即使他们能获得较高的工资，极大地改善自己的生活，我们也不能理所应当地认为他们的遭遇是公平的。通过贸易实现穷人的富裕和公平对待是同等重要的。若我们不以公平限制或规范贸易往来，那么发达国家及富人永远不可能放弃已有的利益和谈判优势，不会实现贸易自由。

然后，全球贸易正义还是一个权力平等问题。当前的贸易体系涉及所有全球经济合作和分配的国际制度，包括全球经济体系和全球政治结构。贸易正义问题归根结底还是政治公平问题，是权力平衡的问题。

在一个仍然以主权国家为基本单位、以国家道德为中心的国际政治环境中，国家主权的威势及其代理人的偏好常常影响国际贸易走向和贸易政策选择。全球贸易合作的核心价值就像不定的钟摆在国家利益和国家义务之间往复摇摆。当前的贸易合作结构是不稳定的。一些主权国家代理人为了一己私利、本国人民或利益集团的利益，会以自己民族国家利益优先的口号实行强权政治和霸权主义。而一旦他们受到国际制度和机构的限制，他们就威胁退出国际机制或者对同为成员的其他国家施加压力以改变国际规则。

全球政治合作应致力于全球资本流动的自由化、全球贸易的自由化和全球磋商的公平化。一方面，它要求所有国家必须支持改革世贸组织，发挥其作为公平的全球贸易规则体系的制定者、贸易自由的推动者、谈判贸易协定的论坛、解决贸易争端的平台和支持发展中国家发展的作用。另一方面，它要求发达国家和发展中大国主动承担责任，规制自我权力，避免剥削和利用弱势国家及其穷人，积极支持贸易自由，推进形成稳定的磋商机制。全球政

---

① Bas van der Vossen and Jason Brennan, *In Defense of Openness: Why Global Freedom is the Humane Solution to Global Poverty*, New York: Oxford University Press, 2018, p.59.

治上的权力平等、相互合作和公平磋商的制度安排将构成全球贸易正义规范，将发达国家和发展中国家的贸易往来和合作公平化。

最后，全球贸易正义必须纠正资本主义全球化的消极后果。剥削是与资本密切相关的概念，是强国对弱国的榨取，是强者对弱者的欺压。剥削是自然法则，是资本主义创立为止一直遵循的逻辑。资本逐利，唯利是图，是资本主义的本质。全球化也和资本密切相关。全球化推进了资本的国际化，而资本的国际化推动了全球化。如赵可金所示："资本运动及其外部化的趋势，先后借助于民族国家、跨国公司和信息技术革命创造了一个全球社会共同体，这一历史运动过程无疑具有极大的进步性。但同时这一过程也把现代社会的内在矛盾传播到了全球各地，包括资本与劳动的矛盾、理性与德性的矛盾、科学与社会的矛盾，以及由此产生的社会群体性利益的剧烈冲突，这些现代社会矛盾在一切社会领域的发展和在整个世界范围内的展开，最终酝酿了严峻的现代社会危机。"①

在世界范围之内，资本主义唯利的本质和逻辑没有改变。国际资本在世界各地寻求商机，也是寻求剥削的机会。资本争夺的对象是那些有发展的机会、有财富增长的机会、有剥削和利润产生的机会的地方。资本对无利可图的地方将不屑一顾。因此，资本对于发展有着双重性。它既带来财富，又产生剥削。资本全球化在一定程度上会进一步加剧世界范围内各个国家发展的不平衡。一方面，没有资本介入的国家发展缓慢，人民生活水平较低，极端贫困现象较为严重。另一方面，资本又利用所在地的国家和人民。有资本大量介入的国家和地区在实现较快发展的同时，极易沦为被压迫和剥削的对象。因为资本在某种程度上是对国家主权的侵犯，包括对货币的侵害、对资源的侵害、对环境的伤害等。若国际资本随意介入和不负责任，它就会带来全球化的消极后果，例如富人对穷人的剥削、富国对穷国的剥削、国际财团打着经济的旗号掠夺所在国廉价的自然资源和人力资源。因为国际资本寻求永恒利益，当其利益不能如期增长时，国际资本就会随时离开。不负责任的国际资本将以利益最大化为目的，破坏了所在国经济、社会、生活发展的结构，导致当地的经济崩溃和政治灾难，甚至带来社会动荡。很多国际资本具有很

---

① 赵可金：《从国际秩序到全球秩序：一种思想史的视角》，《国际政治研究》2016年第1期，第8页。

强的欺骗性、迷惑性，最终受苦受难的是所在国的人民。因此，我们要警惕国际资本的不负责任的介入和由此带来的经济动荡。我们需要制定新的规则来处理无序的国际资本秩序和国际资本竞争，对于这些资本要予以谴责和规范。

总之，全球贸易的趋势要朝着正向、自由、公平发展，它要给世界各国人民带来更多机会，带来人、财、物的自由流动，提高所有人生活的质量，使所有人更加自尊自信地融入世界。我们既要促进贸易自由，突破所在国的经济模式和生活方式，借鉴人类文明成果，又要推动世界贸易促成财富分布的均衡、促进文明成果的共享。全球贸易必须符合全球正义的要求。我们要认真对待资本的双重性，既要规避它的剥削关系，又要引导资本带动世界各地的共同发展。我们希望，全球贸易越开放越好，越自由越好，越公平越好。

小　结

全球贫困、气候变化以及贸易问题是紧密相关的全球正义问题。在世界上存在一部分贫困人口的基本事实前提下，这些问题显得尤为突出和严峻。对当代世界主义者而言，这些问题归根结底都与贫困相关。除了人道主义援助以外，我们有基于正义的原因和要求去关心他人的贫困，使其免于贫困及其产生的不利境况。我们既要为数亿贫困人口减少气候变化带来的危险，又要避免全球贸易通过利用和剥削造成富国（富人）与穷国（穷人）之间的财富差距与不对等关系。针对这些问题，当代世界主义者确实提供了新的道德诊断和特别建议，丰富了我们讨论全球正义的更多理由，对解决全球贫困问题、气候变化和贸易不公正等方面做出了重要的理论贡献。

世界主义者声明富人对全球贫困、气候变化和贸易剥削负有正义义务。他们强调在一个全球化和贫困并存的时代，富人确实应为穷人做出贡献。他们明确富人在解决全球贫困中所担当的特定责任和角色，阐释了富人进行财富转移或制度改革的正义理由。他们的讨论指出了两个核心问题：一是富人对全球贫困承担正义义务吗？二是他们支持全球正义的规范性理由是什么？这是世界主义全球正义理论最具有争议性的问题。

第一，富人有解决贫困的能力不等同于富人有帮助穷人的义务，能力不是财富再分配的预设条件。目前世界主义者识别穷人的普遍做法是通过检验收入和基本必需品清单,将穷人定义为收入不足或缺乏这些必需品而陷入极端贫困的人口。而富人意指生活充裕的人,也指富裕国家的公民,他们的收入普遍较高,获得的基本必需品较多。虽然世界主义者不断申明富人的义务是在合理范围之内的义务,是有限度的义务,但是他们预设的前提是富人有充分的能力(财富、资源和手段等),而穷人恰好缺乏这些东西。不难看出,他们逻辑是"损有余而补不足"。在涉及穷人的基本需求的情形中,"能力"成为产生富人义务的前提。

然而,任何穷人能够得到的资源的外部界限是富人对这些资源的权利和资格,以及他们愿意如何使用这些权利和资格。诺齐克将之称为自我所有权或资格,并说道:"某个人掌握了维持其他人生存的某种必需品的全部供应,这一事实并不意味着他(或任何人)对某物的占有(当即或者后来)使一些人的处境与底线处境相比变坏了。"① 在没有明确的富人之持有不正义证明的情况下,富人有合法资格占有和支配这些东西,这与穷人无关。我们没有任何道德理由基于富人的能力去要求富人为穷人付出。换言之,面对穷人,有余力的富人不论是否伸以援手,都是正当合法的,人们没有理由对此进行道德评判。罗尔斯也不否认穷人和富人在自然禀赋上的差别。在他提出的第一个社会正义原则中,罗尔斯就承认基于差异的自由。他主张每个人都拥有一整套最广泛的平等的基本自由,如思想自由、言论自由、因天赋和选择而不同的自由。人在自然禀赋上的差别是先天存在的,人在社会资源上的占有也确实不同。因此,富人和穷人之间存在的能力和财富差异是客观的,是难以通过个人方式去改变和调整的。我们必须承认穷者和富者之间的人际差别,承认财富体现在不同社会阶层收入上的差距,我们没有理由要求富人因此牺牲。

第二,我们需要更多的经验事实来明证富人和穷人之间的正义关系。面对全球贫困、气候变化和贸易问题,一些世界主义者试图建立富者和贫者之间的制度性关系,包括合作、伤害、剥削和利用等。以博格观点的缺陷为例,大多数富人不会承认自己在过去和当下的行为造成了穷人的极端贫困,也不会认同基于伤害的制度关系。毕竟,全球贫困不是他们自主选择和直接行动

---

① [美]罗伯特·诺齐克:《无政府、国家和乌托邦》,姚大志译,中国社会科学出版社2008版,第216页。

的结果。他们可以辩称当前全球秩序的产生在他们所能控制的能力范围之外,他们无法确定自己的行为就是导致全球贫困的祸因。如戴维·米勒所说,当行动者无法自主控制其行动和后果时,他应付的后果责任是极弱的,更不用说比后果责任有更多严格条件要求的道德责任。① 全球制度秩序和关系的复杂性致使我们不能简单地把某一全球问题直接归因于富人。即使在同一个国家内部,富人都很难认为自己有理由必须去帮助本国的穷人。除非有直接证据证明他直接或间接伤害了穷人(而这往往要诉诸申辩、法律和司法审判),富人才有可能认可自己的责任。

在全球社会,我们还需要更加充分的事实和经验来证明富者与贫者之间的正义关系。是否存在使富人能够承担帮助穷人的特殊义务的更为合理的道德辩护?一种强烈的义务要求依赖于彼此之间牢固的互动关系。离开特定的关系条件,没有任何一般的道德要求可以让富人对穷人负有强烈的责任和义务。在全球范围内,富人与穷人的互动关系主要是合作互惠。合作互惠意味着富人要在全球互动中尽可能地帮助和照顾穷人,实现彼此利益的正向增长。它不是"零和博弈"式的财富转移,而是"正和互动"式的共同繁荣。全球正义的目标应该是"把零和形式的相互作用转变为正和形式,以繁荣和生产力的来源取代贫穷和压迫的根源"②。这不是富人的单向义务,而是富人基于社会合作中的对等互惠而做出的选择。在合作体系中,富人和穷人有着不同的优势和不同的贡献,共同促进合作体系良序发展和自我利益的持续增进。这样,富人和穷人都可以实现互惠互利。对等互惠将是更符合富人履行正义义务的观念。从这个角度讲,一些世界主义者应当转变"零和"分配的想法。

第三,我们需要重视全球制度建设的复杂性和富人集体行动的组织议程。全球制度改革和富裕阶层援助确实可以显著改善穷人的悲惨境遇,满足穷人的基本需求,有效应对气候变暖和贸易不公等问题。然而,解决这些全球问题需要一系列的制度设计、国家合作和政策实践。国际制度设计的复杂性在于涉及多个国家、多个利益相关者和多个领域的利益和议题。不同的国家有不同文化、历史、政治制度、经济发展水平和国际利益诉求。这些国家间可

---

① [英]戴维·米勒:《民族责任与全球正义》,杨通进、李广博译,重庆出版社2014年版,第95页。
② Bas van der Vossen and Jason Brennan, *In Defense of Openness: Why Global Freedom is the Humane Solution to Global Poverty*, New York: Oxford University Press, 2018, p. 5.

能有着相互冲突的社会制度、政治文化、利益诉求和价值观念，这些因素会影响到各国的交往关系、合作模式、对国际制度的接受程度和实施能力等。而且，在国际制度设计过程中，各国之间也存在权力不对等的关系，一些发达国家会在设计制度时占据更多的话语权和影响力。因此，国际制度设计的复杂性需要充分考虑各方面的因素和利益，优先实现国家权力间的平衡和平等，进行广泛的协商和合作，以确保制度的有效性和可持续性。而且，富人要影响或者支持改革制度还需要形成集体行动和大规模的组织议程。如何把富人行动转变为公共的国际制度和政策还面临非常大的挑战。相关的论证不仅要加强富人义务严格性，使其为此承担相当多的责任，而且要表明在现实中作为道德行动者的富人所要做出的持续努力和牺牲。

最后，从责任分配的角度讲，解决这些全球正义问题是国家、跨国公司、富裕阶层等所有集体行动者和个体行动者应承担的共同责任。穷人之生存利益和生存权利确实是强加义务的根据，但是强加的对象不应该是富人，它首先指向国家对于个体的义务。中国治贫的成功经验表明，一个国家及其政府是解决绝对贫困问题的主要力量。国家首先要承担对穷人的公共义务和福利责任。它要通过正义的制度建构、以人为本的执政理念、积极的政府支持和普惠的福利政策来保障所有公民的基本利益和权利。

在此基础上，发达国家对于发展中国家要保持尊重，遵守权力平等和不干涉原则，避免利用或者伤害发展中国家的弱势地位和正当利益。跨国公司和资本所有者应在劳动和资本的交易中遵守公平原则，保护劳动者的合法基本权益，增强劳工恢复劳动和维系生产的能力。就个体行动者而言，人们应彼此尊重，既要遵循合作中的对等互惠原则，又要乐于助人，发扬帮助他人的人类精神。我们要针对不同的行为主体区分其各自的具体责任。当然，人类需要弘扬行善的风气。对富人扶贫济弱的善举，我们自当给出多样化的道德理由，以促进富人在丰富的个人选择和自由中创造更加美好的社会。

第四章　全球正义的实践

全球正义问题既是一个理论问题，又是一个实践问题。它是关于人类如何解决自身发展的问题。它没有停留于思想家的个案研究，而成为人类共同体的重要工作。全球正义是当代世界主义者的理论自觉，也是正在兴起的实践活动。全球正义是一些国际学术活动和全球正义运动的主题，它们影响了一些政治议程、决策制定和政策落实。然而，当前的全球正义的实践形式较为单一，力量较为薄弱，效果不明显。它没有转变为大范围的政治运动，没有根本解决贫困、气候变化、贸易不公等问题，更没有推动大规模的国际制度改革。全球正义要摆脱乌托邦幻想的包袱，就必须正视全球正义的实践问题。

第一节　学术共同体

一　研究机构和项目

首先，国际学术界组建多个有关全球正义的研究中心、基地和团队。美国耶鲁大学是全球正义的学术界领头羊和主要基地，于2008年最早建立了全球正义研究中心，启动全球正义项目（Global Justice Program）。该中心旨在通过研究、教育和公共交流来推动全球正义的发展，其研究方向包括人权、发展、环境和全球治理等。它长期汇聚大批各国学者对全球正义展开规模化、集中化的讨论，推动相关计划和项目的全球落实，对全球正义的学术研究和社会实践产生了重要影响。另外两个知名的研究基地是英国伦敦大学学院的全球正义研究所（Institute for Global Justice）和荷兰阿姆斯特丹大学的全球正义研究中心（Centre for Global Justice）。它们都是跨学科的研究机构，致力于推动全球正义的研究和实践。前者的研究领域包括国际法、人权、环境和发展等方面,后者则聚焦气候变化、贸易和金融、发展和人权等领域。

其次,国际学术界开展多个全球正义项目,取得一系列学术成果和实践成就。除耶鲁大学外,斯坦福大学亦较早开始了全球正义项目(Program on Global Justice)。该项目旨在探求新兴的全球政治规范性和全球机构的公平性,将有关公平、正义、民主、合法性的哲学工作与关于全球政治规范、全球治理、人权和获取基本资源等问题的实证研究相结合。在这些大学的带动下,越来越多的全球正义相关项目开展起来,不仅在哲学思辨的维度上讨论全球正义的规范性,而且在具体议题方面进行了深入而富有成效的探索。在经济平等问题上,斯坦福大学全球正义项目的一个主要专题是"正义的供应链"(Just Supply Chains)。"它专注于开发创新解决方案,以应对全球经济中提高劳工标准的挑战。其规范性目的是明晰什么是一个公平的全球经济:关于在不同条件下,什么水平的薪酬、工作时间和工作条件是合理的。其实证的目的是评估可替代策略和通过实验来实现全球公平。"① 在全球包容性问题上,加州大学伯克利分校组建他者与归属研究所(Othering & Belonging Institute),开展全球正义项目,聚集众多研究者、组织者、利益相关者、决策者,共同探讨结构性边缘化和全球包容性问题,利用政策干预和工具,促成一个共享命运和可持续发展的世界。② 在人权议题上,纽约大学法学院建立的全球正义诊所(Global Justice Clinic)致力于预防、改变和纠正在全球不平等情况下侵犯人权的行为。③ 在妇女权利和正义上,耶鲁大学法学院在 2011 年建立全球正义和妇女权利的格鲁伯项目(The Gruber Program for Global Justice and Women's Rights)。此外,还有多个研究项目关注和平与暴力、教育不平等、环境破坏、全球贫困等议题。例如,美国俄勒冈大学的全球正义项目(UO Global Justice Program)重点是抵制在个人、民族和国际事务中的暴力和仇恨。④

---

① Center on Democracy, "Development and the Rule of Law, About the Program on Global Justice", https://cddrl.fsi.stanford.edu/docs/about_pgj/,引用日期:2019 年 6 月 13 日。

② Othering & Belonging Institute, "Global Justice", https://belonging.berkeley.edu/global-justice,引用日期:2019 年 6 月 13 日。

③ Center for Human Rights and Global Justice, "Global Justice Clinic", https://chrgj.org/focus-areas/global-justice-clinic/,引用日期:2019 年 6 月 13 日。

④ UO Global Justice Program, "About", https://globaljustice.uoregon.edu/about-2/,引用日期:2019 年 6 月 13 日。

学界关于全球正义思想的探索、反思和评价的过程带动了公众、利益相关方、政府和政党领导人关注与思考相关问题，影响了政治决策和政治发展。通过具体的项目试验和实践，全球正义思想研究正在转化为具体领域的科学性方案，为相关的标准制定和政策落实提供了合理建议，推动了全球贸易、劳资体系、环境保护、贫困问题等多个领域的改革。

二 研讨活动

在这些专门化的研究机构和项目以外，以全球正义为主题的国际学术会议、研讨会和工作坊如雨后春笋在世界各地开展起来，美国、英国、比利时、意大利、德国等多个国家曾举办主题学术讨论和交流会。

第一，现有的学术研究机构定期召开全球正义及相关议题的学术会议。例如，美国耶鲁大学全球正义项目每年召开关于全球正义的学术年会，旨在探讨全球正义的最新进展。日本东京大学定期举办全球正义国际研讨会（International Symposium on Global Justice），目的是探讨全球正义的概念、范畴和实践，提出新的研究方法和理论框架，促进全球正义研究的发展。德国慕尼黑大学每年召开一次全球正义与人权国际研讨会（International Conference on Global Justice and Human Rights），旨在探讨全球正义和人权的关系，提出新的人权保护方法和策略，促进全球正义和人权的发展。第二，以全球正义为主题的学术活动越来越多，包括 2006 年比利时布鲁塞尔天主教大学和鲁汶天主教大学联合创办"正义的应得：全球正义"（Just Deserts：Global Justice）工作坊、2006 年英国华威大学举办"人权和全球正义学术会议"（Human Rights and Global Justice Conference）、2017 年意大利锡耶纳大学和米兰天主教大学召开"全球正义、人权和国际法的现代化"（Global Justice, Human Rights and The Modernization of International Law）学术会议等。第三，还有围绕人权、环境、贫困等具体议题开展的各类学术活动。很多学者和专家在所在大学或研究机构组织小规模的研讨会和讲座，探讨全球正义的具体议题。

这些学术研讨活动帮助学者和学生深入探讨全球正义问题的理论框架，提出新的研究方向和方法，推动了全球正义理论的新发展。这有助于解决全球正义在实践中遇到的一些问题，明确主要国家在全球化世界的道德作用、扮演的角色和承担的义务。通过这些举办于世界各地知名大学的国际学术会议、研讨会、讲座、论坛，全球正义的学术活动为政策制定和实践提供有益的参考和建议，帮助政策制定者更好地了解全球正义问题的本质、发展和影响，从而推动政策改革和实践创新。

三 研究阵地

首先，全球正义有其专门的电子杂志《全球正义：理论实践修辞学》（*Global Justice：Theory Practice Rhetoric*）。该杂志以全球正义为核心主题，整合政治理论、经验研究以及政治实践与传播研究，关注全球正义的政治实践，增进经验交流。它聚焦全球不正义的经验问题，分析全球正义的行动者所使用的政治和修辞工具，揭露全球不正义现象。它讨论的主题包括世界贫困、不平等、健康、经济剥削、民主、贸易、劳工、人权、人道主义干预、移民和气候变化等。① 以2018年第11卷第1期为例，该杂志以"政治避难和庇护之辩"（Debating Asylum and Refuge）为主题，刊登了亚森·萨里（Yasemin Sari）、艾萨克·泰勒（Isaac Taylor）的《诊断难民危机》（"Diagnosing the Refugee Crisis"）、莫利·格弗（Mollie Gerver）的《道德难民市场》（"Moral Refugee Markets"）、大卫·欧文（David Owen）的《难民和正义责任》（"Refugees and Responsibilities of Justice"）等文章。在当时欧洲难民危机的背景下，这些论文怀疑全球秩序是否能保证世界上有需要的人的安全，质疑以人道主义式的人权保护是否能兑现应有的承诺。"虽然在政治哲学上关于难民的讨论很大部分是作为移民问题的分支来处理的，主要研究国家允许进入自己领土的其他人的数量限制问题，但是这些论文从整体上思考其他的政策建议，它们将影响流离失所者的安全，包括入籍、国际责任划分和战争。"② 各国应如何分配对难民的责任是重要的全球正义问题。此外，该杂志还定期举办工作坊、交流会、暑期学校，并代为宣传其他相关学术活动。例如，它在2019年6月组织了"全球正义和民粹主义"（Global Justice and Populism）工作坊，邀请了全球数十位学者、社会活动家和相关政策制定者进行交流和分享。该杂志最近在2022年第13卷第2期关注"全球正义与新冠肺炎疫情大流行"（Global Justice and the Pandemic）议题，讨论了应对全球正义困境的非

---

① Global Justice：Theory Practical Rhetoric, "Aim and Scope", https://www.theglobaljusticenetwork.org/global/index.php/gjn/pages/view/about-the-journal，引用日期：2019年6月13日。

② Yasemin Sari and Isaac Taylor, "Diagnosing the Refugee Crisis", *Global Justice：Theory Practice Rhetoric*, Vol. 11, No. 1, 2018, p. ii.

洲哲学观点、以应对全球新冠肺炎病毒协调一致的行动实现正义、健康人权与美德创造性的解决方案、全球卫生研究去殖民化的必要性等问题。"本期特刊精选的文章强调了这一全球流行病的影响是多么普遍,以及全球正义理论家应该如何利用这一流行病的深刻见解来开发更适当的理论工具,以应对全球卫生面临的挑战。"①

其次,一些重要的国际学术杂志开设全球正义栏目。较为著名的有《哲学和公共事务》(Philosophy & Public Affairs)、《全球伦理杂志》(Journal of Global Ethics)、《全球正义与公共政策杂志》(Journal of Global Justice and Public Policy)、《伦理学与全球政治》(Ethics & Global Politics)、《人权与社会正义杂志》(Journal of Human Rights and Social Justice)等,它们均开设栏目讨论全球正义,关注正义、人权、国际法、全球化、公共政策等议题,经常刊登全球正义研究的相关论文。其中,《哲学和公共事务》杂志具有重大的影响力。这本杂志在20世纪由包括罗尔斯在内的一众美国学院哲学家创办,旨在让哲学家回归公共问题。贝兹、辛格、博格等在该杂志上发表了多篇关于全球正义的论文。同时,它也成为世界主义与其批评者展开哲学争辩的重要阵地。通过这些学术期刊,国际学界深入探讨和研究了全球正义问题,加强了学术交流和合作,分享有关全球正义的研究成果和经验,推动了全球正义理论研究和实践的发展。

此外,在一些全球正义组织或论坛的官网上也经常刊登相关文章。例如在全球政策论坛(Global Policy Forum)、世界社会论坛(World Social Forum)、即刻全球正义(Global Justice Now)、全球公民教育联盟(Global Citizenship Education Alliance)等官网上也刊发或转载大量学术论文。这些学术论文分享关于全球不平等、贫困、人权侵犯、气候变化等问题的学术观点,引发公众对全球正义问题的关注,推动政府、企业和国际组织进行政策改革和全球治理进步。

这些杂志、期刊专题、网站以其学术争鸣、学科整合、政策参考、公众影响跨越全球正义学术研究的思想边界,使全球正义走出了理论家的书斋想象。它们既反映最新的全球正义实践情况,总结反思其实践问题,又提供给

---

① Christine Straehle and Caesar Alimsinya Atuire, "Introduction", *Global Justice: Theory Practice Rhetoric*, Vol. 13, No. 2, April 2022, p. IV.

公众和决策者具体的政策建议和实践指导方案，帮助国际社会采取行动和制定政策，回应那些超越国家范围的政治性、经济性、环境性、文化性的挑战。它们以理论回应现实，以学术争鸣反映全球实践的成就和问题，是全球正义实践的理论阵地和思想高地。

第二节 全球正义运动

全球正义运动是一场广泛的国际运动，主要关注全球范围内的人权、公正、平等、气候变化和可持续发展问题。这场运动涵盖了许多不同的组织、社区和个人，他们通过各种途径如抗议、示威、研讨会、倡议、宣传等，来推动全球正义的实现。全球正义运动已在全球范围内取得了一些重要的进展。例如，许多国家已经通过了更为严格的人权法律，以保护弱势群体的权利。同时，许多组织和个人也通过提高公众意识，加强国际合作和支持受影响的社区，促进了全球正义理念的国际传播。然而，全球正义运动仍面临着许多挑战和困难。例如，它还没有在各个国家间形成大规模的政治联动；许多国家仍然存在人权问题，弱势群体仍然面临着不公正的待遇；一些组织面临如资金不足、组织整合和政治打压等问题。总的来说，全球正义运动在世界范围内取得了一些重要的进展，但仍面临着许多挑战。

一　组织

全球正义不只是理论家的思想实验，更是一种现实的社会运动形式。许多官方人士，如政府官员、政党领导人、国会议员、社会活动家、普通民众和各种组织已经在行动中推进全球正义。世界各地的学生、工人、原住民、移民和环境保护者等已经在全球范围展开声势浩大的全球正义运动（Global Justice Movement）。

曾任哥伦比亚财政部长、联合国经济和社会事务副秘书长的何塞·安东尼奥·奥坎波（Jose Antonio Ocampo）曾关注对跨国公司的税收制度的改革问题，希望对跨国公司征税，以此为全球公共利益服务。他与诺贝尔经济学奖获得者约瑟夫·斯蒂格利茨（Joseph Stiglitz）成立了一个专家团体，组建国际公司税改革独立委员会（ICRICT）。ICRICT的成立目的是促进国际关于公司税改革的合作。因为商业全球化和数字技术快速发展，跨国公司更容易在国界转移利润并避免支付税款。为了解决这一问题,该委员会制定关于国际公司税改革的方案,确保跨国公司支付他们应该支付的税款,使其更有效、公正和透明。

以全球正义为名称、主旨或目的之一而建立的国际组织或论坛数量众多,组织多样、遍布世界各地。例如,全球政策论坛(Global Policy Forum)、世界社会论坛(World Social Forum)、全球正义中心(The Center for Global Justice)、全球正义海牙研究所(The Hague Institute for Global Justice)、"即刻全球正义"(Global Justice Now)、世界正义工程(World Justice Project)、全球正义生态工程(Global Justice Ecology Project)、移民正义(Desis Rising Up and Moving)等等。由这些非政府国际组织带头的全球正义运动正是当代世界主义正义理念的实践形态:它们诉诸正义、平等和人类团结,"将地方问题与更广泛的全球不正义、不平等和不可持续性的背景联系起来"[①]。它们也有着共同的反对目标:(1)反对纯粹市场导向的全球化及其催生的世界各地不平等和财富差距,主张一个建立在对每个人和全人类共同负责的全球伦理基础上的世界;(2)反对经济导向的单一的发展观,认为发展不仅包括经济增长,还应包括诸如民主参与和公平收入分配等因素,支持全人类在全球发展上的公共参与和共同决策;(3)批评全球范围内不均衡的权力关系,反对现有等级森严和缺乏对话空间的国际权威体制,主张改革全球权力关系网,尤其是批判由北半球的跨国公司和政治精英组建的权力体系,鼓励全球民主治理的参与性和透明度,希望赋予个体和地方社区更多的权力以参与全球决策。[②] 全球正义运动正以建设一个更加公平、平等、正义、和平的世界而奋斗,它们的口号是"另一个世界是可能的"(Another World is Possible)。

二 诉求

全球正义运动促使世界主义全球正义不再只是学术任务或道德任务,而是政治目标。纵观这些社会运动,它们的主张涵盖经济正义、政治公平、环境与发展、和平与安全等全球性难题的各个方面,具体关注贫困、剥夺、民

[①] Manfred B. Steger, James Goodman and Erin K. Wilson, *Justice Globalism: Ideology, Crises, Policy*, London: Sage, 2013, p. 3.

[②] Manfred B. Steger, James Goodman and Erin K. Wilson, *Justice Globalism: Ideology, Crises, Policy*, London: Sage, 2013, pp. 20 – 21.

主、人权、国际法、全球健康、全球治理、地区和平、税收公正、粮食安全、公共教育、全球移民、国际贸易、国际金融、联合国改革、非法资金流动、包容性测量、伊斯兰恐惧症、跨国企业问责、全球环境与气候、国际制度改革、国际劳工与公平、大国的全球角色等诸多议题。

全球正义运动围绕这些议题形成了独特的意识形态和政治主张。一项研究调查了与世界社会论坛相关的45个全球正义社会组织，通过定量分析这些组织的相关文本和活动发现，这些组织及其活动集中呈现了全球正义运动的五种核心理念（每个社会组织至少包含以下一种）："主张一，新自由主义导致全球危机；主张二，市场驱动的全球化加剧了全球财富和福祉的差距；主张三，民主参与对于解决全球问题至关重要；主张四，另一个世界是可能的，也是迫切需要的；主张五，人民的力量，而不是公司的力量！"① 在这些组织的文字材料中交叠出现的高频词汇依次排序是，全球（Global）、权利（Rigns）、工作（Work）、国际（International）、贸易（Trade）、社会（Social）、工人（Worker）、经济（Economy）、儿童（Children）、人民（People）。② 该项目的研究员曼弗雷德·B. 斯蒂格（Manfred B. Steger）、詹姆斯·古德曼（James Goodman）、艾琳·K. 威尔逊（Erin K. Wilson）总结了全球正义运动独特的叙事框架。他们指出，这些组织建构的框架有"危机即机遇、去全球化、普遍权利、压迫制度、社会正义、生物自由主义、参与式民主和社会经济（与市场经济相反）"③。通过他们的分析，我们可以发现，这些框架是世界主义式全球正义运动的核心诉求。

（1）危机即机遇。这是全球正义支持者共享的关键框架。危机既是市场主导的全球化的产物，也是此类全球化失败的标志。它暗含了超越市场全球化的可能性，即将危机转化为实现全球正义的机会。

（2）去全球化。去全球化不是反对全球化本身，而是反对以单纯市场和经济发展主导的全球化，强调经济形态转换，即从围绕跨国公司的需要到关

---

① Manfred B. Steger, James Goodman and Erin K. Wilson, *Justice Globalism: Ideology, Crises, Policy*, London: Sage, 2013, p. 46.
② Manfred B. Steger, James Goodman and Erin K. Wilson, *Justice Globalism: Ideology, Crises, Policy*, London: Sage, 2013, p. 55.
③ Manfred B. Steger, James Goodman and Erin K. Wilson, *Justice Globalism: Ideology, Crises, Policy*, London: Sage, 2013, p. 67.

注个体的人的需要，关注社区和国家、地方和国家经济体的能力提升。全球化应该是以社会福利为导向的全球化。

（3）普遍权利。以基本人权为核心的普遍权利概念是全球正义运动的基础，建立保障人权的全球制度是全球正义实践的重要内容。

（4）社会正义。全球正义运动同样在全球层面上关注全球化产生的各种负担和利益的分配问题，追求社会正义概念中的分配正义。

（5）参与式民主。民主必须是发展进程的中心。①

以上论述是基于平等和社会正义解释框架。全球正义组织和运动关照的对象是每个个体的福祉，目的是保障个体在国际社会关于贸易、工作、教育和发展等方面的社会经济权利和利益，以及后代和人类整体的权利和利益。他们以世界主义正义的视角来看待整个世界，思考人类社会在全球化时代危机中的应对方式。它们更为在意全球性危机和民主的解决方式，而不是已有的成就；更为关心全球化带来的利益和权利，而不是一味的经济增长；更为关切全球化时代的权力分配在于增加人类的福祉，而不是跨国公司或者强权国家的力量。"这说明正义的全球主义不仅是一种成熟的政治意识形态，而且是一种全球性的政治意识形态。换句话说，政治意识形态的核心思想和概念越来越多地从先前的全球想象转变为具体的政治方案和议程。"②

三 形式

这些组织的运动和斗争形式是多样化的。一些"消极性"组织的核心诉求是享受本土自由发展的权益，减少或免于新自由主义主导的全球化、全球市场、跨国公司、国际政治机构的干涉和伤害。它们以边缘化对抗中心化；以个体的独特性对抗划一的整体性；以"反全球化"的形式来追求全球正义。例如，著名的"反全球化"组织——法国金融交易税和公民援助协会（Association for the Taxation of Financial Transactions and Aid to Citizens，ATTAC）曾多次在法国的苹果专卖店组织抗议，质疑苹果公司在欧洲的逃税行为。它在其官网上宣称："我们反对新自由主义全球化，制定社会、生态和民主替代方

---

① Manfred B. Steger, James Goodman and Erin K. Wilson, *Justice Globalism: Ideology, Crises, Policy*, London: Sage, 2013, pp. 66–68.

② Manfred B. Steger, James Goodman and Erin K. Wilson, *Justice Globalism: Ideology, Crises, Policy*, London: Sage, 2013, p. 56.

案,以保障所有人的基本权利。具体来说,我们致力于监管金融市场、关闭避税天堂、引入全球税作为全球公共产品融资、取消发展中国家的债务、公平贸易以及对自由贸易和资本流动实施限制。"① ATTAC 非常著名的一次活动是在 2017 年 12 月发动一百多名成员占领法国巴黎歌剧院广场的苹果商店,抗议苹果公司的避税和欠税行为。2018 年 1 月苹果公司向巴黎高等法院起诉 ATTAC 的抗议行为,要求禁止相关的抗议活动,并就此前抗议行为给公司造成的损失进行赔偿。然而,法院以"抗议不存在暴力、破坏性或阻止顾客入店的行为"为由判决 ATTAC 胜诉,驳回了苹果公司的上诉。② 如今,ATTAC已经在全球 40 多个国家建立了组织,包括欧洲部分国家、一些拉美国家、亚洲日本等,与各国其他的大量地方性团体和组织共同开展全球正义运动。

另一些"积极性"组织则希望组成相关利益共同体,以全球性的、普遍的、激进的社会运动改变全球制度规则。"其中,最终要的就是这样一种变革,即通过更为公平地分配全球化的成本和利益,来更加认真地关心世界上最贫困和最弱势的群体的权益。"③ 以移民的正义(DRUM)组织为例,它是著名的亚裔维权团体,在 2010 年启动全球正义项目。"该项目旨在改革国际机制以保障在美国的南亚移民工人及其家庭的发言权,解决相关问题,与世界各地移民合作抵制人权侵犯。具体来说,它致力于结束日益强大的反移民执法制度(拘留、驱逐出境、边境军事化),赢得公平的贸易和发展政策,并执行国际人权标准。"④ 该组织曾多次帮助新兴的南亚移民工人,组成国际团体,促进移民的人权及其家庭的权益。它曾在纽约发起"全球人民行动"(People's Global Action)、组织反对无人机轰炸巴基斯坦的街头抗议活动,以及一系列反战游行活动等。

在这些组织斗争的背后有着整套全球正义议程发展、政策建议、运动机制的生成过程,即全球正义组织是怎样在全球范围开展全球正义运动,推动全球正义理念付诸实践的过程。斯蒂格等人的研究表明,构成全球正义意识

---

① ATTAC,"Overview",https://www.attac.org/en/overview,引用日期:2019 年 8 月 15 日。
② CnBeta:《巴黎高等法院裁定 Attac 抗议苹果避税的活动不违法》,2018 年 02 月 24 日,https://tech.sina.com.cn/roll/2018-02-24/doc-ifyrvnsw7982115.shtml,,引用日期:2019 年 8 月 15 日。
③ [新西兰] 吉莉安·布洛克:《全球正义:世界主义的视角》,王珀、丁祎译,重庆出版社 2014 年版,第 10 页。
④ DRUM,"Global Justice Program",2nd. October,2012,https://www.drumnyc.org/global-justice-program/,引用日期:2019 年 8 月 15 日。

形态的核心概念与该运动产生的全球正义方案相互作用、相互影响、相互构成，有三个相互交织的阶段：

第一阶段，反对和拒绝。全球正义运动者明确全球化时代的主要问题，生成自我运动和斗争的主题，拒绝接受新经济主义和市场全球化主导的全球化，反对其形成的制度体系和现有的政策方案。

第二阶段，设置议程。在反对市场主导的全球化框架之后，这些全球正义组织概述、制定和传播自己的政治议程。在这一阶段，设置议程主要是建立叙事框架、对话和反思。建立叙事框架是一个首要的解释过程，在这个过程中，各个全球正义组织界定如何看待、处理和响应关键的全球性问题。对话是全球正义运动自下而上挑战现有权力格局的主要机制之一。它发生在一个组织内部、不同组织与组织之间、与基层社区、本国政府和政党领导人、其他国家领导人和政府、跨国企业之间。通过对话，全球正义组织将自己的叙事框架转化为公共议程，在更广泛的运动中调整和实施全球正义方案。反思是各个组织对组织团结、行动过程和外界批评建议的思考和调整，是高度批判性的自我分析。

第三阶段，战术动员。全球正义运动者以具体的公共问题为导向，号召和动员底层公众参与明确的议程战略实施，使其政治影响最大化。在这一过程中，全球正义组织和运动有着明确的问题意识，他们从来不提出全球正义的空洞词汇或者一揽子计划，而是针对全球化时代的具体的、和与一部分/所有人切身利益相关的问题制定多样化的运动议程和替代方案，引发广泛的公众关注和集体行动。尤其是将公众意见转化为政治压力，推动政治人物征询或采纳自己的方案，将其转化为政治政策。①

全球正义运动具有鲜明的特点：明确的公共问题意识、多样化的策略方案、积极的公众动员、自下而上的草根认知、公共权力的裹挟。全球正义运动作为全球正义重要的实践形态，以基层动员和社会运动的形式唤起了公众对全球正义的理解和支持，增强了政治上的有效性和动机上的持续性。

---

① 这一过程的相关研究主要参考斯蒂格等人的研究成果。具体的运动过程可参考《正义全球化：意识形态、危机和政策》一书的"应对全球化危机：从核心理念到政策替代方案"章节。参见 Manfred B. Steger, James Goodman and Erin K. Wilson, *Justice Globalism: Ideology, Crises, Policy*, London: Sage, 2013, pp. 61-80。

四　成果

李·乌比（Lea Ypi）称这些社会运动的领导者、组织者和参与者为"世界主义先锋"。她称赞道："这些行动者通常使当地公众更加关注跨国冲突和全球不平等问题，在推动学习进程方面发挥关键作用，这一学习进程将逐步使得人们用更先进的类别和概念资源挑战和取代旧的类别和概念资源。"① 他们在世界主义全球正义规范性理念和政治实践中架构了桥梁。

首先，他们带动私人的全球正义感，塑造公共的全球正义观念，从观念上引导公众超越现有的国界去关心人类共同面临的难题，凸显全球存在的不正义现象和原因，帮助国际社会认可和接受关于整个世界的平等主义的正义叙事。其次，他们投身政治的社会运动，在实践中践行当代世界主义的平等主义理想和全球正义思想，进行公众动员。再次，他们"把地方斗争与全球议题的宣传网相结合"②，这使得全球正义运动以正当的政治诉求和合法化的政治行动干预国家内政外交的政治策略和行为，推进国家、跨国企业、跨国组织、个体交往的全球制度性背景变革，促使全球制度建设迈向全球正义。典型的案例是在20世纪50年代还不为人知的环保运动，它在与地方斗争联系起来后形成大规模的公众舆论和集体行动，且成效显著。如今，环境问题已成为民主国家大多数选举议程的核心议题。③ 最后，他们促成了全球正义在运动和建制之间的中间状态。在这一中间状态中，全球正义运动形成利益团体、论坛或联盟，这些力量与自发的、零碎的运动不同，它们更具有规模化、组织化、意识形态化的特征。例如：上文提到的世界社会论坛就是非常著名的规模化论坛；2000年成立的全球正义联盟（Global Justice Alliance）是一个由非政府组织和社会运动组织组成的国际联盟，致力于推动全球正义和反对贫困、不平等、战争和环境破坏等问题；2004年成立的欧洲绿党是欧洲各国绿党的联盟，它的政治纲领包括推动可持续发展、保护人权、反对战争、消除贫困和不平等，体现了全球正义的理念。

---

① Lea Ypi, *Global Justice and Avant-Garde Political Agency*, New York: Oxford University Press, 2012, p. 155.
② Lea Ypi, *Global Justice and Avant-Garde Political Agency*, New York: Oxford University Press, 2012, p. 170.
③ Lea Ypi, *Global Justice and Avant-Garde Political Agency*, New York: Oxford University Press, 2012, p. 170.

一如 ATTAC 组织在全球范围的广泛分布，多个由本土发育或国际网络扩展的、有着同样的全球正义诉求的国际组织已经在世界各地建立起来。它们以社会运动来推动全球政治变革，推进全球正义的制度建设。全球正义实践的初步成效主要体现在全球正义建制上。

第三节　全球正义建制

全球正义的学术活动和社会运动在促进国际制度改革和联合国等国际机构改革上取得了一些进展。其中运作较为成熟、成效较为显著的应属国际税制改革。全球正义提出的制度变革的重要内容之一是改革国际税收制度。全球正义理论者和活动家们把全球性的税收看作解决贫困问题、气候变化问题、地方发展问题等全球性难题的可行选择。这些全球税主要向对全人类有重大或普遍影响的行为征税，例如向跨国公司和跨国资本征税等。对全球正义倡导者来说，全球税类似于一种"资源税"。跨国企业和其他组织在全球生产和投资中通过消耗、占用或挪用一些公共益品等方式从中获益，它们需要对这些收益支付相应的税费。同时，全球税也类似于"维护建设税"。因为使用者有义务维护这些公共益品并使之为其他人提供充足的可用之物，如果消耗过多，需要对其不利者进行补偿。这些公共益品的作用被总结为"和平、社会政治稳定、国际金融机制和财政制度的稳定、防范有组织的犯罪、法律的有效执行、身体健康、合理维持生命的环境、（可持续）发展和摆脱贫困等"[①]。全球税尤被看作对全球贫困和气候影响的矫正和补偿，是实现全球正义的重要手段。如博格所倡导的"全球资源红利"就是向使用或出售资源的国家征收资源价值的股份分红，也是一种全球税。在全球正义运动的推动下，国际社会设置过一些全球税，做出了一些税制改革。

一　金融交易税

金融交易税（Financial Transaction Tax）较为著名的一个提法是托宾税（Tobin Tax）。1972 年，美国经济学家詹姆斯·托宾（James Tobin）建议对全球货币交易统一征收交易税，以此减少投机倒把、稳定货币市场、防止金融

[①]　[新西兰] 吉莉安·布洛克：《全球正义：世界主义的视角》，王珀、丁祎译，第 120 页。

危机。托宾在建议之初并没有引起大的反响。但是在20世纪90年代，随着1992—1993年欧洲货币危机、1997—1998年东亚金融危机、1999—2000年巴西金融危机爆发，人们对金融交易税的兴趣和讨论不断高涨。征收金融交易税是全球正义运动旗帜鲜明的主张。ATTAC正是成立于1998年，支持托宾税是该组织建立之初的主要目的。该组织提议通过各种机制对全球金融进行监管，支持实施针对跨国投机交易的托宾税，希望全球税收比如托宾税为保护人类的公共益品（保健、教育、水、气候、生物多样性……）提供专门资金，为保障所有人的基本需要和人类解放提供足够的全球资金。①

随着全球正义运动的发展，金融交易税逐渐褪去了原有的金融监管职责，更多地被赋予实现全球正义的重任，并被视为解决全球绝对贫困、区域发展不平衡、气候变化等问题的手段之一。它带着新的使命在全球范围内掀起了规模较大的政治行动：ATTAC的提议不仅获得了全球南方（Focus on the Global South）、跨国研究所（Transnational Institute）、庆祝南方（Jubilee South）等非政府国际组织的认同，而且曾得到世界经济贸易组织、联合国等政府间国际组织以及如欧盟、智利、巴西、哥伦比亚、韩国、泰国、马来西亚等一些国家政府的支持。在1997年东南亚金融危机和2008年全球金融危机前后，智利、巴西、哥伦比亚、泰国、马来西亚、韩国等国家曾引入和"托宾税"相似的金融交易税收政策，以避免短期内资本波动过大的风险。2009年，英国总理戈登·布朗（Gordon Brown）也在G20峰会上曾向各国推广金融交易税制。②尽管这些举措在危机结束后都被先后取缔，金融交易税也曾取得了真正意义上的重要进展：法国在2005年实施的机票税、巴西在路易斯·伊纳西奥·卢拉·达席尔瓦（Luiz Inacio Lula da Silva）主政时期采取的类似措施（很快被取消）、智利和其他国家制定的类似税收等作为收入流向联合国国际药品采购项目（UNITAID）关于艾滋病毒/艾滋病的基金。③

---

① ATTAC, "Overview", https://www.attac.org/en/overview, 引用日期：2019年8月15日。
② 数汇财经：《大家常说的托宾税，到底是什么》，2018年5月19日，http://www.sohu.com/a/231012071_240534，引用日期：2019年8月15日。
③ Peter Wahl, "More Than Just Another Tax: The Thrilling Battle over the Financial Transaction Tax, Background, Progress, and Challenges", in Thomas Pogge and Krishen Mehta eds., *Global Tax Fairness*, New York: Oxford University Press, 2016, p. 217.

引人注目的是，欧盟近年来为全球金融交易税制改革做出了新的尝试和探索。2011年欧盟委员会建议设定金融交易税税率，主张在欧盟范围内征收股票和债券交易0.1%的税收，征收金融衍生品交易0.01%的税收；2012年欧洲议会以487票赞成、152票反对和46票弃权的表决结果通过这一提案；法国政府单方面宣布自2012年8月1日起开始征收金融交易税，为欧盟乃至全球做出表率。① 此外，五大洲的800多名议员签署国际宣言支持类托宾税的货币交易税，加拿大、比利时等国还承诺一旦更多国家支持，他们也将推行货币交易税。② 这些金融交易税不仅将促进全球金融和税收体系的正义，而且将以全球财富再分配的形式增进人们的福利。

一些支持者还希望将金融交易税变成一项全球税收协议，建立一个超国家联盟来管理和征收税收。据相关学者估计，如果各个国家联合支持托宾税或者其他类型的金融交易税，通过在银行和金融机构安装电脑程序，很容易在结算时对主要的货币交易国家征收相应比例的交易税。若以最高上限标准的0.2%为标准征税，每年将征收到3000亿美元税款③，若此税款用于减缓全球贫困、增进相关利益受损者的福利、促进地方发展，将取得显著效果。欧盟为更公平正义的全球金融交易税制进行了探索，推动它最终服务于人们的福祉，而不是单纯的资本积累或利润增长。

二 碳排放税

碳排放税（Carbon Tax）是近年来专门应对全球气候变化问题提出的新兴税种。它在有的国家又被称为环境税。碳排放税正是实现全球气候正义的主要实践举措之一，也是国际税收制度改革的重要内容。

根据中国碳排放交易网的界定："碳税是指针对二氧化碳排放所征收的税。它以环境保护为目的，希望通过削减二氧化碳排放来减缓全球变暖。"④ 自1979年全球变暖引起人们的注意开始，它就是全球正义学术界和活动家密切关注的核心议题之一。在这个议题上，早期的争议主要是发达国家

---

① 《限制过度投机，欧洲议会推动欧盟金融交易税》，《中国日报网》2012年5月28日，http://www.chinadaily.com.cn/dfpd/2012-05/28/content_15404869.htm，引用日期：2019年8月15日。
② ［新西兰］吉莉安·布洛克：《全球正义：世界主义的视角》，王珀、丁祎译，第123页。
③ ［新西兰］吉莉安·布洛克：《全球正义：世界主义的视角》，王珀、丁祎译，第123页。
④ 碳排放交易网：《碳税（环境税）》，http://www.tanpaifang.com/tanshui/，引用日期：2019年8月15日。

和发展中国家双方的利益谈判和发展权之争。然而,全球正义支持者以底层草根的视野更为关注气候变化影响的社会和生态层面,更为关注受气候变化影响的人的福祉,特别是对最不利者的健康、寿命、安全、发展的不利影响。"许多全球正义运动组织更关注气候变化对全球最贫穷和最边缘化的人的影响,而不仅仅是全球南部国家(主要指发展中国家)经济发展的影响。这种草根视角也使得正义的全球主义者超越批评单纯的减排问题,转向解决气候不正义的多个层面。"① 全球正义支持者改变原有的争议框架,通过大规模的全球动员,使得气候正义和穷人利益的相关性成为关注焦点。

碳排放税一直得到非政府组织的欢迎和长期提倡,近年来,一些政府间国际组织,如联合国的政府间气候变化专门委员会、国际货币基金组织,以及多个国家政府逐渐开始支持或征收碳排放税。根据世界银行发布的数据,截至2019年6月1日,全球已经有46个国家确定实施征收碳税或其他减碳机制,这些国家包括法国、加拿大、葡萄牙、挪威、新加坡、南非等。② 南非总统在2019年签署《碳税法案》,向二氧化碳排放征税,是非洲首个执行碳税的国家。新加坡也计划从2019年起进行碳排放征税,"财政部长王瑞杰(Heng Swee Keat)宣布,这一计划是财政预算的一部分,排放2.5万多吨温室气体的主要设施将受到影响。这些设施的排放量占全国排放量的80%左右"③。碳排放税在国际社会已经颇具规模。

碳排放税的高低将决定人们减少的碳排放量的多少,这会对全球的节能减排产生巨大影响。但是,国际社会尚未就碳排量征税的税率达成一致意见。有学者估计:"如果每排放一吨碳征收200美元的税,预计当前碳排放的总量会下降50%,每年将产生6300亿的收入(相当于全球生产总值的1%)。"④ 在设定碳税之外,一些国家也采取补充性的政策来抵消这种赋税增加给穷人

---

① Manfred B. Steger, James Goodman and Erin K. Wilson, *Justice Globalism: Ideology, Crises, Policy*, London: Sage, 2013, p. 135.
② 蔡淳:《南非〈碳税法案〉正式生效 南非由此成为首个实施碳税的非洲国家》,《经济日报》2019年6月1日, http://www.tanpaifang.com/tanshui/2019/0601/64105.html, 引用日期:2019年8月15日。
③ 电缆网:《新加坡确定从2019年开始实施碳排放税》, http://www.sohu.com/a/223481673_249929, 引用日期:2019年8月15日。
④ [新西兰] 吉莉安·布洛克:《全球正义:世界主义的视角》, 王珀、丁祎译, 第122页。

的负担。可见，和其他的全球税相比，碳排放税的影响面更广、成效更显著、更能体现全球正义诉求。

三 关于税基侵蚀和利润转移（BEPS）的税收制度改革

跨国公司在各个国家的分公司是单独的征税实体，由其分支公司所在国进行征税。但是，跨国公司的全球发展往往导致其实际利润远超过单个国家征税的比例，从而造成一些跨国公司避税或逃税的可能。跨国公司的税基侵蚀和利润转移问题（BEPS）是一个全球性问题。二十国集团（G20）领导人2013年在圣彼得堡峰会委托经济合作与发展组织（OECD）启动实施 OECD/G20 税基侵蚀和利润转移项目（BEPS 项目）。该项目是一个国际税收改革项目，"旨在修改国际税收规则、遏制跨国企业规避全球纳税义务、侵蚀各国税基的行为"①。根据中国国家税务局办公厅的官方数据，包括 34 个 OECD 成员国、8 个非 OECD 的 G20 成员国和 19 个其他发展中国家在内的 61 个国家共同参与 BEPS 项目，就保持跨境交易相关国内法规的协调一致、突出强调实质经营活动并提高税收透明度、提高税收确定性三个方面进行了一揽子的国际税收制度改革。2015 年 10 月，G20 财长与央行行长会议审议通过了 BEPS 项目产出的 15 项成果，并于当年 11 月在 G20 安塔利亚峰会提交给各国领导人。"世界主要经济体在共同政治意愿推动下，通过密集的多边谈判与协调，在转让定价、防止协定滥用、弥合国内法漏洞、应对数字经济挑战等一系列基本税收规则和管理制度方面达成了重要共识。这些成果和一揽子措施的出台，标志着百年来国际税收体系的第一次根本性变革取得了重大成功。"②

这一税收体系变革重点解决跨国公司的避税行为。例如它要求较为严格的国别报告，强制跨国公司提供每一个有业务活动的司法辖区与利润和缴税额全球配置有关的年度总量信息，关于各司法辖区有哪些实体开展业务以及参与哪些经济活动的信息。这一税收改革项目不仅针对发达国家面临的税收

---

① 国家税务总局办公厅：《国家税务总局发布 OECD/G20 税基侵蚀和利润转移项目 2015 年最终报告中文版》，2015 年 10 月 10 日，http://www.chinatax.gov.cn/chinatax/n810219/n810724/c1836574/content.html，引用日期：2019 年 8 月 15 日。

② 国家税务总局办公厅：《国家税务总局发布 OECD/G20 税基侵蚀和利润转移项目 2015 年最终报告中文版》，2015 年 10 月 10 日，http://www.chinatax.gov.cn/chinatax/n810219/n810724/c1836574/content.html，引用日期：2019 年 8 月 15 日。

困境，而且涉及所有的利益攸关方，尤其是发展中国家。OECD 的税收和发展项目（OECD Tax and Development Program）为发展中国家提供了共享平台和相关投入，帮助他们在制定标准的过程中从投入中获益，确保在发展技术工作和标准制定过程中反映发展中国家的意见，支持发展中国家实际处理 BEPS 的能力。[①] 国际社会关于 BEPS 的税收制度改革使得 21 世纪的国际税收体系更加公平，为跨国公司和各个国家创造了公平的环境。

除上述提到的全球性税收以外，一些国家还制定了机票税、电子邮件税、世界贸易税、国际武器贸易税、航空燃料税、环境税等一系列税类。这些税收种类和制度也是全球正义所要求的制度改革的初步尝试或萌芽形态。

小　结

全球正义理论以较为完整的道德观念和鲜明的政治诉求指引和推动了全球正义实践。目前看来，全球正义的实践形态主要是学术活动和社会运动，以及一些初步的制度改革和建设。全球正义倡导者正以学术研究和理论探讨带动具体的社会运动、公众动员、政策制定和制度变革。全球正义理论在思想和学术上与全球正义运动相互促进、相互完善。

然而，全球正义实践及其行动者的问题是全球正义被诟病的最主要问题。全球正义非常重要的批评者内格尔指出："民族国家是政治合法性和追求正义的主要场所，这也是国内政治理论的优势之一，因为民族国家确实存在。但是，当在全球范围内需要集体行动时，我们尚不清楚，什么可能扮演与之同等的角色。"[②] 全球正义问题不仅是哪些人彼此有正义义务的应然问题，更是这一义务得以践行和保障的实然问题。全球正义不能只局限于哲学家的书斋想象，更需在实践中实证去伪。虽然全球正义在现实中已有一些实践形式，但是它依然处于早期阶段，还没有对国际社会或国际制度产生重要影响。全球正义理论和现实的紧张性体现为实践上如何推动全球正义的问题。

---

① Lee Corrick, "The Taxation of Multinational Enterprises", in Thomas Pogge and Krishen Mehta, eds., *Global Tax Fairness*, New York: Oxford University Press, 2016, pp. 183–193.

② Thomas Nagel, "The Problem of Global Justice", *Philosophy & Public Affairs*, Vol. 33, No. 2, Spring 2005, p. 113.

1. 全球正义实践面临在复杂多元世界如何形成统一的全球正义观念和原则的问题。当前的世界是由不同的主权国家组成，其成员的多元性决定了制度和价值的多元性，世界各国人民很难就全球正义达成统一的正义观念和标准。而且，当前的世界是一个全球化趋势和逆全球化现象并存的复杂世界，它的复杂性表现在全球一体化中带有分化力量。分歧多于共识，纷争多于合作。各个国家经济发展和现代化的水平参差不齐，不同国家的发展方向、发展速度、国家实力、对外政策处于不确定之中。国家间关系和世界基本格局正在不断变化和调整。在这样一个多元化差异化的世界，全球正义要求就分配对象、内容和标准确定一致意见，是一个重大难题。在实践中，全球正义的观念、原则和策略较难落实于行动。关于如何解释我们所处的多元世界、如何在现实世界中发展出一致的全球正义观念和原则、如何把它转化为有效统一的政治行动等问题，还需要更加详细和充分的论证。

2. 全球正义实践主要依赖于个别国家的意愿和行动，缺乏实现正义的强制性机构。目前看来，无论是联合国还是其他政府组织，都不是能够保障全球正义的公共权威，不具有强制执行的权力和效力。当前全球正义取得的成果最终还是建立在一些国家的自发行动和国际合作的基础之上。实现以全球正义为目的体制变革需要经历两个过程：一是消解过程，全球正义运动是一个自下而上瓦解现有全球权力结构的过程，也是一个漫长的权力/权利斗争过程，这一过程充满着矛盾、冲突和不稳定性。二是和解过程。全球正义运动短期内所产生的力量是借助国家主权力量对现有体制零零碎碎的修补。从长期看来，它不可能超越民族国家主权权威，更多的是推动主权国家去改革现有国际体系，所以这也是一个和国家权力和解的过程。在一个由主权国家组成的世界，必须解释清楚全球正义的保障和执行问题。这决定了全球正义的政治有效性。

3. 全球正义实践面临着公众动员的问题。该问题与上一个问题密切相关。在一个没有全球公共权威的世界，对全球正义这样一个充满着现实迫切性和实践要求性的议题来说，它一开始就要求公众的普遍理解和广泛支持。"相当具有争议的问题是政治转型和大众政治动机而不是制定具体的政策方案。"[1]

---

[1] Lea Ypi, *Global Justice and Avant-Garde Political Agency*, New York: Oxford University Press, 2012, pp. 171–172.

当我们最终把全球正义变为社会运动时，这一问题变得非常明显。其一，当前的全球正义组织的组织形式和运动形式非常多样，在目标和内容上显得混乱且芜杂，缺乏统一目标。许多组织虽然以全球正义为宗旨，但是对全球正义具体的原则和要求的理解差异较大，各自的具体诉求也不一样。其二，没有建立统一的、透明的国际合作机制。即使像影响较大的社会组织，如ATTAC在全球建立了统一的网络，但是它与其他以公平税收为目的的同质的国际组织却关联不大，没有在"抗议跨国公司避税"这一核心诉求上联合一致，难以形成更大规模的全球性力量，以压迫性的优势推动全球税收改革。更不用说像DRUM这样以地区性移民人权为斗争内容的组织，其数量众多、核心诉求各有不同，很难联合，一致就某一具体议题展开抗争性活动。其三，各个组织虽然都要求改革全球制度，却没有达成关于何种政治体制改革能满足全球正义要求的一致方案。其四，没有把全球正义问题转化为大规模的、政治化的公众动员。这些原因均造成全球正义运动在规模和力量方面的局限性。因此，全球正义实践最为关键的问题是：如何进行长期有效政治动员。这一过程需要一致的全球正义的公共观念，也需要斗争的智慧、方式和方法。

第五章 全球正义的批评

关于正义能否超越国界而得到承认和实施的问题,学术界存在重大争议,2005 年,内格尔在《全球正义问题》("The Problem of Global Justice")开篇指出:"与国内政治理论相比,全球正义的概念和理论还处于早期形成阶段,我们尚不清楚它的主要问题是什么,更不用说这些问题可能的答案。"[①] 2014 年,谢夫勒在讨论学界的相关质疑时表示:"对于非哲学研究者而言,'全球正义'这个词可能对现实世界表达了一种古怪的天真……对很多人而言,全球正义似乎最好的说法是荒谬的乌托邦主义,最坏的说法是对苦难和非正义现实的盲目任性。"[②] 罗尔斯、戴维·米勒、内格尔等学者对正义边界问题展开热切讨论,并对全球正义提出全面批评。许多学者鲜明地反对世界主义全球正义,认为正义义务只存在于一国之公民同胞之间,而国家是分配正义的唯一场所。

第一节 罗尔斯的全球正义批评

罗尔斯在 1971 年和 1999 年先后发表的《正义论》和《万民法:公共理性概念新论》(*The Law of Peoples: with "The Idea of Public Reason Revisited"*,以下简称《万民法》)为人们思考全球正义提供了理论参照,但他本人反对全球正义。这一主张在《万民法》中得到了充分论证。这激发了学界对于全球正义的研究热情。"罗尔斯方法的批评者和支持者之间存在激烈的争论,许多关于全球正义的理论基于如此交流的框架而构建起来。由于其在形成讨论术

[①] Thomas Nagel, "The Problem of Global Justice", *Philosophy & Public Affairs*, Vol. 33, No. 2, Spring 2005, p. 113.

[②] Samuel Scheffler, "The Idea of Global Justice: A Progress Report", *The Harvard Review of Philosophy*, Vol. 20, Spring 2014, p. 19.

语方面的巨大影响,熟悉《万民法》对于参与当前关于全球正义的理论对话非常重要。"① 因此,分析和评价罗尔斯在《万民法》中对全球正义的批评,是探讨全球正义的一项重要工作。

罗尔斯对于全球正义的解读与后来人们的相关解读存在很多差别,他的很多主张受到了国际学界的批评。客观而言,罗尔斯对全球正义理论的反驳既有合理性又有不合理之处。其合理性在于他提倡人民道德和万民法原则,主张保护普遍人权和国际人道主义援助义务,发展了比当前流行的国际正义观更为严格和积极的国际义务理论。尽管如此,其不合理之处在于罗尔斯反对全球正义的主张不符合21世纪国际社会的非理想现实,罗尔斯忽视人类深度交往格局、全球经济秩序等国际经验事实,没有认真对待全球正义道德体系,也没有阐明保护人权和援助义务的诸多疑点。

一 罗尔斯的万民法观念

1999年罗尔斯发表《万民法》,系统阐释了以"人民"为中心的万民法观念,认为运用于国际法和国际实践的规范与原则是万民法,而不是全球正义。罗尔斯提出了非常新颖的人民概念,尝试建构以人民为基点的国际道德图景,并设计出自由人民和合宜人民之间高度道德化、平等化的"万民社会"。

不同于个人和国家,罗尔斯笔下的"人民"指自由(民主)人民或合宜人民,他们具有不同于传统的国家的道德本质,有着特别的道德观念和行为规范。"人民"是康德意义上道德自治自足的主体。"人民"有如下基本特征:(1)有一个合理正义宪政民主政府为人民的根本利益服务;(2)拥有通过共同感情统一起来的公民;(3)具有道德本质,包括制度的、文化的和忠诚于一个权利和正义的政治(道德)观。② 罗尔斯指出,自由人民在本质上像国内社会的公民一样是合理的(reasonable)和理性的(rational),有相当清楚的权利和正义观(conceptions of right and justice)。人民的权利观发轫于"理性",确定国家利益和权利,人民有权"谋求保护自己的领土,保护自己公民的人身安全和财产安全,保存自己社会自由的政治制度、自由权利和自

---

① Gillian Brock, "Recent Work on Rawls's Law of Peoples: Critics Versus Defenders", *American Philosophical Quarterly*, Vol. 47, No. 1, January 2010, p. 85.

② John Rawls, *The Law of Peoples with "The Idea of Public Reason Revisited"*, Cambridge, MA: Harvard University Press, 2002, pp. 23–24.

由文化";而正义观发端于"合理",确立人民的国际义务,人民应该"确保合理的正义适用于其所有公民和其他人民,与有同等特征的其他人民一起生活,并支持正义和保卫和平"①。"'合理'是指一种在主体间关系中体现出来的态度和素质:愿意参与公平的合作。愿意在合作中遵守他人作为平等者通常也会同意的公共规则。"② 因而"合理"也表示自由人民在选择时愿意同等考虑其他人民的利益,参与公平的合作并遵守公共规则。他们对自我基本利益的追求应限制在"合理"的界限之内。他们将以平等、尊重和宽容对待其他人民,而不是唯自我利益至上。这种道德和政治的约束力不源自外在的强制力量,而是来自自由人民内部生发的社会正义观念。

在罗尔斯看来,尽管国际社会没有诸如国家内部的强制力量和法律来实施正义条款,但是自由人民可以通过内生的权利和正义观念与对外政策引导新的国际道德规范,形成人民间平等的国际关系结构。同时,凭借自由人民对合宜人民的尊重、宽容和接纳,罗尔斯证明了一个由自由与合宜人民组成的人民社会的可能性,并建构起以人民为基点的"现实乌托邦"(Realistic Utopia)。在那里,合宜人民是自由人民可以接受的"合格"人民,是他们可以容忍的最低标准的人民样态。合宜人民既不是自由的,也不是民主的,但是他们依然拥有道德上的价值。这种价值不是出于合宜人民所具有的民族自决的权利,而是一种正义的公共善的观念(a common good idea of justice)——"一个最低限度的观念","一个社会实现这一点就使得其制度值得被容忍"③。因此,自由人民尊重、宽容和公平对待合宜人民。

根据罗尔斯的描述,正义的世界是每个人民都可以建立一个合乎情理的自由宪政(或者合宜的)体制并由此组成的世界,即由万民法原则(the law of peoples)规范的万民社会。正义的世界有如下要点:(1)所有人民有其发挥作用的自由或合宜政府,能保护其人权;(2)人民实现自尊,一个国家的公民不会因为另一个国家的公民有更多的财富而自卑;(3)公平在所有人民

---

① John Rawls, *The Law of Peoples with "The Idea of Public Reason Revisited"*, Cambridge, MA: Harvard University Press, 2002, p. 29.
② 童世骏:《关于"重叠共识"的"重叠共识"》,《中国社会科学》2008 年第 11 期。
③ 罗尔斯把该观念的具体内容界定为合宜等级制社会的两个标准。参见 John Rawls, *The Law of Peoples with "The Idea of Public Reason Revisited"*, Cambridge, MA: Harvard University Press, 2002, pp. 64 – 67。

都参与的政治过程中扮演重要角色。人民间的基本公平体现在人民代表间的公平,代表要保证其人民社会的独立和彼此间的关系平等;(4)人民在合作中按照相应的贡献应得相应的回报,同意贸易的公平标准和相互援助的公平条款。

具体而言,罗尔斯为自由人民的外交政策总结了八项原则:

1. 人民自由而独立,其自由与独立受到其他人民的尊重。
2. 人民要遵守条约和承诺。
3. 人民彼此平等,要平等地参与和共同制定约束自身的条约。
4. 人民要遵守不干涉的义务。
5. 人民有权自卫,除此之外,无权以任何理由鼓动战争。
6. 人民要尊重人权。
7. 人民在战争中要遵守某些特定的限制。
8. 人民有义务援助其他生活在不利条件下的人民,这些条件妨碍了该人民建立正义或合宜的政治及社会体制。①

在这八项原则中,大部分原则业已明确于国际法和国际实践。然而第四项不干涉原则、第六项人权原则和第八项援助原则在罗尔斯笔下有着不同于当今国际法的特殊含义和相当严格的规范性要求。

首先,不干涉原则是指自由人民有义务不干涉任何合宜人民的内部生活。一个符合合宜社会标准的社会有资格拒绝和抵制来自自由人民的任何干涉。如果一个社会做到保护其人民的适当人权,那么该社会在道德上就应当免于来自外部的干涉,至少免于强制性的干涉。但是如果它不尊重其人民的人权,那么来自自由人民的干涉就具有正当性。也就是说,对一个社会进行干涉的必要条件是其制度威胁和侵犯人民的人权。否则,自由人民无权干涉一个人权得到保障的社会。在罗尔斯看来,直接减少其他社会的不正义或者促进它们的正义都是一种干涉,遑论以某种分配调节各个社会之间的财富或自然资源。从这个角度讲,全球分配正义实为不恰当的国际干涉。

---

① John Rawls, *The Law of Peoples with "The Idea of Public Reason Revisited"*, Cambridge, MA: Harvard University Press, 2002, p.37.

其次，人权原则不仅是一种国际规范，而且是国内社会政治合法性的正当性明证和道德依据。罗尔斯辩护的人权是"宪政自由民主体制下的自由平等公民所拥有的权利和自由的一个适当子集（proper subset）"①。它既不是公民权利，也不等于现在国际社会普遍接受的基本人权。其内容清单相当明确，即生命权、自由权、财产权、自然正义法则所表达的形式平等的权利。罗尔斯认为，人权的国际规范在于它是国内社会政治合法性的道德依据，也是自由人民是否进行正当干涉的理由。这类人权规范了一个政府应如何对待自己的人民。"人权在合乎情理的万民法中扮演着特殊的角色：它们限定战争及其行为的正当理由，也确定体制内部自治的限度。"②

罗尔斯试图表明适当人权可以被不同社会的人民（自由和合宜人民）普遍接受，可以成为同等适用于所有不同社会的规范。"自由和合宜等级制体制所尊重的人权清单，应在如下意义上理解为普遍的权利：它们内在于万民法，无论它们是否得到局部地区的支持，它们都具有政治（道德）影响力。也就是说，它们的政治（道德）力量超越所有社会，它们约束所有人民和社会，包括法外国家。"③ 毕竟，万民法是自由人民的外交政策，根据自由主义和合理性，它们有正当理由和权利拒绝宽容法外国家。罗尔斯笔下的人权为自由人民提供了宽容的限度。

最后，自由（合宜）人民还对负担型社会（societies burdened by unfavorable conditions）有援助义务。负担型社会指："由于缺少政治文化传统、人力资本和专门知识，而且缺乏秩序良好所需的物质和技术资源"④，没有良好地发展社会制度，不能很好地保护其人民人权的社会。所以自由（合宜）人民应向它履行援助义务。但罗尔斯声明，援助义务不是分配正义原则。它主要有两个目标，一是保护负担型社会的人民的适当人权；二是帮助他们改变其

---

① 该人权集合也是《世界人权宣言》和国际法中所罗列的人权的子集。参见 John Rawls, *The Law of Peoples with "The Idea of Public Reason Revisited"*, Cambridge, MA：Harvard University Press, 2002, pp. 68, 80 note。

② John Rawls, *The Law of Peoples with "The Idea of Public Reason Revisited"*, Cambridge, MA：Harvard University Press, 2002, p. 79.

③ John Rawls, *The Law of Peoples with "The Idea of Public Reason Revisited"*, Cambridge, MA：Harvard University Press, 2002, pp. 80–81.

④ John Rawls, *The Law of Peoples with "The Idea of Public Reason Revisited"*, Cambridge, MA：Harvard University Press, 2002, p. 106.

经济、文化和政治结构，促使其实现政治自主，能够维持一个最低水平的正义或者合宜的基本制度和良好的社会秩序。政治自主是援助义务的目标和中止点，一旦达到这一目标，援助义务便立即终止。"援助义务既有目标，也存在中止点：它谋求帮助世界上的穷人，直到他们成为合乎情理的自由社会的平等公民，或成为合宜等级制社会中的成员。"① 罗尔斯相信，如果所有社会都可以实现政治自主，这将保证人民间的关系平等，实现正义。

罗尔斯倡导发展"人民"的国际道德和义务，主张实现国际正义（万民社会）的着力点在自由人民的外交政策上，并以人民概念规制自由人民外交政策的"合理性"。罗尔斯对世界性正义的思考是由内向外的视野，其目的是给自由人民设定合理的外交政策，而不是从全球视野去关心各个人民、个体或国家间的关系。在罗尔斯看来，正义的世界是万民社会，它既不需要全球正义原则，也没有可以应用这些原则的全球基本结构，更不用说有全球性的制度以强加和执行这些原则。罗尔斯反对在国际领域提出和国内社会同样的正义义务和规范性要求。

二 罗尔斯对全球正义的批评

罗尔斯拒绝全球正义，批评世界主义。在对待全球正义问题上，罗尔斯既拒绝"全球"的整体概念，又否定"正义"的全球化版本。

首先，罗尔斯是多元主义的坚定支持者。他认为全球正义是以一致性的正义标准应用于单一世界，是一元论的世界主义。罗尔斯相信，我们生活于合理的多元世界，在这个世界中不存在能被所有人民接受和遵循的统一正义自由观。"人民之间也有合理预期的差异，包括不同的制度和语言、宗教和文化、不同的历史、不同的地域和疆土、经历的不同事件。"② 因此，对正义的理解必须发端于这种差异性和多样性。

按罗尔斯所言，自由人民的公共理性和万民社会的公共理性讨论的内容不同，前者是国内社会的平等公民探讨政治和社会正义的宪政基础和关键事务，后者是自由人民确立人民间的相互关系。若一国公民间只能产生政治上

---

① John Rawls, *The Law of Peoples with "The Idea of Public Reason Revisited"*, Cambridge, MA: Harvard University Press, 2002, p.119.

② John Rawls, *The Law of Peoples with "The Idea of Public Reason Revisited"*, Cambridge, MA: Harvard University Press, 2002, p.54—55.

合理的观念，而不是关于真理和正当的完备性学说，万民社会同样不存在类似的学说，并以其支配所有社会。罗尔斯表示："任何人也不应期待在可预见的将来，它们中的某一种学说，或某些其他合乎理性的学说，将会得到全体公民或几乎所有公民的认肯。"① 在万民社会，没有任何一种理念和原则既能够处理人民间关系，又能被不同的人民所分享。罗尔斯认为，世界主义是一种普遍主义原则，企图为不同人民提供统一的、整全的和普遍接受的正义观念，完全违背了合理多元主义的国际事实。

多元主义者批评世界主义的普遍主义倾向，把全球正义视为一元论。内格尔把贝兹、博格、布莱恩·巴里（Brian Barry）等学者归结为世界主义者，并做出如下定义："世界主义是指，正义的要求源于我们从根本上应给予人类同胞的平等关切或者公平义务，而且在一些制度中可以应用正义标准以实现那种义务。"② 他也视世界主义为一元论的根本道德原则，因而赞成罗尔斯的多元论，驳斥全球正义。在内格尔看来，罗尔斯的多元论意味着他坚持不同的原则应用于不同类型的实体，所以两个社会正义原则只用于规范独立国家的基本结构。其他多元论者如迈克尔·沃尔泽（Michael Walzer）也反对单一化的全球正义标准，认为后者忽视历史、文化和成员资格的特殊性。沃尔泽认为，世界主义将造成对其他文化的正义概念和地方性的善的观念的侵犯和支配。他表明，全球正义没有明确对象和以正义为名的权威性行动者，也没有使得所有人对其达成一致理解的共同生活。"文化的多样性和国际的多元性使得单一的正义解释（即使它是唯一真实的解释）不可能在全球范围内具有说服力，也不可能在日常实践中得到执行。"③

其次，罗尔斯表示万民法原则是为国际社会人民间的平等交往而设计的原则，而正义原则是为封闭社会的社会合作而设计的原则。世界主义表示，在全球无知之幕下，国籍同个人的天赋能力、家庭出身、社会地位等一样都是自然的或社会的偶然。世界主义有意忽略国界，把个体主义置于全球视野之下，强调每个人的利益和权利。罗尔斯不赞同全球化的个体主义范式。他反对全球正义最主要的观点是，国际社会的本质是人民主体性，规范原则是

---

① [美]约翰·罗尔斯：《政治自由主义》（增订版），万俊人译，译林出版社2011年版，第4页。
② Thomas Nagel, "The Problem of Global Justice", *Philosophy & Public Affairs*, Vol. 33, No. 2, Spring 2005, p. 119.
③ Michael Walzer, "Achieving Global and Social Justice", *Dissent*, 2011, p. 42.

人民间的关系平等原则。罗尔斯笔下的人民乃是康德意义上道德自治自足的主体，其有特别的道德观念和行为规范。罗尔斯反对任何版本的全球化正义原则。

即使罗尔斯在《正义论》第58节谈及国际法和国际关系的正义，他也非常审慎，没有讨论正义原则的跨国应用问题。罗尔斯在《正义论》中开宗明义，表明他所关心的正义问题只是一种特殊情形——"为暂被理解为与其他社会隔离的封闭制度的社会基本结构，提出一种合理的正义观。"① 在罗尔斯这里，社会有如下特点：封闭而自足，合作亦冲突。在封闭社会中，他认为正义的主要主题是社会基本结构，"是这样一些主要社会制度，它们既用来分配基本权利和义务，也用来决定来自社会合作的优势划分或利益划分"②。国内社会既是个体组成的自足的联合体，又是个体追求共同利益却面临利益冲突的合作体系，因而该社会需要正义原则指导和决定不同的利益分配方式，做出符之正义的社会安排。其目的是保证合作互惠，使得最少受惠者可以自足地过上有价值的生活，并且继续参与社会合作。

然而，在国际社会，正义主要用于规范人民之间的平等关系，正义的世界是每个人民都建立一个合理的自由宪政（或合宜的）体制，并由此组成平等的万民社会。因此，罗尔斯认为，建立并维持自由（合宜）的制度不需要大量的财富，因而不用单纯地增加各个社会财富的平均水平。而且，如果所有人民（社会）都可以建立自由（合宜）政府，这将保证人民间的关系平等、人民独立和人民自决，实现政治自治，这足以满足世界正义的要求。所以，他反对贝兹的"资源再分配原则"和"全球分配原则"、博格的"全球差别原则"，以及任何版本的正义全球化原则。

最后，罗尔斯肯定社会间不平等的合理存在，认为正义的世界不在于平等分配财富。在国际社会，罗尔斯讲的正义不是与资源、财富、权利或权势相关的分配正义，而是国家间的关系平等。当人民间的财富不平等不影响其独立自治和人民之间的平等关系时，它就是正义的。菲利普·佩蒂特（Philip Pettit）指出，罗尔斯认可一种人民与他们的成员之间以及人民与其他人民之间的本体论，该本体论不支持一个人民和另一个人民的成员之间有同样正义

---

① 张国清：《〈正义论〉评注》（上），第92页。
② 张国清：《〈正义论〉评注》（上），第89页。

的关系。① 罗尔斯对两种不平等置之不理。一是不同国家的公民之间有不同的政治经济生活水平。罗尔斯认为，哪怕是一些人处于非常贫困状态，或者处于非民主统治之下，其国家公民之外的人没有理由以分配正义来纠正他们在社会和政治方面的不平等。只有改变内部制度才能实现社会正义，单单靠跨国分配资金和资源不足以做到这点。二是不同国家间持有不同的资源和财富总量。因为一个国家的生活状况主要受制于自身的政治文化，即"其成员的政治及市民德性"②，国家间的财富和自然资源不平等是合理存在的。因此，正义与国家间的资源或财富平等分配无关。

对罗尔斯来说，他在《政治自由主义》和《万民法》中主张只要世界上每个国家能够提供社会最低保障就足以保证这些社会公民的基本自由，用于自由社会经济体系的差别原则不用再为这些社会提供政治合法性，一个正义的万民社会也不必通过差别原则来结构化其经济。③ 罗尔斯的世界正义图景是各个社会正义的加法概念。这一正义的图景预示着，它既与世界主义最终关怀的个人福利无关，又使得我们没有理由减少不同人民间财富的差距、在人民间实践世界主义式的分配正义。

三 贡献与局限

人民道德观是罗尔斯全面而重要的国际理论，是他思考合理的人民如何和平、稳定、平等地生活在一个正义世界的结果。他以更加道德化的人民概念为我们反思以国家利益为准则的现实主义提供了理论启示。然而，在资本主义全球化时代，探讨全球正义和实现人民内部的社会正义问题同等重要。全球正义将寻求实现各国交往公平正义的国际环境和个人福祉充分发展的规范性和事实性可能，其落脚点不仅在人民或民族国家这类集体概念上，而且在个体福利的正向增长上。从这个角度讲，世界主义以个体的权利和利益为最终目的，认为保障个体权利和兑现个体利益不只是一国内政外交的问题，更是人类需要共同协商解决和处理的正义议题，更具有理论期待。与之相比，

---

① Philip Pettit, "Rawls's Peoples", in Rex Martin and David A. Reidy eds., *Rawls's Law of Peoples A Realistic Utopia?*, New York: Blackwell Publishing, 2006, p. 54.

② John Rawls, *The Law of Peoples with "The Idea of Public Reason Revisited"*, Cambridge, MA: Harvard University Press, 2002, p. 117.

③ Samuel Freeman, "The Law of Peoples, Social Cooperation, Human Rights, and Distributive Justice", *Social Philosophy & Policy*, Vol. 23, No. 1, January 2006, p. 30.

罗尔斯的哲学探索难以为当前全球社会政治实践做出理论证成，其"现实乌托邦"本质上是已经消失的"威斯特伐利亚式的世界"①。

首先，我们必须承认合理的多元主义。罗尔斯对合理多元主义的强调是正确的。罗尔斯在《正义论》中表明，适用于任何事物的正确调节原则，取决于该事物的性质，不同的人有着不同的目的，这种多样性是诸多人类社会的本质特点。② 在国际社会中，不同的人民也有不同的目的，每个人民的政治、文化、经济特征和道德本质都存在差异，国际社会有自身的性质和相应的调节原则。因而，罗尔斯要求尊重这种差异性，并认真探索国际社会的性质，找到符合国际社会的正确规则。

正如第二章表明的那样，当代世界主义的全球正义观念不一定是一元论，全球正义可以与合理的多元主义相容。我们应谨慎地发展多元论的全球正义理论。全球正义试图在国际层面建立的道德体系和罗尔斯所强调的人民（社会）之间的差异是不相违背的，相反，它主张在尊重人民的差异和内部生发的道德义务的基础上，再叠加一层不同的道德要求。当然，我们不一定拒绝世界主义立场，但是必须反对贝兹和博格对国际、国内做出的类比和得出的推论结果。毕竟，当前的国际制度秩序并不是类似于国内的社会基本结构，也不产生全球分配和差别原则。罗尔斯的差别原则有其制度性的前提条件，无法简化应用于国际社会。我们应当积极探索适合国际多元主义的全球正义道德体系和制度规范。例如，马蒂亚斯·里塞（Mathias Risse）总结了五种正义的基础和理由，包括一个国家的共同成员、世界社会的共同成员、共同的人性、人类对地球的集体所有权，以及全球贸易体系的共同参与。这些理由分别与不同的分配正义原则相关联。"全球正义的整体理论产生于对这些理由的探索，以及对它们如何承担不同的全球正义责任的评估。"③

其次，罗尔斯在拒绝全球正义的同时，确实发展了比当前流行的国际正义观更为严格和积极的国际义务理论。通过罗尔斯的阐述，我们意识到，一

---

① Allen Buchanan, "Rawls's Law of Peoples: Rules for a Vanished Westphalian World", *Ethics*, Vol. 110, No. 4, July 2000, p. 721.

② 张国清：《〈正文论〉评注》（上），第169页。

③ Mathias Risse, *On Justice: Philosophy, History and Foundations*, New York: Cambridge University Press, 2020, p. 246.

个更加道德化、正义化的世界是可取的。罗尔斯提倡的人民道德主张在规范性的意义上更加优于民族国家中心论和国家利益至上论。他所确立的自由（合宜）人民合理的道德特质及其表现出来的国际宽容、尊重、关系平等和公平合作原则，对于我们处理一些国际问题具有现实价值。如弗雷曼所说："《万民法》不是关于全球正义的一整套理论，不像全球正义那样用于处理产生于当前世界的各种难题。相反，它是作为政治自由主义的一部分而提出的，为了一个组织良好的自由社会的外交政策而提供相应的原则。"[1] 罗尔斯指明，实现世界正义的着力点在自由（合宜）人民及其国家合理的外交政策上。他提出的万民法诸原则试图扮演规范国家对外行动正当性的角色，要求发达国家履行更为严格的和积极的国际义务，比如不干涉、战争限制、保护适当人权、援助负担型社会等。

特别考虑到罗尔斯对援助义务的要求——自由（合宜）人民通过援助义务帮助负担社会变得组织良好，他的目标比普遍流行的国际人道主义更高、所提出的义务更为积极和严格，它甚至不可避免地涉及超越国界的财富转移，例如大量的财富、技术、自然资源等的转移。贝兹指出："《万民法》最大的贡献在于它在非理想世界提出了重要的国际分配要求——尽管它并不像世界主义理论那样要求严格，但是它也确实要求富裕国家现在或不久的将来要做更多。从这个意义上讲，这个理论也是相当激进的。"[2] 它是可以合理取代世界主义的差别原则的宏大计划。

总体而言，罗尔斯的国际正义观念对各个国家更为合理的外交理念、政策和行为提供了一定的借鉴参考作用。和世界主义者一样，罗尔斯的承诺将推动我们建设一个更加和平美好的世界。

最后，当罗尔斯把平等的对象指向人民而不是个人时，他关于世界上国家、人民、个人之间的关系不符合21世纪现实情形。在国际社会，罗尔斯看到的只是道德化的人民，以及人民间的平等关系。个体的人及其平等的正当性要求被人民概念过滤了。罗尔斯反对自由平等主义的国际实验，确实忽视了21世纪人类深度交往格局和国际经验事实。国际不正义没有为人民及其组

---

[1] Samuel Freeman, "The Law of Peoples, Social Cooperation, Human Rights, and Distributive Justice", *Social Philosophy & Policy*, Vol. 23, No. 1, January 2006, p. 33.
[2] Charles R. Beitz, "Rawls's Law of Peoples", *Ethics*, Vol. 110, No. 4, July 2000, p. 694.

成的万民社会留有余地。全球经济秩序、全球灾害共同体、人权共识、资本主义全球化等事实重新构造了国际秩序和格局,改变了国家发展和交往模式。在当下充满诸多不确定因素和风险危机的时代,国与国之间的壁垒、冲突、纷争更难以解决,人与人之间的不平、不公和不义更引人瞩目。

1. 罗尔斯关于人民道德的设想不符合非理想化的国际现实。万民社会的前提是人民及其组成的社会间相互独立,充分自主,每个社会对其人民负责。贫困或者富裕的原因只取决于内在因素。但是,21世纪全球化趋势带来一体化,人们交往密切且相互依赖,人民及其国家之间相互影响,其是否政治自主和社会富裕不仅取决于内在因素,也受到国际环境的制约。当前显著的国际特征是深度交往、相互依赖和相互影响,具体表现在全球经济秩序、全球灾害共同体、人权的国际共识、全球资本主义等事实之中。

第一,国际社会存在一个具有广泛影响的全球制度秩序。它是指由国家、政府、国际组织、非政府组织及其他利益相关者组成的国际社会网络,以及在全球化进程中建立的国际机制和规则体系。它主要表现为全球合作体系。贝兹、博格和艾伦·布坎南（Allen Buchanan）等人把它视为一个类似于国内社会基本结构的全球基本结构。布坎南指出:"全球基本结构的要素如下:区域和国际经济协定（包括关税与贸易总协定、北美自由贸易协定和各种欧盟条约）、国际金融制度（包括国际货币基金组织、世界银行和管理货币兑换机制的各种条约）、日益全球化的私人产权体系（包括随着技术在全球传播而日益重要的知识产权）,以及一套国际和区域法律制度与机构。"① 它将决定和影响所有国际主体的前景,包括个人、民族、少数群体、人民及其国家。也有人把它视为一个全球强制体系,因为它以资本主义全球化和发达国家的主权权力为力量,迫使每个国家和个人广泛参与其中。无论是全球合作体系还是全球强制体系,都表明人们普遍受到一个跨国的国际制度秩序的影响。这种影响是广泛的,不仅影响国家之间的关系,而且影响国家之下每个人的生活条件和未来预期。无视对它的正义规范性要求,其后果是灾难性的。不正义的全球制度秩序最后会破坏人民间的平等以及人民内部的平等。

---

① Allen Buchanan, "Rawls's Law of Peoples: Rules for a Vanished Westphalian World", *Ethics*, Vol. 110, No. 4, July 2000, pp. 705–706.

第二,21世纪的另一显著特点是全球灾害共同体形成。全球灾害不仅包括自然灾害,如全球气候变暖、重大传染疾病、海洋污染、地震等,还包括人为灾害,如金融危机、军事战争、核威胁等。这些灾害是全人类面临的共同威胁,不论国界、地域、种族、宗教信仰等差异,所有人类都会受到影响。全球灾害的出现让人们更加意识到自己与他人的依存关系,更加认识到自身行为的影响范围,从而改变人们的思考方式。一方面,它促进人类形成一个更加紧密的共同体,人们不仅关注自身利益,而且关注全人类整体利益。另一方面,这些灾害对一些国家造成不良后果,它们导致一些国家陷入贫困或者发展缓慢,从而阻挠它们成为一个持续政治自主和组织良好的社会。也有一些国家因此把自我利益置于优先位置,把自我保存视为优先选择。它们加剧了国际社会的利益冲突和纷争。

第三,在人民及其国家之外,个人和个人权利也成为全球公共文化的重要内容。莱夫·韦纳尔(Leif Wenar)为罗尔斯辩护道,全球公共政治文化是国际性的,而不是人际的,国际政治制度和法律体系都认为自由平等的是人民,而不是个人。① 换言之,罗尔斯从全球公共文化中寻找到的普遍共识是人民以及人民间的平等,这一思想基础才能产生所有人接受的全球秩序原则。

但是,关于个人与个人权利的观念已经成为全球公共政治文化的重要部分。吉莉安·布洛克(Gillian Brock)指出:"在全球公共文化中,已经有一股强烈的世界主义倾向,赞同个人应被视为自由和平等的个人的权利。"② 它具有广泛共识的基础,可以作为事实性材料来构建合理的理论。国际社会一方面通过主权国家广泛宣传和教育普及人权观念,在国际社会缔约相关法律条款,组建保护组织;另一方面通过小说、电视、网络、新媒体等现代技术手段展现个人的悲惨生活与不公遭遇,引起全世界人民的情感共鸣和物质支持。个人的道德重要性无法被人民(国家)所取代或稀释。从这个意义上讲,世界主义者提倡全球正义的初衷,更多的是顾及个人所面临的饥饿、贫困、无家可归、没有尊严等丧失个人利益和权利的问题。无论是人民还是民族国家,集体概念作为抽象概念,难以把他者的苦难直接呈现在我们眼前,难以

---

① Leif Wenar, "Why Rawls is Not a Cosmopolitan Egalitarian", in Rex Martin and David A. Reidy eds., *Rawls's Law of Peoples A Realistic Utopia?*, New York: Blackwell Publishing, 2006, p. 103.

② Gillian Brock, "Recent Work on Rawls's Law of Peoples: Critics Versus Defenders", *American Philosophical Quarterly*, Vol. 47, No. 1, January 2010, p. 95.

激起我们对他者的同情和关切，难以促使我们关心那些某些处于不利境况的人的福祉。尽管民族国家依然是国际社会最主要的行动者，但是这不意味着我们对他人的关怀和伦理承诺会被民族国家或人民所过滤。世界主义令人称道的期许是，世界上所有人如我的同胞一样，应当实现道德的平等和权利的实现，不因地域、国籍、种族、资源条件而有根本区别。

第四，全球资本主义扩张同时改变了国内和国际社会的自由民主政治结构和社会经济关系。罗尔斯明显的一个错误是，他对世界相关事实的关注和全球正义的讨论"从规范上和因果上将资本主义排除在外"[①]。21世纪深度形塑国际格局和利益关系的事实是资本主义的全球扩张加剧。它主要表现为以下特征：①跨国公司垄断加剧和全球价值链形成：跨国公司通过跨国并购和产业链的分工，实现全球范围内的资源配置和生产，并控制了全球经济中的重要产业链和价值链；②新自由主义导向：自20世纪80年代以来，新自由主义政策在全球范围内得到广泛实施，包括财政紧缩、放松管制、私有化、自由贸易等措施，市场全球化向纵深方向发展；③国际资本力量增强：国际资本在全球范围内自由流动，金融资本逐渐超过实体资本的重要性，成为财富积累密码；④数字资本主义全球化：如人工智能、物联网、云计算等数字技术系统性重构资本主义的生产方式和劳动方式，使得剥削和劳动异化等问题更为隐蔽。资本主义全球扩张的消极性后果不仅危及国内自由民主政治和社会经济的发展，而且造成世界范围内显著的地区间、阶层间和国家间的不平等。

从历史上看，资本主义全球化就伴随着帝国主义侵略行径和殖民活动，使得一些国家和地区长期遭受资源掠夺和剥削、人口流失和奴役、疾病传播和人口锐减、社会组织和文化传统破坏、战乱和动荡。这些灾难使得许多落后国家与地区沦为深度贫困和落后状态，持续处于发展不利的境地，需要进行长期的恢复和发展。从当前全球资本主义扩张趋势来看，它是以新自由主义、市场和利润为导向的资本主义。它产生了极大的全球不平等，特别是在富裕阶层和贫困阶层之间的财富差距上。全球富裕阶层从资本主义全球化中

---

① Jiwei Ci, "Thinking Normatively About Global Justice Without Systematic Reflection on Global Capitalism", in Thom Brooks ed., *The Oxford Handbook of Global Justice*, New York: Oxford University Press, 2020, p. 492.

受益，占据了资本投资回报优势，获取了最大利润。和贫困阶层相比，富裕阶层获得了更多好处以及更多占有这种好处的机会。慈济伟表示："人民的乌托邦"一开始就注定要失败，因为他对自由民主及其道德潜力的理解和评价不够现实，"罗尔斯将自由民主从资本主义中分离出来，或者更一般地说，将政治制度从生产方式中分离出来，这是一种乌托邦式的分离"。① 按他的话说，自由人民的政治结构不能够抑制资本主义固有的无限扩张主义倾向，资本主义对市场和利润的渴望永远在国内正义和全球正义的考虑之上，因此，"在自由民主国家内部环境中日益恶化的不公正现象，与在全球环境中日益严重的不公正现象，不仅同时出现，而且密切相关"②。

这些非理想的事实表明，自由和合宜人民组成的世界是不可能的"乌托邦"。一个复杂的国际经验事实体系正深刻改变人民间关系，影响每个人的利益和福祉。国际社会没有出现任何一种符合罗尔斯所设定的自由或合宜人民的萌芽样态。罗尔斯预设自由人民的实现可能性，暗示美英等国可能发展为充分自由民主的人民。但是，囿于资本主义和社会不正义的结构性问题，美英等国已然离罗尔斯的设想相去甚远。国际社会也未能如愿地进入万民社会。实际上，在可能的"万民社会"，它有着多种多样的处于不同的文化、价值和政治经济制度之下的人民。由于人类危机的频发，利益和诉求的多元性，以及制度和文化的多样性，国家间的利益纷争和价值冲突成为常态。罗尔斯的人民道德观念难以解决国家间可能存在的制度、利益和价值冲突。

2. 罗尔斯为自由（合宜）人民设定的保护人权和援助义务看似简单，实则存疑。对罗尔斯而言，帮助负担型社会实现人权保护和政治自主并不需要大量的财富，因而不用单纯地增加各个社会财富的平均水平。这一义务更像遵循完美的和严格的人道主义。但是，他关于适当人权的内容、其道德基础、援助目的等论述尚有疑点，导致援助义务的实践效力下降。

第一，罗尔斯的人权观和所列的清单存在问题。它只在乎个人的生存和

---

① Jiwei Ci, "Thinking Normatively About Global Justice Without Systematic Reflection on Global Capitalism", in Thom Brooks ed., *The Oxford Handbook of Global Justice*, New York: Oxford University Press, 2020, p. 492.
② Jiwei Ci, "Thinking Normatively About Global Justice Without Systematic Reflection on Global Capitalism", in Thom Brooks ed., *The Oxford Handbook of Global Justice*, New York: Oxford University Press, 2020, pp. 491–494.

安全问题,却忽视让他过上好生活的可能性。就与个人福祉相关的权利而言,它规定的权利内容过少。良心自由、民主自由的政治权利、社会经济权利等都不在其中。罗尔斯试图以一个有限且简单的权利清单来确保其普遍性和操作性。他认为民主自由的政治权利和平等的社会经济权利是自由主义社会的人权,不具有广泛性,而他的适当人权子集是所有国家的人权的交集,非自由民主国家也会接受并保护这些权利。他表示该人权观不会使得一些非自由民主国家受到自由民主国家在价值观上的压迫,可以最大限度地实现国际宽容和不干涉。

关于罗尔斯的人权主张总是存在争议。除舒伊和内格尔等学者更支持基本人权观之外,近年来,越来越多的人主张更加丰富的人权内容。约翰·塔西奥拉斯(John Tasioulas)提出秩序良好的人民应该遵守国际正义的更严格的要求,包括"一项获得适当生活水平的人权"[1]。从森关于民主与预防饥荒、自由与权利相关讨论来看,与自由、民主政治有关的权利也是非常重要的人权。[2] 如果以政治自主为援助目的,那么在确保人们的生存权以外,适当人权也应包括民主自由权利和社会经济权利。我们需要以此制定更广泛的人权清单和功能。人权不仅有提供干预合法化的功能,还有推动公众政治参与、提升国民教育、维护个人尊严等功能。

若以罗尔斯简化的人权清单来为国际宽容划定标准线,我们会忽视或纵容一些国家对其成员的其他人权的侵犯,默认甚至支持该国内部的社会经济不平等。谭批评罗尔斯主张对合宜社会的宽容实际上"没有为合宜社会中的个人提供足够的保护"[3]。确实,有一些国家没有充分实现其公民的民主自由权利和平等的社会经济利益,而国际社会在支持和纵容许多国家以人民名义而实施国内不正义。例如在博格提出的国际借贷和资源贸易特权中,很多贫穷国家的领导人为了私利,对本国自然资源进行买卖,或者向富裕国家进行借贷,但是这种买卖或借贷大大加重了人民的负担,损害了个人的权利和福祉。

---

[1] John Tasioulas, "Global Justice Without End?", *Metaphilosophy*, Vol. 36, Nos. 1/2, January 2005, p. 22.

[2] [印]阿马蒂亚·森:《正义的理念》,王磊、李航译,中国人民大学出版社 2012 年版,第 305—343 页。

[3] Kok-Chor Tan, "The Problem of Decent Peoples", in Rex Martin and David A. Reidy eds., *Rawls's Law of Peoples A Realistic Utopia?*, New York: Blackwell Publishing, 2006, p. 85.

第二，罗尔斯提出的适当人权观缺乏普遍的道德基础。虽然他所规定的人权是自由人民是否干涉的标准，但在自由（合宜）人民之外，其他非自由、非合宜社会可以在多大程度上接受适当人权，尚无定论。以适当人权为自由人民提供干涉或不干涉的正当性理由，这一点是非常大的理论疑难。在罗尔斯这里，人权规范来自人民的道德特征，它是自由人民外交的行事原则，不基于某种普遍性的道德基础，各人民间也不用就此达成一致意见。但是，如果人权缺乏更为普遍的个体式道德基础，也就没有坚实的根基和被广泛接受的可能。即便人权单纯依赖于自由（合宜）人民内生的政治道德，没有这种政治道德基础的人民依然很难接受尊重和保护适当人权的观念。因此，罗尔斯的适当人权观念需要一个更基础的推理层次和道德理由，例如指向个体的善、福利或自治的道德状态等。他需要充分证明适当人权原则适用于所有人民（不论是否自由和合宜）。

第三，援助义务的目的并不如罗尔斯所设想的那么简单和易于实现。除了罗尔斯规定的适当人权以外，个人获得良心自由、民主和自由等政治权利、社会经济权利都与该社会实现政治自主密切相关。援助义务事实上有更高的要求，需要高度的承诺和大量的付出。例如，对负担型国家进行援助需要转移大量的超越国界的财富、技术、资源，从而帮助其建立经济基础设施、卫生服务体系、公共文化服务和自治政府等。这项援助"相当于建立一个新的世界秩序的马歇尔计划"①。因此，罗尔斯设定的分界线要求过低。如果综合所有的影响因素来看，特别由于全球灾害和资本主义的影响，一个被援助后变得政治自主的国家也有可能重新陷入不良境地，例如它受到了国际金融危机的冲击，或者是经受重大的地质灾害。我们很难保证援助义务有明确的完成目标和中止点。雷克斯·马丁（Rex Martin）为此修正了罗尔斯设定的援助义务的"中止点"，以此容纳罗尔斯援助义务受到的质疑。一是由于全球生态环境和全球市场的多变性给国内政治文化带来的不稳定性，援助将是长期持续的；二是负担型社会还受到它与其他社会的不公平的互动关系的影响，我们需要保证国际公平贸易；三是负担型社会的不利条件还包括帝国主义（殖

---

① Rex Martin, "Rawls on International Distributive Economic Justice: Taking a Closer Look", in Rex Martin and David A. Reidy eds., *Rawls's Law of Peoples A Realistic Utopia?*, New York: Blackwell Publishing, 2006, p.238.

民主义）的遗产或任何先前的经济剥削历史，它们可以要求赔偿或（对已造成的损害）补偿。①

第四，自由（合宜）人民没有积极履行援助义务的有效动力。罗尔斯主张一个自由（合宜）人民应在"合理"的外交政策的引导和帮助下履行援助义务。但是，援助义务只是一项可选择的外交政策，即使负担型国家因为天然的不幸而需要帮助，自由（合宜）人民也没有任何规范性理由来敦促自己尽责地承担这一义务。贝兹曾说，罗尔斯可能在这个问题上有两种回应。一是自由正义的制度本身才是价值，已经拥有这一制度的人民愿意为保有和推广这种价值而做出努力。二是为了万民社会的民主和平与稳定性，自由（合宜）人民尽可能地帮助负担型社会。但是，若从第一个理由看，这一援助义务背后隐藏着价值灌输和制度输出的意识形态功能，极容易违背罗尔斯的合理多元主义和宽容要求，掉入西方霸权和西方价值中心论的一贯逻辑，从而破坏人民间的独立性和平等关系。若从第二个理由看，罗尔斯强调援助的目的是帮助负担型社会成为政治自主或组织良好的社会，而不是自由（合宜）社会。那为什么不通过援助使得它成为自由或合宜社会呢？毕竟后者更具有稳定性。面对这些质疑，罗尔斯只有如下论述："因为人民之间的合作快速发展，他们之间的亲和力也变得更强。因此，他们不再仅由自利所驱动，而是相互关心对方的生活和文化，愿意为彼此牺牲。这种相互关心源自他们长期卓有成效的合作努力和共同经验。"② 若从自由（合宜）人民与负担型人民之间历史合作的事实来看，它也有可能产生基于合作的全球平等原则，而不是援助义务。因此，罗尔斯在这个问题上是较为含糊的。

第五，人民道德观念不能解决多元世界中的国家间价值冲突。如罗尔斯所说："《正义论》与《政治自由主义》都在试图说明自由社会的可能性。而《万民法》则希望说明一个由自由与合宜人民组成的世界社会的可能性。"③ 虽然罗尔斯强调他所想要表达的是合理多元主义，要从世界多元主义的现实

---

① Rex Martin, "Rawls on International Economic Justice in 'The Law of Peoples'", *Journal of Business Ethics*, Vol. 127, No. 4, April 2015, pp. 748–749.

② John Rawls, *The Law of Peoples with "The Idea of Public Reason Revisited"*, Cambridge, MA: Harvard University Press, 2002, p. 113.

③ John Rawls, *The Law of Peoples with "The Idea of Public Reason Revisited"*, Cambridge, MA: Harvard University Press, 2002, p. 6.

出发去理解万民社会和万民法诸原则,但是问题正在于此。多元世界意味着它不只是自由和合宜人民组成的世界。按照罗尔斯的人民道德观,在自由(合宜)人民之外,其他的人民就不值得尊重和宽容么?罗尔斯万民法理论的主题实为给正义自由人民的外交政策选择合情理的指导原则。他对世界正义的思考主要是为自由人民设定合理的外交政策,而不是从全球视野去关心各个人民间、个体间或者国家间关系,思考各个国家(人民)内在的和共同的价值理念。罗尔斯没有论证其他非自由(合宜)人民的外交政策应该接受什么原则,没有证明为什么非自由(合宜)人民应该被动接受自由(合宜)人民的道德心理和外交政策。归根结底,人民道德观念还带有浓厚的西方民主自由价值,遵循西方中心论治世逻辑,是西方自由和人权一元论的变相表达。其结果是,各个不同制度的国家依然面临着国家间的价值冲突,发展中国家依然会受到发达国家的价值灌输、排斥和外交倾轧。

总之,在国际社会,以集体而非个体为对象的全球策略不能回应我们对个体的平等关切。当罗尔斯面向国际社会时,他对国内公民的个体主义关怀转变成人民平等观念。尽管他自我辩解为遵循国内、国际两种不同的情形,但是他在人民道德和个体主义之间做出结构性的区分,在国际层面上的理念和行动没有同等地考虑所有人的福祉。在国际社会,我们同样希望实现每个人的道德平等和福祉改善。这种福祉除了包括所有人都需要的基本生存品以外,还涵盖如健康、教育、自尊、更好的生活期望、更多的发展机会等丰富的内容。根据上述国际事实情形,不考虑国家之间的社会经济平等是不合理的。事实上,显著的国际社会经济不平等不仅会影响人民间平等的关系,而且还干涉人民内部的政治自主,抑制其增进福祉和过上有价值的生活。严重的财富不平等会转变成权力的不平等,这尤其体现在发达国家和发展中国家之间的繁荣水平差距和由此导致的权力不对等关系之上。

21世纪以后,通过全球化和互联网、电视、书籍、自媒体等现代传播技术手段,我们深深感受、了解和依赖彼此,进入了一个更加富有同情心和共情力的时代。这不仅因为我们拥有人的共同属性,而且因为我们的紧密联系和相互依存的互动历史与现况。当全球不正义以贫困、饥荒、流离失所、收入低微等形式出现在我们眼前,我们直面诸多的个人苦难与不幸。仅仅因为国籍不同,一部分人比另一部分人更为贫穷、卑下、不利,这是我们在道德上无法接受的不公平与不正义。世界主义倡导全球化正义原则,特别是差别原则,乃是因为它是一个利益共享原则。我们确实需要一个高度利益共享的原则来规制国际制度秩序和分配结构。在命运高度共同的21世纪,若有优势的社会阶层照顾到社会弱者的利益,人类可以实现国际社会的和平、发展、安全与稳定。

第二节 戴维·米勒的全球正义批评

戴维·米勒是关于全球正义非常重要的批评者。他较早从自由民族主义的角度抨击世界主义,与世界主义者进行了一系列论战。西方学界也形成热门的"世界主义和民族主义之争"。戴维·米勒从民族认同角度进一步补充和解释民族国家及国家边界的重要性。他认为,正义规范(尤其是分配正义)依赖于民族认同和集体忠诚,我们对外国人没有像对民族同胞那样的正义义务。

一 戴维·米勒的民族认同理论

民族主义与认同和想象、疆界和国籍有关。本尼迪克特·安德森(Benedict Anderson)提出著名论断:民族主义是一种文化现象,是人们想象出来的共同体。他认为,民族主义是人们共同的历史、文化、语言等想象的结果,并不是一种真实存在的实体,人们通过自己的民族认同来寻求身份认同。埃里克·霍布斯鲍姆(Eric Hobsbawm)进而表示,民族主义先于民族而存在,民族乃是通过民族主义想象得来的产物。[①] 作为一种思想观念,甚至是精神信仰,民族主义的特征是强调一个民族的认同、忠诚与团结。因此,民族主义兼有积极和消极形式,它可能对民族团结和社会和谐产生正面影响,也可能引发民族内的分裂和冲突,甚至是国家间的摩擦和战争。

从积极方面看,民族主义可以激发人们的感情和归属感,形成一种身份认同。民族主义视民族文化、历史和传统为神圣不可侵犯,引导人们对本民族产生强烈的认同感和忠诚度。民族主义支持民族的道德价值,教导人们保护和传承民族的文化、语言、历史和传统,守护其自我认同和民族自尊心,优先保护民族和同胞的利益。它也支持民族主义运动,帮助解放被压迫民族

---

① [英]埃里克·霍布斯鲍姆:《民族与民族主义》,李金梅译,上海世纪出版集团2006年版,第8页。

并为他们争取更多的权利和自由。从消极方面看,民族主义通常认为一个民族的利益高于个人或其他民族的利益,这便要求人们高度忠诚甚至做出牺牲。在某些情况下,民族主义可能会危害到个人的生存和自由。它可能导致政府和公民采取限制他人自由的行动,一些由民族主义主导的国家为保护本地主要民族的利益,可能会限制本地少数民族成员的权利和利益,或者妨碍本民族对其他民族的尊重与关心,更甚者会产生对他族的排斥、仇视或歧视。

在两次世界大战后,民族主义便不受欢迎。20世纪末期,在不断加速的全球化进程中,民族的界限逐渐淡化,民族主义不断受到质疑和批评。人们反思民族主义的消极后果,警惕民族主义的政治化和军事化,反对唯民族利益至上论和由此发动的民族战争。民族主义特别受到自由主义的严厉批评。自由主义者主张个人的自由和平等,在他们看来,民族主义对民族优越性和独特性的强调,是民族分裂、种族冲突、政治不稳定、人权侵害和极端主义的诱因,因此这是一种非理性的信仰,与自由主义的价值观相抵触。

20世纪末,耶尔·塔米尔(Yael Tamir)提出自由主义民族主义,为调和自由主义和民族主义做出尝试,并将"民族"概念建立在文化的基础之上。她认为,民族文化和民族义务具有特殊性,随之产生对于民族同胞的特定责任。而这种责任更多地促进民族的生存、发展和文化义务,而非政治义务;自治和民族自决的权利更多的是文化权利,而非政治权利。① 戴维·米勒也试图阐释自由的民族主义。他兼顾民族主义文化维度和政治维度,重新阐释民族的伦理性和政治道德,强调民族认同的重要性。他将民族描述成"日常的公民投票"以及"它的存在依赖于其成员彼此归属并希望继续一起共同生活的共享信念"。② 民族认同具有由共享信念和相互承诺构成、在历史中绵延、在特征上积极、与特定地域相连、独特的公共文化的特质。这五个特质使民族认同区别于其他认同,并产生不同于其他认同的民族性道德和政治义务。

1. 民族历史巩固民族的伦理特征。民族历史体现世代之间义务的延续性,强化当代人与其同胞之间的历史义务和牺牲精神。戴维·米勒指出:"求助于过去共同体的某一部分为他人所做的牺牲,来支持他们现在对彼此提出的要求。"③

---

① [以色列] 耶尔·塔米尔:《自由主义的民族主义》,陶东风译,上海社会科学院出版社2017年版,第63—69页。
② [英] 戴维·米勒:《论民族性》,刘曙辉译,译林出版社2010年版,第23页。
③ [英] 戴维·米勒:《论民族性》,刘曙辉译,第42—43页。

他所言的这一"要求"即为他人牺牲的要求和义务。他也认为民族历史中的神话因素对此起了重要作用——"它们提供使人恢复信心的事物,即如今构成其部分的民族共同体深深扎根于历史,世代之间体现一种真实的延续性;它们发挥一种道德教化功能,把我们祖先的美德举到我们面前,并鼓励我们不要辜负他们。"① 在民族共同体中,同胞间的义务不仅来自他们当前的合作事实,而且来自历史认同和历史义务。而历史义务能增强当代义务,祖先为彼此牺牲的美德为当代人提供付诸同等实践的道德参照物。

2. 民族同胞共享专属的公共文化。戴维·米勒强调,一个民族过去的历史和长期的政治讨论塑造了该民族专属的"人造物"②,即公共文化。民族的公共文化是指一个民族或群体共同拥有、了解和尊重的文化特征、传统、历史、语言、习俗等。这些公共文化元素是一个民族的核心身份特征,是民族凝聚力和团结的重要基础。公共文化的形成和传承不仅体现了民族的历史与文化遗产,也为下一代提供了文化认同和历史认同。通过公共文化,人们加强了对自我身份的认同,强化了作为同胞彼此的归属感、认同感和团结感,塑造了民族认同和民族团结。同时,公共文化也决定了民族同胞义务的具体内容。民族共享的公共文化促使民族同胞从团结的角度看待自身,决定了每个民族采取的具体正义实践的合法性。

3. 民族认同产生同胞偏爱。民族认同所产生的忠诚、牺牲和团结使我们产生他我之分、内外之别,这种差别深刻体现在文化心理、伦理义务和政治道德的差异上。民族认同使得同胞偏爱成为正当诉求,要求给予同胞特别的分量和特殊的关照,即"把哪些人视为共同体成员,而把另外一些人视为外来者"③。由于民族认同,同胞之间才产生和分享正义义务。"民族认同能够合法影响我们理解对其他人的伦理承诺的程度……通过承认民族认同,我也承认对同胞有着对其他人所没有的特别义务。"④

戴维·米勒指出,当民族界限和国家界限重合时,民族国家既形成正式的相互作用体制和合作框架,又建构了非正式的民族共同体。由于以契约方

---

① [英] 戴维·米勒:《论民族性》,刘曙辉译,第36—37页。
② [英] 戴维·米勒:《论民族性》,刘曙辉译,第26页。
③ David Miller, *Justice for Earthlings: Essays in Political Philosophy*, New York: Cambridge University Press, 2013, p. 159.
④ [英] 戴维·米勒:《论民族性》,刘曙辉译,第48—49页。

式达成的合作框架要求参与者遵循严格的公平和对等原则，这对正义的实现来说是难以为继的。而民族认同所具有的独特规范力量却能对实现和维系正义产生至关重要的作用。这种力量在于它支撑起正式的政治合作框架和再分配体制，以一种非严格而又可信的方式承诺、维系和确保同胞间彼此履行的正义义务，形成一种社会正义所需要的回报和互惠的信任基础。这种方式不是显性的强制政治手段，而是隐性的自愿情感忠诚。

当该合作框架是建立在共同体基础上之时，他是"我们自己人"这一认同感适度地调和了这种严格性。民族认同下的合作框架"可以基于松散的而不是严格的相互性，这意味着再分配要素可以建立于某种超越每个参与者的合理自利可能规定的东西之中"①。

第一，它由牺牲精神加持。因为历史和公共文化不言而喻的牺牲义务，同胞对彼此不会坚持严格的相互性，反而会给予对方更多的机会和资源，包括以再分配的方式满足他们的各种需要。正如安德森所说，民族通常激起深刻的自我牺牲精神。这是愿意为"自己人"做出牺牲，体现了大公无私的友爱。② 第二，它由信任支持。民族同胞之间的信任对于人们支持社会正义无疑具有特别重要的作用。"共享认同伴随着共享忠诚，这增强了对其他人会回报自己的合作行为的信心。"③ 由于认同感，每个参与者也与他人之间构成一种"信任基础"，即"相信"他人最终会以同样的方式回报自己。"因为共同体伦理有松散的相互性特征，一个做出行动去帮助群体中其他成员的人便能够获得这样一种想法的支持，即在不同情形中他可以期待自己是关系的受益者"，一个人给共同体成员的付出可以看作"他在帮助维持一系列他在某种程度上从中获益的关系"。④ 所以当大多数同胞无论自愿还是被迫参与该框架，他们都愿意遵守分配正义原则，维系这种获益关系和互利实践。这些因素最终都便利了同胞间互利实践，支撑了正式的政治合作框架和再分配体制。

二 戴维·米勒对全球正义的批评

像社群主义者沃尔泽、迈克尔·桑德尔（Michael Sandel）一样，戴维·

---

① ［英］戴维·米勒：《论民族性》，刘曙辉译，第73页。
② ［美］本尼迪克特·安德森：《想象的共同体》，吴叡人译，上海人民出版社2005年版，第137—139页。
③ ［英］戴维·米勒：《论民族性》，刘曙辉译，第92页。
④ ［英］戴维·米勒：《论民族性》，刘曙辉译，第67页。

米勒也认为民族国家是体现团结和忠诚的最佳场所。他怀疑全球共同体以及全球认同的说法，否认人们应该分担全球正义义务；主张民族自决、人权保护和人道主义。他对全球正义的批评依循社群主义。社群主义者反对罗尔斯式的个人主义，他也反对个人主义的全球化版本。社群主义者认为民族国家不具有道德优先性，批评世界主义个体主义作为单一的道德规范，认为它错误地评估共同体对于确证人之价值和意义的重要性，错误地对待内嵌于地方文化的特殊纽带和忠诚。

社群主义以共同体立论，认为在有地方共同体的情况下无法确证个体的全球性地位，全球正义没有认同和忠诚的共同体基础。在世界主义者想要超越所有的文化边界和共同忠诚之时，社群主义却明确区分了我们对共同体成员与其他人的道德义务之间的根本区别，强调共同体成员道德上的重要性和优先性。戴维·米勒认为，当民族、国家交叠时，民族国家的公民同胞身份是把政治共同体内个体之间的关系模式与全球层面人们之间的关系模式区分开来的关键因素。① 基于民族认同的民族性义务和基于公民身份的公民义务共同、支撑和强化了正式的合作框架以及参与该框架所要求的正义义务。"只有那些彼此有更强的认同的人们之间会提出这种正当性辩护，而不是那些仅仅同称为人类的人们。换言之，忠诚是分配正义的先决条件。当我们和他人都有一种共同体感的时候，我们希望和他们一起遵守那些所有人都可以接受的条款——正义的条款。"② 正义只出现于民族国家成员承认连带关系的共同体情景中。

而且，民族国家共同体是分配正义的唯一场所。戴维·米勒强调分配正义必须符合同意和动机两个必要条件。它们具体表述为：（1）针对分配益品、分配标准和分配原则，需要广泛的高度的共同理解和认同，在所涉人群中达成共识（一致性问题）；（2）寻求人们无法合理拒绝、愿意遵守的某种分配正义原则，提供其正当性证明（动机问题）。③ 在戴维·米勒看来，只有民族国家共同体可达成这两个条件，民族认同决定了每个民族采取的具体正义实

---

① ［英］戴维·米勒：《民族责任与全球正义》，杨通进、李广博译，第17页。
② David Miller, *Justice for Earthlings: Essays in Political Philosophy*, New York: Cambridge University Press, 2013, p.158.
③ David Miller, *Justice for Earthlings: Essays in Political Philosophy*, New York: Cambridge University Press, 2013, p.158.

践的合法性和可靠性。第一个条件由民族公共文化决定，第二个条件依赖于同胞认同和忠诚。民族认同于戴维·米勒而言是特殊的伦理情景和政治载体。在他这里，尽管人类社会存在不同层次、不同范围、不同对象的"圈子"，其中一些"圈子"之间甚至还分享某些共同特征，但没有哪一个"圈子"像自己所描述的民族那样鲜明、深刻、独特，没有哪一种认同可以达至民族认同那样的伦理承诺。

关于我们对非同胞的义务是什么这一问题，戴维·米勒进行了三个层面的回应。一是我们对一般人的义务主要是人道主义义务。二是全球化时代的国际正义原则主要是民族自决原则、人权保护原则和交易正义原则。三是民族共同体是履行人权保护义务的主体。

首先，我们对一般人有人道主义义务。我们对一般人的义务是承认和保护人权，即基本的人道主义义务。① 它基本符合舒伊所阐述的基本权利理论。霍布斯鲍姆曾说，民族主义树立了一种牢固信念，那就是民族同胞对在该民族之上建立的政治体所负有的政治义务将超越其他公共责任。② 民族主义伴随着同胞偏爱和同胞优先性，这可能促使人们仅关注同胞利益而不愿关心其他陌生人的基本人权，或者把保护人权置于自我民族利益之后。戴维·米勒试图改变这种民族主义的固有观念，认为人道主义义务相容于民族性义务，后者对于前者不具有排斥性。他表示，我们对一般人的普遍义务只是保护最根本层次的基本权利（例如保护人们免于饥饿），而这种保护的成本相对较小，且人们对于基本权利的观念往往趋同。这将减少援助的争议性和严格性——即使任何一个共同体中可用资源都是有限的，我们所理解的基本权利与其他人所需要的权利的优先性之间不会冲突，满足民族共同体成员的需要与尊重外来者的基本权利之间也不会冲突，对一般人的义务也不一定要让步于民族共同体内部的正义要求。

第二，全球化时代的正义不是社会正义的全球化，而是新的国际正义观念。在与世界主义进行长期的理论争论后，戴维·米勒承认全球化时代的新变化，接受"全球正义"一词，并赋予其新的内涵。

戴维·米勒希望："不给整个世界一个分配正义的强原则，而是给国内

---

① ［英］戴维·米勒：《论民族性》，刘曙辉译，第74页。
② ［英］埃里克·霍布斯鲍姆：《民族与民族主义》，李金梅译，第9页。

人一个弱的正义原则,我们所采取的好策略应该是强化民族身份,但是使得它也能积极地追求全球正义。也就是说,我们在建立国家目标时,以特定方式为全球正义做贡献应该是国家计划的一部分。"① 因此,他视"全球正义"为一个较为严格的国际正义概念,但它的要求与世界主义全球正义截然不同。他把全球正义理解为建立在民族责任基础上的国际正义观念。它包括三个原则:(1)民族自决原则,即基于民族认同和民族责任,世上各个国家能合理要求和实践充分的民族自主和自决。这是国际正义首要原则。(2)人权保护原则,即"世上其他人也可以以正义为名宣称享有一系列人权"②。但是对于人权保护的援助,即使外来者不伸以援手,他们也不必然在道德上受到指责。(3)全球交易正义,即在全球化中互动的民族国家、公司、个人等各方平等分享基于互动产生的收益和成本,但这一平等只应用于互动的结果,例如交易的各方对通过贸易获得的经济剩余享有大致平等的份额,而不是平等化各方的总体状态。③

虽然戴维·米勒使用了全球正义一词,但其思想仍在传统国家主义国际正义观限域内。他曾表示:"社会正义的原则通过制度应用于国家边界内部,这些制度足以保证权利、机会和资源通过诸如平等、应得和需求等相关原则进行分配。"④ 他反对任何形式的全球平等主义正义观,反对全球分配正义的提法。在他眼中,我们对一般人的义务也可以称为正义问题,但它不是社会正义的那种意义,不涉及分配正义。全球正义不是更大范围的社会正义,全球正义的原则和社会正义的原则截然不同。

第三,民族国家共同体依然是首要和主要的义务承担者。戴维·米勒强调:"考虑到一直在说共享认同在产生义务方面的作用,我们必须假设它首先落在权利享有者所属的民族和较小的地方共同体上。"⑤ 虽然他后期也曾希望

---

① David Miller, *Justice for Earthlings*: *Essays in Political Philosophy*, New York: Cambridge University Press, 2013, p. 182.
② David Miller, *Justice for Earthlings*: *Essays in Political Philosophy*, New York: Cambridge University Press, 2013, p. 172.
③ David Miller, *Justice for Earthlings*: *Essays in Political Philosophy*, New York: Cambridge University Press, 2013, pp. 173-174.
④ David Miller, *Justice for Earthlings*: *Essays in Political Philosophy*, New York: Cambridge University Press, 2013, p. 150.
⑤ [英]戴维·米勒:《论民族性》,刘曙辉译,第76页。

富裕国家能够承担更多的全球性责任（即干涉以保护他者人权，或者以交易公平为名放弃他们在国际协议中讨价还价的一些优势），但是对他而言，全球正义是国家关系间的正义，而国际关系首要的原则还是民族自决。

他强调民族性的两个原则，一是主张民族自决的重要性，民族无权干涉其他民族的内部事务；二是主张我们有保护我们同胞之基本权利的积极义务。第一条原则严格限制了我们保护非同胞基本权利的义务；而第二条原则则强调尊重和实现基本权利的义务首先在于同胞之间，因此我们对其他人的义务"只有在权利绝对不可能在民族共同体内部得到保护的地方"[①]。其中，"绝对不可能"是指在排除所有民族内部原因导致的一般人的最基本权利受损的情况下，或者是在十分极端情形中，民族共同体已经完全无力解决时，外来者才可以提供必要资源的义务。一方面，这一义务是次要的；另一方面，它也是"最弱"意义上的，即外来者如果不伸出援手，他们在道德上不必然要受到指责。

总的来看，戴维·米勒"尝试在为了每个人类个体幸福的世界主义关怀和接受特殊的从属与忠诚之间找到理论妥协"[②]，但是他的这一尝试依然无法应对我们面临的全球道德难题，我们有必要重新审查其民族主义和国际正义观念。

三　贡献与局限

戴维·米勒为理解民族主义和正义义务提供了许多深刻的见解，但是他的分析有诸多不详尽之处。他的民族认同理论在实际应用中也面临重重困难，并不能解决全球正义问题。

首先，民族认同只是一种文化认同，它是可以塑造和改变的。尽管戴维·米勒认为共同认同是自发演化的，其形成的过程是各个群体间公开竞争、所有部分公平输入的过程，但事实上，共同认同是相互影响的过程。很难说哪个民族及其认同是完全自然而然的。19 世纪以来的民族概念和民族认同大多是政治文化精英和普通民众互动的结果，是人们有意识地创造的。而且，当一个社会的统治阶层掌握了绝对力量，其观念态度往往能对其他群体产生

[①] ［英］戴维·米勒：《论民族性》，刘曙辉译，第 79 页。
[②] Charles R. Beitz, "Miller, David. *On Nationality*", *Ethics*, Vol. 108, No. 1, October 1997, p. 229.

更大的影响，统治阶层会有意识地建构民族主义的政治意识。这就很难言明各个社会阶层之间如何可能做到公开竞争、共同输出文化认同。因此，当我们承认民族和国家紧密联系的时候，或者说民族政治化的时候，我们认识到不存在自发演化的民族认同。

民族认同一直处于持续变化之中。我们同样可以与他人建构和共享其他信念，从而使自己属于另外的群体认同。换言之，当戴维·米勒不否认其他认同的存在，这也使得其所描述的民族及其认同缺乏确定性、独特性、唯一性和排他性。民族主义作为一个建构的现代概念，可以被其他概念所替代。霍布斯鲍姆指出："事实上民族认同通常都会和其他社会认同结合在一起，即使民族认同的确高于其他团体认同……民族认同及其所代表的含义是一种与时俱进的现象，会随着历史进展而嬗变，甚至也可能在极短的时间内发生巨变。"①

其次，民族认同不足以证明同胞正义义务的国界性或封闭性。戴维·米勒对于正义义务的国界性论证主要有两个论据。一是民族认同产生信念共享和回报机制，而这一机制对于人们履行正义义务是重要的。二是公共文化决定了一个民族共同体所采取的具体的正义内容和形式。首先，从戴维·米勒民族义务的讨论来看，正义是一种基于互信的互惠正义。那么重点不在于民族认同，而在于互信和回报机制。换言之，只要能够建立较为牢固的互信和回报机制的地方都能支持正义义务，所以民族共同体不是产生互信和回报机制的唯一场所。此外，戴维·米勒对公共文化和分配正义的解释也远不详尽。他解释道："公共文化是一套有关共同体性质的观念……在某种程度上，这种公共文化是政治讨论的产物，其传播依赖于大众传媒。"② 在他眼中，公共文化能引导大众就分配正义的标准、对象、原则等具体内容达成一致，就分配正义的正当理由达成共识。但是，戴维·米勒没有阐明公共文化如何能整合复杂意见使得人们达于一致的义务理解，以及它提供了哪种规范性要求使得民族同胞之间彼此遵守和履行这样的义务。如果公共文化是通过大众传播手段进行的政治宣传，那么根据这种手段可以进行更广范围的宣传。毕竟，大众传媒在国际社会的发展和传播同样非常快速，

---

① ［英］埃里克·霍布斯鲍姆：《民族与民族主义》，李金梅译，第11页。
② ［英］戴维·米勒：《论民族性》，刘曙辉译，第69页。

影响力度很大。

最后,民族认同已经不能解决当代人类面临的很多问题。戴维·米勒的民族理论面临着实践有效性问题。

1. 民族认同所要求的民族义务的特殊性往往意味着优先性,这将损害非同胞的利益,破坏更大范围的互信机制的建立。戴维·米勒希望"不同的人能够以友好竞争的精神追求他们自己的民族谋划,而没有人试图控制、剥削或削弱其他人的民族谋划"[1],他的理想并不切实际。在现实中,民族自决和不干涉的实现是相当有限的,我们通常能看到大国对其他弱小国家通过代理人战争、货币战争、贸易壁垒等手段进行操控和干涉。而且,民族认同可能伴随着极端爱国主义和极端民族主义,甚至引发民族仇恨和民族战争。民族是过去和未来的集体记忆和义务的"载体",它也是"危险"和"战争"的催化剂。民族历史会加强当代人的义务,将过去的悲剧诉诸当代人的情感,极容易引发新的悲剧。这是因为民族概念天然附加了民族历史恩怨,它极有可能引发民族仇恨、分裂和战争。希特勒对德意志民族的塑造、对犹太民族的迫害等都是典例。过度强调民族认同和民族义务都极易激发普通人野蛮的爱国情绪,使他们高估自己而蔑视对手,伤害别人而缺乏自省。这不利于形成人类友好团结的互惠精神和机制。

2. 最弱意义上保护一般人的基本权利在实践上相当有限。戴维·米勒认为,民族同胞之间有正义义务关系,非民族同胞之间只有基本的人道义务,即保护一般的人的基本权利。他表示,普遍主义对伦理范围的扩大主要基于非同胞最基本权利的考量,从基本权利的角度讲,保护这些基本权利只需要人道主义。民族同胞和一般人之间的冲突是可以调和的,保护这种基本权利的成本不高,也不会影响民族同胞内部的正义要求。但戴维·米勒对此过于乐观。事实上,时至今日,这些基本权利也没有通过人道主义援助得到实现和保障。若无法证明民族国家及其公民之间也存在此般互信和互助,那么对一般人的基本权利的保护就无从谈起,即便是他所提到的较弱意义上的资源帮助,也会因缺乏动力和标准而难以实现。诸如这类以民族共同体为核心的国际观往往忽视个体主义的利益需求和价值,漠视非同胞的权利,人道主义

---

[1] David Miller, *Justice for Earthlings: Essays in Political Philosophy*, New York: Cambridge University Press, 2013, pp. 192–193.

援助往往变得苍白而无力。例如，2011年叙利亚难民危机时，欧洲国家对难民的收容非常有限，大部分难民难以进入欧洲，其基本权利几乎得不到保障；2023年土耳其发生地震时，美国因过往纠纷而拒绝对土耳其进行人道主义救援。

3. 民族认同理论无法解决多种认同冲突问题。戴维·米勒试图赋予民族主义以自由价值，解决不同认同之间的冲突问题，证明民族认同和民族忠诚不是绝对的、排他的。他在《论民族性》中多次触及这个问题，却并未给出具体的解决路径。例如，他表示："任何特定的人可能不只是此种文化的参与者——家庭、族群群体或阶级每一个都可能充当文化价值的来源，它们与民族文化一起存在，且可能与它处于紧张之中。因此一个人的民族性远不是他/她可用的唯一文化资源。但是，它可能是一种重要资源。"① 他在强调民族认同的特殊性之时，想避免传统民族主义思想中所赋予的民族主义"非此即彼"的绝对性。他承认人可以同时属于多个民族并拥有多种民族认同，但问题在于他并未给出个体所属不同的群体认同之间产生冲突时该如何抉择的解决方案。举例而言，一个人在日常可以同时将自己当成牙买加人或者英国人，但当两国产生冲突而此人不得不做出二选一的判断时，他又将如何在情感和道德上做出选择呢？事实上，这一例子并非异想天开，它已成为当今拥有多种民族身份的人所普遍面临的道德困境。

在全球化进程下，一个稳定的全球共同体日渐形成。这一共同体恰恰支撑了在全球化时代的全球正义，为实现全球正义提供了条件。这种认知可通过以下两个层面而得。一是建构路径："二战"后各个国家或建立或参与的国际政治和经济体系建设、文化交流与融合、基本人类价值的普遍接受和实践等。二是解构路径：局部出现但具有世界性影响的难题、冲突、分裂。这两种路径相互交织，促进了人类彼此认同，希望自己和他人的福祉能得到平等的关切。

第一，民族认同是重要的，但是它不是绝对的和封闭的，而是开放的和可建构的。围绕民族和民族主义的争论虽然难以定论②，但建构主义提出

---

① ［英］戴维·米勒：《论民族性》，刘曙辉译，第86页。
② 昝涛梳理了学界对民族和民族主义问题讨论的基本看法，认为主要存在本质主义（原生论）和建构主义两种不同主张，他则试图调和二者，采取调和主义的方式。参见昝涛《现代国家与民族建构：20世纪前期土耳其民族主义研究》，生活·读书·心知三联书店2011年版，第11—16页。

了比本质主义更令人信服的论证。埃里克·霍布斯鲍姆（Eric J. Hobsbawm）表示，民族主义通过想象力产生民族，已经预设"民族"存在的各种情况。① 换言之，民族主义已经"预想"了民族认同。安德森、霍布斯鲍姆和厄内斯特·盖尔纳（Ernest Gellner）一样都遵循建构主义。霍布斯鲍姆曾指出一个"可信"的发现："对绝大多数人而言，我们无法预设他们的民族认同——如果有的话——必定会排斥或优先于其他社会认同。事实上，民族认同通常都会和其他社会认同结合在一起，即使民族认同的确高于其他团体认同，情况亦复如此。"② 民族认同可以和其他认同共存或结合，我们同样可以与他人建构和共享其他信念。与其说抛弃民族认同，不如说我们应尝试建构和共享其他层次、范围或内容的认同，以应对不同的问题与危机。例如，对于社区难题来说，我们要建构社区共同体；对全球化的世界来说，我们则要寻求世界认同或人类认同。这是一种伦理道德共同体，而不必是政治共同体。

第二，民族认同恰是建构更大范围的认同的良好媒介。谭表示，戴维·米勒所解释的民族认同、同胞之谊和民族共同体确实证明了它们可以促进社会正义，但是这并不代表它们将社会正义限制在了民族共同体之内，相反，它们增厚了共享情感和同胞亲情，为人们实现全球正义提供了情感基础。③ 戴维·米勒的民族认同思想——一个由情感认同和正式制度共同支撑的正义图式——为我们提供了方向指引和路径启示。思考如何做到这一点非常重要，因为它将表明构建跨民族的全人类的认同是可能的。在戴维·米勒所描绘的一种普遍的共同体的伦理图景中，忠诚和团结是核心要素。与其说正义与民族认同密切相关，不如说正义与忠诚、互信、共享的情感和信念密切相关。"共同体纽带是彼此互不相识且不能直接监督彼此行为的个人之间信任的重要纽带，我认为这一点在事实上是不证自明的。共享认同伴随着共享忠诚，这增强了对其他人会回报自己的合作行为的信心。"④ 但是需要质疑的是信任在多大范围内是存在的和有效的。当戴维·米勒说"信任可

---

① ［英］埃里克·霍布斯鲍姆：《民族与民族主义》，李金梅译，第9页。
② ［英］埃里克·霍布斯鲍姆：《民族与民族主义》，李金梅译，第11页。
③ Kok-Chor Tan, *Justice without Borders: Cosmopolitanism, Nationalism, and Patriotism*, Cambridge: Cambridge University Press, 2004.
④ ［英］戴维·米勒：《论民族性》，刘曙辉译，第92页。

能存在于群体内部,却不存在于群体之间"① 时,对他而言,信任可以容纳的最大范围是民族,显然这是错误的。团结、牺牲、互信、同情是人类普遍共有的情感,民族并不是这些人类情感的最大承载物。当我们承认这一点时,我们有理由相信它会支撑超越民族的正义规范,而且将满足戴维·米勒所说的互信提出的一致性要求,即"如果你在一个有利于你的利益或事业的情形中提出一个论据,你应该乐于承认同一论据适用于其他类似情形,除非它现在不利于你的个人利益"②。戴维·米勒恰巧证明了一种超越民族的更大范围的正义建构的可能。

第三,面对更大范围的人类普遍问题,我们不该局限于单一的民族认同概念和地方主义的狭隘视角,而应构建更能容纳争议、化解差异、包容广阔、共建共享的人类共同体。已有学者证明:"相对于个人,人类无疑也是个体聚合而成的社群、共同体,如同家庭、村落、阶级、民族、国家一样。……既然是共同体,就有共同体特殊的关切、特殊的利益、特殊的价值。人类共同体的关切就是每个人的福祉与安全,特殊的利益就是人类的整体利益,特殊的价值就是人类生死与共的共同价值、全球价值。"③ 在这种共同体中,个人的福利、更小共同体的利益与所属的更大共同体的利益相互联系,为大共同体做贡献也成为实现自我利益的一种方式。在人类共同体中,平等地考虑遥远的外国人的利益,为其付出、让步与牺牲,将获得所有人的支持,因为彼此间共同维系了互信的基础和相互获益的关系;相反,任何破坏互信的做法将受到谴责和批评。

所以,当我们在扩展共同体的伦理图景时,民族国家不是终点,它既不是最直接联系的共同体(家庭、社区远比它更直接),也不是互信和共享最大范围的载体(人类共同体分享着更广泛的关系)。我们可以建立超越民族国家共同体的更大范围的忠诚、团结、认同和互信,也可以创造跨国共享的公共文化。民族认同是更小认同(如家庭、家乡)的扩大版,也是更大认同(跨国联合体、人类)的缩小版。我们没有理由否认一个更大范围的认同的可能性,它将超越民族和国家边界。我们需要做的就是确定那些在共同体的场所

---

① [英]戴维·米勒:《论民族性》,刘曙辉译,第 92 页。
② [英]戴维·米勒:《论民族性》,刘曙辉译,第 96 页。
③ 蔡拓:《世界主义的新视角:从个体主义走向全球正义》,《世界经济与政治》2017 年第 9 期。

形成的相互作用的机制，并使之更完善、更能创造正式的互利实践。

世界正在走向全球共同体，公民同胞偏爱不能满足其对整个人类的普遍义务，给予同胞以偏爱和优先性是不合理、不正当的。戴维·米勒解释的民族认同、民族团结和忠诚确实证明了它们可以促进社会正义，然而，这不能断定它们将社会正义限制在民族共同体之内。相反，它们可以作为已有条件促进更大范围的情感共享和人类团结。在思考这些问题时，罗蒂的思想更引人入胜。他通过引入情感、认同和忠诚等概念，重新解释了正义和正义感，认为正义是较大的忠诚，正义感是社会成员信任感、亲切感或友善感的表达。基于怀疑主义知识理论和情感主义道德哲学，罗蒂提出了由"情感先于理性""认同先于对话"和"忠诚先于正义"等命题组成的一套相对主义正义理论。依照这种理论，正义和正义感不仅关乎人的理性能力或道德能力，而且关乎人的想象力、情感能力或文化认同。正义的成功或许不是基于普遍概念，也不是基于人追求正义的天性，而是出于人性偶然与人类团结。

第三节　国家主义的全球正义批评

罗尔斯在论及社会正义问题时没有讨论正义原则在民族国家的适用性。这引发了世界主义和国家主义[①]在正义应用范围上的重大争议。国家主义者在肯定社会正义时，将正义义务表述为一种关系义务，补充论证了正义问题的国家属性，把正义义务范围之争转变为其结构性规范性来源之争。国家主义者在肯定社会正义时，将正义义务表述为一种关系义务，强调它源于特别的制度性或关系性条件——正义赋予和我们共同享有制度且处于同一强烈政治关系中的成员。这些强条件是国家强制制度、政治合作制度等只存在于国家社会内部的事实。

国家主义坚决反对世界主义。国内已有学者讨论过个别国家主义者的正义理论，但是尚未将其置于国家主义的理论框架之中。正义义务是研究

[①] "国家主义"一词来自约书亚·科恩（Joshua Cohen）和查尔斯·萨贝尔（Charles Sabel），他们以（强）国家主义统一命名强制理论和民族主义。参见 Joshua Cohen and Charles Sabel, "Extra Rempublicam Nulla Justitia?", *Philosophy & Public Affairs*, Vol. 34, No. 2, March 2006, p. 158。

者围绕国内正义、国际正义和全球正义展开的争论焦点之一,涉及正义义务的边界和范围。与世界主义针锋相对,国家主义正义义务观的基本主张可以简述为三个命题,它们分别是:(1)肯定国内正义;(2)反对全球正义;(3)主张国际正义。这三个命题的学理基础在于国家主义者对正义义务的关系性判断和分配正义的国界性判断。这两个判断互为因果,解释了国内社会正义的特殊性,表达了国家主义反对世界主义的强主张:肯定正义以国家为边界的正当性,否认对非公民的正义义务,反对全球平等主义和全球分配正义。

一 国家主义的正义义务观

国家主义者肯定社会正义及其基本共识,但是在正义义务方面有自己独特的见解。社会正义的基本思想源于罗尔斯的《正义论》。罗尔斯表示,社会正义的基本主题是社会基本结构,即主要社会制度统合于一个合作体系。罗尔斯向往的理想社会或良序社会是一个公平的合作体系,在拥有私有财产权的民主制中,所有合作的参与者都自由平等。在正当平等条件下,所有公民相互尊重,参与社会合作;他们在同一个法则下共同选择正义原则,那些原则分配公民的基本权利和义务,以及社会合作产生的社会利益。[①] 但是,国家主义者发现,罗尔斯正义理论没有解释清楚国家凭什么使我们可以将正义原则应用于此。于是,内格尔、弗雷曼、迈克尔·布莱克(Michael Blake)等当代著名学者提出了国家强制、社会合作等不同解释范式,以证明国内社会存在特殊的政治、经济和法律制度性事实,由此也产生了正义义务的规范性要求(正义义务的关系性判断)。他们强调,"国家是唯一的正义规范性触发器"[②],不仅为平等主义创造条件,而且为比人道主义援助更为严格的分配正义的正当性提供条件(分配正义的国界性判断)。基于这两个判断,国家主义者得出的结论是,正义义务规范只能应用于那些处于国家政治共同体关系下的人们之间,而无关乎非公民同胞。

弗雷曼认为,公民间的正义义务更多地来源于社会合作,他的社会合作理

[①] John Rawls, *A Theory of Justice* (Revised Edition), Cambridge, MA: The Belknap Press of Harvard University Press, 1999, pp. xv, 10, 47.

[②] Joshua Cohen and Charles Sabel, "Extra Rempublicam Nulla Justitia?", *Philosophy & Public Affairs*, Vol. 34, No. 2, March 2006, p. 155.

论的基本思想来自罗尔斯的《正义论》。弗雷曼发展罗尔斯"社会合作"概念，提出了"政治合作"概念。他认为，罗尔斯强调的社会合作涵盖法律规则和经济制度，其重要部分在于政治合作，涉及主权权威和政治制度，二者统合于罗尔斯定义的社会基本结构。"对罗尔斯来说，至关重要的是，在一个政治体制条款下的政治合作，包括它所规范的法律体系，是社会基本结构的核心部分。"①弗雷曼表示，政治合作不同于一般合作，它指人们遵守政治制度的各种条款，尤其是整个法律体系。政治合作使社会合作成为可能，这一条件决定社会基本结构的范围仅限于拥有主权权威的社会内部。"构成经济生产、交换和消费基础的极其复杂的法律规范体系之所以成为可能，是因为它是一个统一的政治体系，它规定了这些规范，并对其进行修改，以适应不断变化的条件。"②罗尔斯关心的正义问题，是关于社会合作的益处和责任如何分配的问题。正如斯坎伦所说，正义原则一开始不是为了调整"益品"（goods）的任意分配，而是为了建立应用于整个社会的主要制度和合作体系。③ 弗雷曼以政治合作的国界性限定正义原则的国界性。分配正义不是一个经济命题，而是一个政治命题。他重申罗尔斯的差别原则是政治原则，不是为了缓解贫困、救助弱者、再分配财富，而是旨在安排基本法律和经济制度，确保作为参与社会合作生产者的自由平等公民能够控制经济资源和生产，安排生产关系和财产体系。所以，它要求政治权威、司法管辖权、政治代理人等一系列政治手段以实现这些目的。正义原则旨在实现公平合作，调节合作结果和规范合作制度。弗雷曼像罗尔斯一样重申，满足这些要求的政治合作只存在于国家之内。

然而，国家强制论者不认同弗雷曼的观点。国家强制论者既否定正义源于人们参与的正式社会合作框架或经济结构，又否定它源于社群共享的情感特征。他们虽然赞同罗尔斯的基本思想，但又认为罗尔斯正义理论没有解释国家强制的特殊性。布莱克最早提出"国家强制"（state coercion）

---

① Samuel Freeman, "The Law of Peoples, Social Cooperation, Human Rights, and Distributive Justice", *Social Philosophy & Policy*, Vol. 23, No. 1, January 2006, p. 38.
② Samuel Freeman, "The Law of Peoples, Social Cooperation, Human Rights, and Distributive Justice", *Social Philosophy & Policy*, Vol. 23, No. 1, January 2006, p. 38—39.
③ Thomas Scanlon, "Rawls's Theory of Justice", in Norman Daniels ed., *Reading Rawls*, New York: Basic Books, Inc., Publishers, 1989, p. 191.

概念，他表示"强制而不是合作是分配正义的必要条件，产生了相对剥夺的重要原则"①。他的论证逻辑是，人作为存在者，其个体自治最为重要，也是人之应得；若要满足其道德自治，就要使其持有充分的资源。于是（1）我们关心绝对剥夺，要求充分原则——对所有人类的道德关怀和基本底线。一国之内彼此共享公民身份的人受到国家强制，这种强制借助于法律体系实体化。它需要得到正当性证明。（2）我们关心相对剥夺，要求分配平等原则——经济平等和分配正义是证明强制正当性的有效手段。

布莱克强调："强制代表控制关系，要求个体放弃一些选择而追求其他选择，侵犯了自治。"② 国家强制借助于刑法和民法，要求公民意志服从，限制公民自由选择。鉴于公民之间持有资源总量存在较大差异，国家强制必须通过所有被强制者假定的一致同意，在涉及个体财产持有量、资格和分配的私法领域考虑相对剥夺和物权平等。如果国家能够实践分配正义，那么国家强制便符合自治。凯尼指出布莱克的强制论证是不完整的，他认为，布莱克必须要证明"仅仅是类似国家的强制就需要一种特定的正当性，而这种正当性本身就需要适用平等主义原则"，为此布莱克要进行更多的解读，"首先，我们需要解释'类国家强制统治''其他强制统治''对他人产生影响'和'共享共同的人性'所包含的不同类型的正当性。其次，我们需要论证为什么只有第一种理由会导致平等主义"。③

内格尔对于布莱克的解释也不满意。他以"在绝对剥夺之外，为什么不平等和相对剥夺一定要求平等主义分配"这一尖锐的质疑直面凯尼的批评。布莱克实际上提到但没有重点解释内格尔充分发展的如下观点："强制需要证成，尤其证成我们可以合法理解我们自己是强制的发起者（the author of our own coercion）。"④ 内格尔表示："当国家对公民施加主权权力，以其名义行事，法律、社会和经济机构使主权权力成为可能时，公民对其他公民就有了

---

① Michael Blake, "Distributive Justice, State Coercion, and Autonomy", *Philosophy & Public Affairs*, Vol. 30, No. 3, July 2001, p. 289.
② Michael Blake, "Distributive Justice, State Coercion, and Autonomy", *Philosophy & Public Affairs*, Vol. 30, No. 3, July 2001, p. 272.
③ Simon Caney, "Global Distributive Justice and the State", *Political Studies*, Vol. 56, No, 3, October 2008, p. 504.
④ Michael Blake, "Distributive Justice, State Coercion, and Autonomy", *Philosophy & Public Affairs*, Vol. 30, No. 3, July 2001, p. 288.

正义义务。"① 内格尔多少带有韦伯的色彩，主张国家的本质在于合法的强制秩序，接受制度强制的人彼此认为自己有义务遵守这种制度，而且希望他人遵守、服从和维系这种制度。尽管我们的出生和社会成员资格在道德上是任意的，但是纯粹强制不仅导致我们对公民同胞的正义义务，而且导致我们希望他们也服从这种强制。内格尔发现，国家的特别之处在于其强制制度要求和对成员自愿合作的期望；一国公民的特别之处在于承担双重角色，他们"既是高度强制体系的推定联合发起人，又是其规范的承受者"②。这决定了为什么分配是重要的，为什么分配又是平等主义的。我们可以将这一制度理解为"以我之名、施我之身"——如果它产生任意不平等的分配结果，却还要求我们积极合作和自愿服从，那么它应当证成其道德意义，以满足我们对其证成的要求和主张。"我们有权宣称实现民主、平等公民身份、非歧视、机会平等，以及改变不公平的社会和经济益品分配的公共政策。"③ 至此，内格尔在国家的合法性强制秩序和平等主义正义要求之间建立起因果关系。此外，内格尔还证明前者为后者提供工具性价值——国家的主权权威、强制制度及其执行机构为实现正义提供有力保障。

二　国家主义对全球正义的批评

在国家主义者看来，我们对国家成员的平等主义正义义务和对其他人的人道主义义务之间是非此即彼的二元对立关系。因为我们和公民同胞分享着特殊的文化、政治和法律制度，这产生了不同的论证形式和要求。合作理论突出分配正义的政治制度性，强调政治权威对于实现正义的关键作用。国家强制理论表示，国家"强制"以及强制下的意愿参与提供了更为严格的和普遍接受的规范性论证。但是，全球层面不存在这种强制性，不存在任何规范性论证的可能性和必要性。因此，民族国家是分配正义的唯一场所。一旦超越国界，没有主权权威、政治合作和政治强制，我们也就失去了讨论正义的空间。所以，国家主义者得出的结论是，国内社会正义是必要的，国际正义

---

① Thomas Nagel, "The Problem of Global Justice", *Philosophy & Public Affairs*, Vol. 33, No. 2, Spring 2005, p. 121.
② Thomas Nagel, "The Problem of Global Justice", *Philosophy & Public Affairs*, Vol. 33, No. 2, Spring 2005, pp. 128–129.
③ Thomas Nagel, "The Problem of Global Justice", *Philosophy & Public Affairs*, Vol. 33, No. 2, Spring 2005, p. 127.

是可能的，全球正义则是不可能的。通过对正义义务规范性的解释，国家主义者从四个方面批评当代世界主义的全球正义观。

第一，反对全球分配正义。在国家主义者看来，世界主义者对正义义务的理解是狭隘的。国家主义者批判世界主义的一种方式是讨论全球层面不存在分配正义（分配正义的国界性）的理由，将人道和正义做出结构化区分。弗雷曼将分配正义看作中立的道德标准，是"评估任何经济体系隐含的现行分配收入和财富权利的方法"①。分配正义不仅要求社会合作，而且要求政治合作。他表示，分配正义的首要问题在于"设计基本法律制度和规范体系"，实现公平的社会合作，使"自由平等人之间的生产、交换、分配和消费过程成为可能"。② 这不只是经济合作的结果，而且是政治合作的结果。因此，分配问题不是配给（allocation）问题，不是对产品或财富的分配。它是基本社会制度的特点，涉及财产、契约、法律、司法、行政管理等基本社会制度。它对国家权威具有高度依赖性。一国公民共享的整个政治经济基本结构，是正义关系产生的首要条件。弗雷曼反对世界主义的理由不言而喻：因为不存在与社会基本结构类似的全球基本结构，也不存在世界政府、全球法律体系和全球财产制度，所以正义原则不能应用于全球领域。他表示："分配正义判断的参照点是特定社会的'基本结构'。这意味着，如果我们完全不知道（或者不太知道）一个人是哪个社会的成员，也不知道该社会基本制度的细节，我们就无法知道他或她是否拥有资源的公平份额。"③

通过解释罗尔斯的基本结构、社会合作、分配正义等基本概念，弗雷曼也否认一种全球分配原则，尤其是差别原则的全球化可能性。他表达了如下思想：分配正义需要一种基本结构，该结构包括各种基本制度，尤其是政治权威；因为不存在一个和国内社会一样的全球基本结构，不存在一个世界国家、一个全球法律体系和全球财产制度，各个社会人民之间的合作本质上不同于个体之间在一个政治体制下所产生的那种社会合作，所以分配正义及其原则不能应用于

---

① Samuel Freeman, "The Law of Peoples, Social Cooperation, Human Rights, and Distributive Justice", *Social Philosophy & Policy*, Vol. 23, No. 1, January 2006, p. 33.
② Samuel Freeman, "Distributive Justice and *The Law of Peoples*", in Rex Martin and David A. Reidy eds., *Rawls's Law of Peoples, A Realistic Utopia?*, New York: Blackwell Publishing, 2006, p. 245.
③ Samuel Freeman, "The Law of Peoples, Social Cooperation, Human Rights, and Distributive Justice", *Social Philosophy & Policy*, Vol. 23, No. 1, January 2006, p. 30.

全球领域。尽管弗雷曼不否认世界主义者所提出的全球基本结构概念，但他表示"社会基本结构"不同于"全球基本结构"，个体之间在一个政治体制下所产生的那种社会合作不同于各个社会人民之间的合作，前者产生了一国公民个体之间的分配正义原则；后者则形成了各个人民间所适用的"万民法"原则，二者的本质差异在于是否存在一个政治权威。而全球"政治权威"作为这种权威的衍生物，是独立人民将其社会政治权威的部分转让和临时赋予——"只有当独立人民赋予全球性机构以有效政治权力和管辖权时，后者才拥有行使的权力。那么，全球政治权威（就其本身而言）只作为独立人民的合法法令的结果——'合法'的前提是这些法令得到其本国宪法的授权。"①

当强制论者认为国家"强制"以及强制下的意愿参与提供了更为严格的和普遍接受的规范性论证时，他们也完全否认全球层面强制问题。在全球层面上，强制的主体仍然是主权国家及其代理人。布莱克和内格尔对"强制"的判断基本一致：（1）国家直接强制个体，但是在全球层面上，个体被国家过滤了。当前任何新的国际机构、组织、治理形式根本上还是共享着传统的、非直接的关系，以主权国家名义创制和运行，不以所有个体名义集体实践和强制执行，也没有得到个体的集体授权，所以不用为个体的分配结果做出辩护。（2）国际合作是为了相互利益和进行贸易，是自愿的互利合作，不存在任何强制，仅仅是和他人分享同一个世界或全球经济互动不能引发社会经济正义和平等主义正义义务。所以，不同国家之间和其公民之间的差异也就不需要以正义为名进行正当性论证，我们没有义务对待所有的个体以同样的平等。（3）当前的国际制度、机构和组织都依赖于各个主权国家的强制力，而不是一个共同权威，因而国家及其代理人承担主要的国际义务，解决国际机构所涉及的正义问题。如内格尔所说："超越基本的人道主义义务之外，平等对待的进一步要求依赖于一种强烈的关系义务条件，这种义务是由特定的依赖于具体情况的关系而创造的，比如共同的公民身份。"② 显然，他们认为全球层面上不存在这种特殊的关系义务条件。

第二，区分绝对剥夺和相对剥夺。这是国家主义对世界主义批判的第二

---

① Samuel Freeman, "The Law of Peoples, Social Cooperation, Human Rights, and Distributive Justice", *Social Philosophy & Policy*, Vol. 23, No. 1, January 2006, p. 30.
② Thomas Nagel, "The Problem of Global Justice", *Philosophy & Public Affairs*, Vol. 33, No. 2, Spring 2005, pp. 125 – 126.

种方式。布莱克的贡献之一在于区分了评估一个人持有资源总量的道德状态的两种方式：一是看他自身持有多少（绝对剥夺），二是比较不同的个体之间持有资源总量的差异（相对剥夺）。"一个人的生活状况在道德上之所以不充分，不是因为她和别人相比之下较少，仅仅是因为她自身所得之少。"① 所以，国家主义者的一般理解是，全球贫困之所以是一种恶，原因就在于它伤害了最基本人权，是一种绝对剥夺，我们只需实践充分原则以保障基本人权；并且，分配正义作为一种相对原则，并不要求分配满足人生活所需要的基本益品。按照布莱克的话说，虽然个体福利在道德上很重要，但是它若满足基本水平且没有强制以侵犯自治，那么它的增加和相对数量与自由平等主义无关。他的名言是："我们没有义务最大化世界的福利——或者其任何部分的福利——但是我们有义务避免否认人之皆有的自治状态。"②

在这种区分下，国家主义者否定了全球正义的可能性和必要性，至多肯定以人道主义为内核的国际正义。在他们看来，"全球正义"不是更大范围的社会正义：它是绝对概念，不是相对概念；它是次级的人权义务，不是第一位的正义义务；它既有目标又有"最低"限度，而不是永久的分配要求。弗雷曼的理解是，简单根据需要、努力和贡献等进行分配并不属于分配原则，因为它不处理一个经济体系在生产、交换和消费过程中所产生的所有收入和财富，不涉及"盈余"（remaining surplus）；"基于这种理解，一个人民有义务帮助其本民族和其他民族，使其基本需要得到满足，这本身并不是一项分配正义的原则。因为一旦履行了这一义务，它就不再进一步扩展，也不再进一步地对现行的经济生产和交换制度提出任何要求"③。这类似于罗尔斯对援助义务的要求——援助义务有目标和中止点。

第三，主张国际正义和人道主义。通过正义义务的关系性论证和分配正义的国界性论证，国家主义者力证国内社会和全球社会存在根本性的结构性差异，其"强"结论——分配正义的国界性——有力挑战了世界主义的全球

---

① Michael Blake, "Distributive Justice, State Coercion, and Autonomy", *Philosophy & Public Affairs*, Vol. 30, No. 3, July 2001, p. 259.
② Michael Blake, "Distributive Justice, State Coercion, and Autonomy", *Philosophy & Public Affairs*, Vol. 30, No. 3, July 2001, p. 293.
③ Samuel Freeman, "The Law of Peoples, Social Cooperation, Human Rights, and Distributive Justice", *Social Philosophy & Policy*, Vol. 23, No. 1, January 2006, p. 35.

分配思想。

国家主义者不否认对一般人的义务，其国际正义观的核心主张是我们对其他一般人的义务是人道主义义务而非正义义务。一般来说，弗雷曼、布莱克、内格尔等人都认为人道主义包含如下基本内容：（1）承认和保护人权，主要是最基本的生存权；（2）民族自决，即尊重其他民族国家，坚持不干涉原则（除非它们侵犯上一条人权原则）；（3）援助义务，即进行适当援助，以满足（1）中的生存需要。

然而，国家主义者反对全球正义，但不反对国际正义。国家主义认为国内社会和全球社会有不同的正义取向：前者是社会正义，后者是国际正义。他们同罗尔斯一样赞成加法概念下的国际正义观，追求由正义社会组成的世界，反对单一概念下的全球分配正义。弗雷曼紧跟罗尔斯的步伐，他所理想的国际正义图景正是罗尔斯在《万民法》中描绘的样子。布莱克则寄希望于一个满足人之皆有的自治状态的国际社会。内格尔认为国际正义是一个满足基本人道主义的世界，是一种最低关切（minimal concern）[1]。他的"最低"有两层含义：（1）只有当人类陷入某种绝对程度时才激发人道主义义务，这一绝对程度是指最基本生存权受到侵害。它代表一个最低门槛，表达了一个绝对概念。（2）最低关切指绝对不会对我们个人生活造成不利影响或重大道德牺牲，其要求不是苛刻的。

第四，区分偏爱和无偏。当世界主义者要求无偏对待世界上的每一个个体时，国家主义者试图区分有偏和无偏，以无偏回应世界主义的有偏攻击。他们主张，当将其他一般人的义务解释为人道主义时，无论它是被概括为最低原则还是充分原则，都表明了其普遍性和无偏性。在国家主义那里，虽然对国家成员的平等主义正义义务和对其他一般人的人道主义义务是不容混淆的深刻差异，但是这种区分是"无偏"的。有世界主义者曾指责国家主义主张同胞偏爱，这是狭隘的地方主义。布莱克和戴维·米勒为此辩驳道："差别对待"和"偏爱"其实是对无偏更为复杂和精准的理解。"赋予陌生人的义务和公民同胞的义务是不同的，但区分二者的方式是无偏的，不具有偏爱性。"[2] 对从属于统

---

[1] Thomas Nagel,"The Problem of Global Justice", *Philosophy & Public Affairs*, Vol. 33, No. 2, Spring 2005, p. 118.

[2] Michael Blake,"Distributive Justice, State Coercion, and Autonomy", *Philosophy & Public Affairs*, Vol. 30, No. 3, July 2001, p. 264.

一制度体系下的人的"偏爱"是不同情境下的无偏原则，而不是要为偏爱辩护。布莱克指出，无偏原则应该按照国内和国外两种不同情形来解释：对于国内而言，无偏原则是分配平等原则；而对于国外而言，它则是充分原则。"一种全球无偏的自由理论和仅适用于国家内部情形的分配正义原则不冲突。"① 戴维·米勒也非常肯定这一点，他认为，民族国家内部的无偏是指社会正义义务赋予每一个公民同胞，全球社会的无偏是要求人道主义义务赋予每个人类个体。他强调，这两个领域的无偏将裨益两种义务的道德实践。因为我们对一般人的普遍义务只是保护最基础层次的基本权利，成本相对较低，而且人们对于基本权利的观念往往趋同，所以对一般人的人道义务不需要让步于民族共同体内部的正义要求。② 以人道主义定义我们对其他一般人的义务恰好调和了我们对公民同胞的正义义务和对其他一般人的人道义务之间可能存在的矛盾性、冲突性或紧张性，使得二者不是非此即彼的对立关系，也不必面临孰先孰后的价值排序。这恰是一种无偏性。

最后，关于义务的承担者问题，国家主义者一致同意保护人权的主要承担者是该民族国家自身，其他民族国家只是次级的，甚至可以是消极的义务。

三　贡献与局限

国家主义试图解释"为什么人们应该认为全球和国内领域之间的结构性差异产生了完全不同的行动理由"③。他们重申罗尔斯正义理论对社会结构的限制性条件，进一步发展罗尔斯正义与平等关系主张，从政治合作、国家强制等角度进一步补充和解释民族国家及国家边界的重要性，以证明正义义务源于特殊的制度性关系这一核心观点。这些学者持有以国家为中心的国际正义观，是一种国家主义。国家主义强调民族国家界限的重要性，反对任何内容和形式的全球分配原则，从本质上对我们应赋予本国公民的社会正义义务和我们应赋予外国人的人道主义义务进行了区分。国家主义对社会正义的坚守有其合理性。

---

① Michael Blake, "Distributive Justice, State Coercion, and Autonomy", *Philosophy & Public Affairs*, Vol. 30, No. 3, July 2001, pp. 257－258.

② Michael Blake, "Distributive Justice, State Coercion, and Autonomy", *Philosophy & Public Affairs*, Vol. 30, No. 3, July 2001, pp. 75－76.

③ Charles R. Beitz, "Cosmopolitanism and Global Justice", *The Journal of Ethics*, Vol. 9, No. 1/2, 2005, p. 21.

第一,国家主义正义理论揭示了"正义义务"的规范本质。如何解释公民同胞之间的特殊制度性关系和随之产生的特殊义务,是国家主义者批评世界主义全球正义的破题点。他们抓住国家边界内部特殊的制度、背景、特点等关系性或制度性事实,解释为什么国内外的结构性差异会产生不同的行动理由,试图证成公民同胞应该赋予彼此正义义务,而对其他一般人只有人道主义义务。正义和人道之间的这种结构化区分,加深了世人对正义的理解——社会正义必须是制度性的政治正义,而不是基于慈善和人道的个体道德动机和交往伦理。在正义配置观(allocative conception of justice)之外,国家主义者发展了正义关系观(associative conception of justice),把正义从分配问题转变为回应公民同胞间特殊的互动关系所产生的道德要求问题。社会合作、国家强制等作为公民同胞所分享的特殊关系成为分配正义边界的充分必要条件,解释了一国公民同胞之间为什么要应用某种平等主义分配原则。国家在全球正义叙事中有特殊地位和作用。

第二,国家主义方案拓宽了全球正义的理论边界,推进了全球正义研究。国家主义者在全球领域倡导的两大规范性要求——民族自决和保护人权——为我们思考和解决全球问题提供了启示。他们坚信民族自决的重要性,认为一个民族无权干涉其他民族的内部事务,除非是为了保护人权。这一点值得充分肯定。和人道主义相比,正义的目的是相对的。人权是全球社会重要的规范性要求,保护基本人权是人类达成的主要道德共识,是解决全球正义实践难题的可行方案,对缓解全球极端贫困具有重要可行价值。正如一些国家主义者所希望的那样,全球正义所要求的不是实现世界各地的人们在资源、机会、收入等物质方面的平等,而是要打破我们将全球正义的思考限于全球平等主义的桎梏。重视全球非平等主义正义思想,对实现全球正义至关重要。在积极探索全球正义内涵和原则方面,国家主义者的思想力量并不弱于世界主义者。

国家主义的批评推动了全球正义的规范研究,推动当前的全球正义研究出现以下特点:(1)从主流的政治哲学思辨——在智识上和政治上围绕世界主义和民族主义展开争论,发展为关注实际的全球政治情形、关系特征和具体问题,研究适合全球社会的政治道德规范;(2)从论证平等主义正义义务范围的全球化到研究背后更深层次的国内、全球正义义务的规范性来源问题,探究产生正义义务的政治关系的一般类别,试图证明一国成员的相互关系和义务只是其中一种特殊且重要的关系和义务,而在全球层面不同的互动情形、关联条件和关系类型等也产生了正义要求;(3)不再尝试把罗尔斯式的平等主义民主政治道德运用于全球领域,而是产生了其他的平等主义和非平等主义的全球正义理论。

在国家主义的挑战和批评下,近年来,一些世界主义者对国家主义进行了再回应。这些世界主义者不再拘泥于将罗尔斯的正义原则运用到全球社会的做法,他们的关注点也不复局限于世界主义和民族主义的争论,他们以更开阔的视角和更多元的思路反思和批评其他的国家主义学说,更深入地思考和论证"我们应赋予他国公民什么"和"正义义务的规范性来源"这两个主要问题,进而重新定义和阐释全球正义的规范性前提和要求。

(1)他们肯定民族国家的道德重要性。许多反国家主义者批评部分世界主义者忽视国家规范性重要性和基于国家的关系义务,认为国家在实现全球正义过程中也扮演着重要角色。乌比表示:"从政治成员身份中抽象出来的世界主义尝试是不必要的也是没有根据的。……反对政治共同体的规范性立场难以为全球分配正义原则进行辩护。"① 阿隆·詹姆斯(Aaron James)则提供了一种基于结构公正的国家义务理论,认为国家是全球结构公平义务的特殊承担者。② (2)他们主张正义规范应该应用于那些处于某种关系之中的人们之间,而这种关系不应受到国界的限制。在反国家主义者看来,"正义的范围指向人的范围,即基于正义的考量,谁要求正义和对彼此的义务"③。国家主义者的正义义务关系论恰恰证明正义义务源于一般的互动关系,正义的范围由处于该互动关系之下的人的范围来决定。在某种互动和交往形式存在之处,无论是政治上的、经济上的还是文化上的,处于这一互动关系下的人们都有正当的理由要求以正义为名对彼此的交往行为和结果进行约束和调节。在全球化的世界,政治和经济上的交往如此之普遍和密集,自然不能忽视以正义评价和重塑这些新型关系。(3)他们否认民族国家和正义关系的封闭性,认

---

① Lea Ypi, *Global Justice and Avant-Garde Political Agency*, New York: Oxford University Press, 2012, p. 86.
② Aaron James, *Fairness in Practice: A Social Contract for a Global Economy*, New York: Oxford University Press, 2012.
③ Arash Abizadeh, "Cooperation, Pervasive Impact, and Coercion: On the Scope (Not Site) of Distributive Justice", *Philosophy & Public Affairs*, Vol. 35, No. 4, September 2007, p. 323.

为国家主义的各种理论都不能证明限制正义的论证范围的正当性。全球社会不存在与国内有着本质不同的结构性差异。虽然没有一如国家主权的政治权威之于这个世界，但在国内层面存在的特殊的政治、经济、法律或文化的诉求、制度、背景、特点等同样存在于全球社会，这也产生了规范性正义要求。

总之，国家主义者采取有偏的论证策略，以回答"什么可以合理解释全球和国内领域之间存在根本性差异以产生不同的行动理由"；世界主义者则主张无偏的论证策略，以"什么可以合理解释全球和国内领域之间不存在任何根本性差异以产生不同的行动理由"回应和批判国家主义。国家主义坚守国家的边界，强调国别的差异性，有其合理之处。而世界主义强调正义问题的普适性，主张对正义问题的思考不应局限在国家边界之内，这对我们思考正义的问题也提供了相应启示。但是，我们必须认识到，在正义问题上存在不同的领域、不同的主体和不同的解决办法。国内正义、国际正义、全球正义三者之间实际上要解决的问题是不一样的，所以它们的内涵有着重大差异，遵循的原则也有所差别。

一是国家主义者面临和罗尔斯类似的困境——个体主义关怀在国内和全球层面的不一致性。在两者之间找到理论妥协，是一项艰巨任务，它使人处于巨大的道德不满和冲突之中。全球化使得人类联系互动关系普遍化。我们可以接受国家主义总结的正义关系论，即正义源自社会互动关系和对其做出道德回应的需要，正义的范围存在于所有参与社会互动体系的人们之间。然而，社会互动是人与人交往的普遍存在。它是产生正义的政治关系的一般类别。"如果不同国家成员之间的交互联系足够紧密的话，他们也处于正义的关系之中。"① 罗尔斯所构想的社会合作是社会互动的理想的正义状态。国家主义论证的社会政治合作、国家强制和民族认同等只是社会互动的特殊形式之一。国家主义者无法回答如下问题：为什么我应该给予为我熨衬衣的本国工人以正义义务，却给予为我种咖啡豆的巴西工人以人道义务？就两者与"我"的互动关系而言，本质上是一样的。国家主义者对人道和正义做出了结构化区分。他们的关系性正义思想既没有为我们更加关心他人幸福的道德要求提供更好的理由，又没有回应我们在全球社会中因相互依赖、普遍合作和广泛强制所产生的合理性论证要求。

---

① A. J. Julius, "Nagel's Atlas", *Philosophy & Public Affairs*, Vol. 34, No. 2, March 2006, p. 178.

二是国家主义者所强调的政治合作和强制是实现正义的工具，不是预设正义国界性的先决条件。弗雷曼的问题在于，如果分配原则处理整个经济体系的生产、交换和消费过程并分配它产生的所有财富（尤其是在满足基本需要之外的剩余财富），从目的来说，我们没法否认全球社会有类似经济体系和财富生成过程，也无法否认需要一种全球分配正义原则应用于这一目的。国内社会提供的政治制度只是一种非常有效的条件和保障。类似地，布莱克和内格尔也无法否认虽然国际制度和机构不是直接由每个个体授权，也没有世界政府加以保障，但是这不能说明国际制度体系和个体间就没有直接的强制性关系。虽然国内社会特殊的关系性和制度性条件与社会经济正义密不可分，但前者归根到底只是一种工具性手段，无论它们缺失与否，我们都不能停止对全球正义的追寻。

从全球合作来看，它同样涉及利益分配，同样需要正义决定利益分配的方式以及评估分配体系。从这个角度讲，全球分配正义诸条件是工具性的，而且它可以成为评估全球合作制度、权责分配、利益分配的中立的道德标准。国内学者如谭安奎赞同国家主义，认为"国内分配正义乃是为了解决政治正当性问题"①。这一看法实际上狭隘于分配正义对政治合法性的证成作用。

总之，基本结构、社会合作、国家权威都是工具性的手段，他们既不是正义义务的唯一来源，也不能决定实践分配正义的范围。但这不是在预设制度的先决存在，只是强调制度的工具性作用，也不妨碍我们思考基于全球合作而产生的分配正义要求和寻求现有全球合作体系的正当性。我们的根本目的是确立正义的分配方式和所有人都接受的分配原则，满足个体生存和发展所需的福祉。因此，我们应该努力建立相应的制度和机构来回应和应对全球合作对正义的需要。

近十年来，全球化不再是国际政治中普遍必然的目标，围绕正义义务的国家边界论争也日趋热烈。在世界主义和国家主义的话语张力下，国内正义、全球正义、国际正义之间的关系并不是明晰的，尤其是在全球性危机频发和保守主义升温的情况下，国家主义正义义务观逐渐成为逆全球化政策的理论依据和价值规范。在国家主义的影响下，曾经为正义义务观打下普遍主义和先验主义基础的政治自由主义成了批判和反思的对象，国内正义的特殊性和

---

① 谭安奎：《从罗尔斯的正义理论到全球正义：一个错误的跨越》，《道德与文明》2017年第4期。

偏爱同胞的正当性则正在成为当代保守主义政治的理论主张。

小　结

经过学术批评，全球正义的批评者们揭示了全球正义研究的理论限度和实践困境，这也放大了世界主义全球正义理论在实践层面存在的不足。这些反对意见证明，世界主义的全球正义图景依然处于构想阶段，有着理想主义和乌托邦的风险。全球正义在理论和现实之间存在紧张性，民族国家之上无共同体和政治权威、人类社会的多元性和复杂性、公众的普遍理解和广泛动员的困境等现实挑战无不制约着它的实现。因而，任何一种全球正义理论都必须回应其所面临的认同上的团结性、观念上的统一性、政治上的有效性、动机上的持续性等问题。

当然，这些批评意见也并不完全中肯。在全球化世界，制度性结构正在改变，我们难以接受传统结构化区分这一点仍然是充分的。世界主义者通过观察发现人类不只有主权关系，在处理国际事务时并非只有主权和国家利益至上原则。人与人之间在全球社会还存在其他关系性或制度性互动。我们所要做的，不是把目光局限于主权国家之内，而是发现和论证产生正义义务的一般互动关系，寻求符合国际社会事实情形的正义规范。

1. 在全球化世界，人类正在走向你中有我、我中有你的命运共同体。根据全球政治所体现的相互依赖、合作和制度性义务这些情况，人类彼此之间形成了新的联结方式和关系形式。这些全球性的互动关系要求全球性的正义义务，而不是人道主义义务。全球互动使得全球层面的正义要求和同胞之间的正义要求相类似，以合作为核心的全球互动在全球范围产生了正义标准和制度。人类不只有主权权威下的政治制度关系。当我们俯瞰全球社会，人们彼此分享全球性的合作互动关系，这也导致我们应当赋予其他非同胞合作者以全球正义义务。那么，我们的跨国行为并非只遵从以主权国家道德为中心的原则，至少还应包括围绕全球合作所确立的全球正义原则。因此，我们应该去发现全球社会的经验事实，去论证产生正义义务的所有互动关系，找出恰当的全球正义原则。

我们可以接受的一种普遍观点是关系正义观，即正义源于互动关系，正义的范围可以存在于所有参与社会互动体系的人们之间，这种互动可以是相互依赖、相互合作、共同处于某种制度之下。因此,在社会互动存在之处,如果这些互动产生了不正义的现实和不平等的结果,我们有正当理由要求以正义为名的合法性论证,应该有一个正义的基本结构以实现背景正义,应该有一个平等主义分配原则应用于全球社会。

2. 全球正义的批评者在强调社会正义的时候确实忽视了国家之外的、人类普遍面对的正义问题。全球贫困、资源短缺、气候恶化、全球剥削、霸权主义、难民危机等全球性人类实践性难题同样属于正义议题。只通过关注国内正义问题和实践人道主义义务是无法解决上述正义议题的,尽管这些问题目前还是依照主权国家为主体的国家主义套路和解决路径,但是这些跨越国家边界的全球性正义难题是人类必须共同面对和解决的。在可见的未来,国际正义观念和人道主义援助对解决这些问题依然是无能为力的。

蔡拓指出:"全球性是当代人类社会活动超越现代性、民族性、国家性、区域性,以人类为主体,以全球为舞台,以人类共同利益为依归所体现出的人类作为一个类主体所具有的整体性、共同性、公共性新质与特征。"[①] 全球正义"包含一个两层次的国际社会观念,在国内和国际层次之间存在一个道德任务的分工:国家层次社会对其人民的福利负有主要责任,而国际共同体致力于确立和维持公正的国内社会能够在其中发展和繁荣的背景条件"[②]。全球层次的道德体系和罗尔斯所强调的社会(人民)之间的差异是不相违背的,相反,它是在尊重人民的差异和内部生发的道德义务的基础上,再叠加一层不同的道德要求。具体来说,当我们站在国内社会时,约束来自国内社会正义观(个体道德体系);当我们站在国内社会考虑对外行动时,约束可能是罗尔斯的万民法诸原则(人民道德体系);当我们站在全球社会并集体行动时,约束则是全球正义(全球道德体系)。全球道德体系尊重和促进前两者,全球正义正是在这个道德层次上发挥约束作用。

当然,这不意味着国内社会和全球社会一定有着结构上的道德差异,也不意味着国内社会的正义规范就一定不适用于全球社会。我们须做的是通过事实研究和理论论证去发现国内社会和全球社会的性质及其相符合的原则,而不是预先断定应用于两种社会的原则一定是不同的。当我们能够证明这种

---

① 蔡拓等:《全球学导论》,北京大学出版社2015年版,第487页。
② [美]查尔斯·贝兹:《政治理论与国际关系》,丛占修译,第131页。

道德差异在满足道德平等和个体福祉的要求上具有一致性时，对于国内社会正义原则的一些思考就同样适用于全球社会。虽然全球社会是一个不同于传统国内社会的新领域，但关于改善经济和社会不平等的正义观念或许在其中同样有效，这取决于我们在新的情景中如何理解、解释和发展这些观念。当我们承认社会正义的基本价值时，便自然无法避免对全球社会正义问题的思考。里塞说道："如果每个个体都应得尊重，我们必须质问相应的义务是否可以跨国。如果物质益品是每个人应得的权利和保障的一部分，我们必须质疑这是否依赖于人们的所在之处。如果权利要求理性论证，我们必须怀疑这种论证是否只适用于国家内部的原则。"①

这些反对世界主义的意见肯定有其局限性，但是世界主义要把国内社会正义的原则推广到全球范围在实践上是行不通的，关于全球正义的争论仍将继续。我们必须认识到，正义具有强制性，但在世界范围之内，除了国家主权以外没有强制的主体，一些跨国的国际组织（如联合国）很难真正地维持正义。我们在现实的国际秩序中、在利益的纷争中和在争端的解决过程中，并不是以正义为原则。相反，功利主义、机会主义、现实主义等大行其道，尤其是以美国为代表的西方力量打着各种诱人旗号，却在实际操作过程中依然是霸权主义的。世界主义在推行全球正义过程中，在倡导人类基本价值的过程中，在实践层面上要警惕成为霸权国家的工具，警惕成为普世价值的口号。从这个方面讲，很多世界主义者缺乏应有的反省，其理论构想过于理想化。

---

① Mathias Risse, *On Global Justice*, Princeton, NJ: Princeton University Press, 2012, p. 7.

第六章 全球正义的前景展望

21世纪，经济全球化加速推进，国际关系更加紧密，人类正在成为祸福共济的命运共同体。与此同时，全球化趋势和逆全球化现象并存，大国竞争趋于激烈，国际合作受阻和摩擦频发，国家间利益纠纷和多元价值冲突加剧。如何赋予人类实践以整体性，让其合乎理性且合乎正义地行动，导向更加文明的状态，是有待国际社会解决的难题。全球正义成为国际学界热点，世界主义是其重要一支。但是由于不存在超越国家主权的世界政府，世界主义的可行性值得质疑，这种质疑将检验相关全球正义理论。基于全人类共同价值理念，一种合理的全球正义应当既尊重各个独立民族国家的主权及其核心利益，又承认全人类共同价值，维护人类整体利益，回应人类共同关切。

第一节　世界主义的可行性存疑

虽然世界主义者倡导全球正义理论，但是世界主义是一个较弱的道德立场。世界主义有其难以克服的理论局限，无法为全球正义的实现提供可行方案。由于可以实现正义的情形和需要正义原则的情形是不一样的，全球正义不能局限于哲学家的书斋想象，而要在实践中设法兑现。世界主义的全球正义理念不具有现实性，其可行性存疑。

首先，虽然已经存在欧盟这样的跨国共同体，但是当今世界依然是主要由民族国家组成的世界，即使欧盟内部的各个国家也没有真正放弃主权国家的性质，世界主义不具备价值认同和普遍信念的伦理基础。正义不仅与社会意义相关，还与忠诚相关，它是共同体的附属物。一方面，道德信仰、推理和认同根植于特定的共同体和地方性经验，道德和伦理是特殊的文化产物。

第六章　全球正义的前景展望

对共同体的依附和承诺部分地规定了个体成员的社会与政治属性。① 每一个共同体确立其成员同等的道德地位和生活价值，生成"自己人"共同信奉的道德规范。地方性共识和共同体成员的选择决定了某一善好之物的社会意义和共享价值。另一方面，共同体使陌生成员产生特殊依附和连带关系，彼此之间有着更强烈承诺和忠诚，形成深厚的友谊和感情。

忠诚于一个共同体意味着我们将共享自我理解的共同性，将传递友爱互助的深情厚谊，将把他人之善内化为自我行动的目的，将促使我们愿意支持共同体成员的幸福并付出相应的牺牲。但是站在个体视角，这是一个以自我及其生活的家乡或社区为中心而逐渐向外部世界扩散的过程，全球关切或全球正义，肯定是被关注的最后一个。就总体而言，全球共同体尚未具备一如人们对民族国家共同体的依附性和忠诚感。它不能确证人之价值和意义的重要性，无法形成内嵌于共同体成员的特殊纽带和忠诚。受到地域和其他条件的限制，生活在两个国家的人民实际上难以过上一致认同和理解的共同生活、平等享有彼此不同的公共物品。这种平等分享在一国之内都难以实现，更不用说在世界的全球层面以给予实现；世界主义缺乏适用于所有世界公民的普遍主义的伦理基础。

民族国家共同体确实具有内在的特殊伦理价值和规范作用。即使在世界主义将伦理范围的纽带扩大到包括整个人类的时候，民族国家共同体依然具有自身的约束力。民族国家所附带的忠诚、团结和牺牲决定了每个民族国家采取的具体正义实践的合法性。② 虽然世界主义者想要超越一切文化边界和共同忠诚，做到"一视同仁"，但是我们对共同体成员与其他人的道德义务有着"厚""薄"之分、"亲""疏"之别、"先""后"之序。爱国主义也会影响人们是否接受全球分配正义的条款。"对共同体的忠诚，对特定亲属、特定地方共同体和特定自然共同体的等级次序的忠诚，是道德的先决条件。因此，爱国主义和与之相关的忠诚不仅是美德，而且是核心美德。"③ 富裕国家的公民可能出于对民族国家的认同和忠诚乐意遵循分配正义以调节全社会的财富、帮助国内低收入阶层增加经济收入，改善其社会生活状况，但他们未必接受

---

① ［美］迈克尔·桑德尔：《自由主义与正义的局限》，万俊人等译，译林出版社 2011 年版，第 202 页。
② ［英］戴维·米勒：《论民族性》，刘曙辉译，第 94 页。
③ Alasdair Macintyre, *Is Patriotism A Virtue?* The Lindley Lecture, University of Kansas, 1984, p. 10.

全球分配正义条款以实现其他国家穷人的利益和权利。在涉及分配议题时，爱国主义往往使得人们把民族国家成员的利益置于优先位置。

其次，世界是复杂多元的，世界主义无法成为具有普适性的价值选择和行为准则。一个统一的世界主义正义标准意味着它忽略深刻的国别差异性、文化多样性、价值多元性和利益冲突性。现实中，全球一体化往往带有分化力量，国家间竞争性的"自然状态"和合作性的"有序状态"交替存在。伴随着全球化趋势，逆全球化现象同样存在，国家间关系和世界格局在不断变化和调整。各国政治经济发展和现代化的水平参差不齐，支撑社会发展的资源、能力、技术和手段大相径庭，其发展方向、发展速度、国家实力、外交策略充满不确定性。现实主义、怀疑主义、保护主义和分离主义都对世界主义产生离心作用，比如，自从欧盟成立以来，一直有一种疑欧主义思潮和势力在发挥作用。

各个国家对世界主义的怀疑更是如此，因为不同国家不可能选择世界主义立场，也无法在全球分配正义的对象、内容和原则上达成统一意见，遑论将其转化为有效统一的政治行动。无论是简单拓展罗尔斯式的正义原则，还是其他国内社会正义的全球化版本，世界主义的全球正义观念都不会得到普遍认可，因为它们都是来自单一文化的正义概念。当世界主义将文化多样性和正义观的差异性排除在外时，它就建立在回避历史和文化特殊主义的抽象基础之上。

因此，我们必须承认合理的价值多元论和制度多元论，积极探索全球正义的实现形式。《万民法》作为《政治自由主义》的国际扩展，表达了合理的国际多元主义。每个民族国家都是自足自立的道德目的，我们要尊重其人民有选择自己生活方式和社会制度的权利。顾肃认为："世界主义的社会正义观希望一切社会体制的设计都满足一些广为人知、共同接受的要求，不得以国家或社会的特殊性而规避这些要求。"[①] 然而，世界主义者必须认识到，不同国家有完全不同的社会历史文化传统、社会制度和现代化道路，这不是设计的结果，而是基本的、合理的存在，任何理念和政策都不能够抛开这些价值和制度之间的重大差别。

再次，当世界主义以普遍主义姿态出现时，它容易忽视国家历史、政治

---

① 顾肃：《评世界主义的全球正义观》，《学术界》2022年11期。

文化和社会制度的特殊性，成为普世价值的另一种表达。世界主义本质上是一种普遍主义。然而，现实中各个社会文化和道德体系的差异如此之大，以至于我们很难找到统一的有效的跨文化规范，而不使其变成一种文化和价值霸权。若世界主义无法证明其对所有人通用的生活价值，无法达成所有人认可的政治观念共识，那么推行任何形式的世界主义都是把一种观念不公正地强加于他人。而当这种世界主义被推广的时候，它就极有可能变成文化霸权和价值输出，造成对其他文化正义理念和地方性善观念的损害和支配。这将产生国家间更大范围的权力支配和不平等。我们不能不怀疑，世界主义可能具有普世价值的危害性。

普世价值提倡者宣称其理论基础建立在理性概念之上，把普世价值拔高为启蒙运动的重要遗产之一。在这些人的眼中，启蒙运动的中心原则之一是普遍性，即理性主义为人之皆有的普遍特性。这一特性超越不同文化、民族、地理位置，而且为一切人类真实问题提供永恒答案与正确解释。自启蒙开启现代性之路以来，自由、民主、平等、真理等被附加在启蒙之上，理性被看成是启蒙的终极目的；理性成为世界的统治法则，理性主义带来一种普遍主义立场。这意味着理性主义拥有先验合理性，意味着谁拥有理性谁就可以代表最高的权威。然而，普世价值并不能因为启蒙运动而成为理性的具象，其并不具有先验性和神圣性。

以赛亚·伯林（Isaiah Berlin）审慎地对待启蒙运动的理性主义成就，怀疑启蒙信条以"一组普遍而不变的原则支配着世界"[①]。他深刻猜忌普遍适用的人类观念，质疑一以贯之的价值系统和相互通约的价值标准。伯林区分了原理性的真理与事实性的真理，认为前者是从理性主义那里得出的先验的永恒真理和永恒价值，后者是基于人类经验事实和多元文化而产生的一般性的价值观。事实性的真理不是系统化的绝对信念。依伯林所言，从启蒙时代的思想家扬巴蒂斯塔·维柯（Giambattista Vico）、约翰·哥特弗雷德·赫尔德（Johann Gottfried Herder）、让·博丹（Jean Bodin）等人那里，我们可以找到相对主义的观念史基础，发现文化和价值多元主义在经验上的可取性，它们应取代人类道德的统一性和价值观念的唯一性。启蒙运动给人类的遗产不是任何一种先验律令，而恰恰是自省的多元观念。怀疑主义和相对主义掘弱了

---

① ［英］以赛亚·伯林：《反潮流：观念史论文集》，冯克利译，译林出版社2002年版，第4页。

普遍原则的哲学基础。

　　普世价值变成了"划一"的专制，是对多元价值观念的预先毁灭。我们有理由怀疑普世价值的理性主义的底层逻辑，消解其哲学基础的概念，还原启蒙运动的精神——批判的务实精神。罗蒂曾指出，启蒙运动的精神要求每一个特殊的理论观点都必须屈服于破坏性的批判，承认自己只是一种信仰。更准确地讲，启蒙是一个文化命题和知识命题，而非政治命题。它以一种持续不断的思想运动的方式，意图开启心智，打破思想边界，改变过去的思维方式和生存方式，改变人的心智结构和习俗规范，得到启蒙的人将以开放的姿态对待不同的社会思潮和价值观念。启蒙运动的成就绝不是伪装成理性主义的普世价值。

　　当联合国最初起草《人权宣言》时，美国人类学协会拒绝参与，理由是这样的文件与文化相对主义的概念相违背。人类学家梅尔维尔·赫斯科维茨（Melville J. Herskovits）认为没有一个外来者能够客观地评价另一种文化。[①]他对平等主义和文化相对主义的信念使他反对普世价值观。在研究非洲和非裔美国人的过程中，赫斯科维茨主张不同文化的价值观是不同的，指出普世价值隐喻了文化的单一性和白人文化的优越性，是文化的不平等的体现。

　　说到底，普世源于欧洲哲学，是欧洲思想史的独特产物。[②] 普世价值是欧洲国家启蒙运动的产物，是西方文化的特殊表达。在普世价值政治化的过程中，它变成意识形态上的地方文化倾销；它维护西方理性主义的霸权，体现西方中心论及其历史文化的一元论。一元论的历史很难承认自我身份的可能性，把自身的特殊性价值误以为是有效的普遍性价值。当欧美国家把地方价值当作普遍价值，他们就会有意地去改变他者，以维持其作为世界创造者的中心地位，其结果是欧美国家对外推行文化上的理性至上主义、价值观念上的强势输出，以及国际政治上的霸权主义。

　　用沃尔泽的话说，在不摧毁世界层面上现有国家的政策垄断和权力集中的前提下，世界主义将导致简单平等和强权专制，这将是国家权力对其他领域的入侵。[③] 由此看来，像罗尔斯那样主张以"万民法"作为国际法和国际

[①]　Melville J. Herskovits, "Some Further Comments on Cultural Relativism", *American Anthropologist*, Vol. 60, No. 2, April 1958, pp. 266–273.

[②]　[法] 朱利安：《论普世》，吴泓缈、赵鸣译，北京大学出版社 2016 年版。

[③]　[美] 迈克尔·沃尔泽：《正义诸领域：为多元主义与平等一辩》，褚松燕译，译林出版社 2009 年版，第 32 页。

实践的规范与原则，以此确保人民间相互平等的关系，看起来更为可取。罗尔斯选择了一个由国家间人民平等的关系正义所规范的社会，试图保留地方性共识和多样性的正义观念，这既能避免产生一种全球范围的统一分配制度，又能有效解决保护人权、不正当干涉和霸权主义问题。罗尔斯提醒我们要警惕世界主义成为道德帝国主义和普世价值的最新表现形式，不能将一种自由平等主义的观念强加于其他国家。从这个意义上讲，罗尔斯的万民法理论比世界主义更加深刻，也更具有可行性。

最后，为了实现全球正义，不存在全球意义的世界政府，不存在超越主权国家的世界权威或全球权威，世界主义没有现实的可行全球制度和国际权威机构。全球和国内领域之间存在重大的结构性差异，这主要体现在国家权威对正义的保障性作用上。分配问题是政治问题。它要求公民服从、支持和参与国家强制与社会合作。分配正义是国家对它自身以公民名义执行主权权力并要求公民的自愿服从的证明①，也是对不被允许的强制行为的纠正②。

正如弗雷曼指出那样，分配正义涉及财产体系、契约制度、法律体系、司法制度、经济体系、行政管理等一系列基本社会制度，对于国家政治权力具有的高度依赖性。③ 只有拥有一整套法律、社会和经济制度与机构的权威才能够确保正义的实现。有学者非常乐观地认为，实现道德世界主义的方案不以世界国家或世界政府的存在为先决条件，只要通过联合国或世界银行等国际组织以及国家间自愿合作即可实现。④ 诚然，世界主义并不以建构世界国家或全球政府为目标，但它的可行性依赖于一个超越国家主权的世界性权威，至少是一个统合国家主权力量的国际联盟。当今世界，这种国际联盟的主要表现形式是主权国家及政府合作组织。但无论是联合国还是其他政府组织都缺乏一如国家的强制性干预力量，因此都难以充当保障全球正义的公共权威。由此，主权国家依然是基本的权力单元，对于国内社会正义和全球正义的实现，它都是第一位的。国际社会在正义方面取得的已有重要成果也都是建立

---

① Thomas Nagel, "The Problem of Global Justice", *Philosophy & Public Affairs*, Vol. 33, No. 2, Spring 2005, p. 121.
② Michael Blake, "Agency, Coercion, and Global Justice: A Reply to My Critics", *Law and Philosophy*, Vol. 35, No. 3, June 2016, p. 325.
③ Samuel Freeman, "Distributive Justice and *The Law of Peoples*", in Rex Martin and David A. Reidy eds., *Rawls's Law of Peoples, A Realistic Utopia?*, New York: Blackwell Publishing, 2006, pp. 245–246.
④ 高景柱:《当代世界主义：批判与辩护》,《国外理论动态》2017 年第 9 期。

在国家间合作和共同推进的基础之上。

综上所述,全球正义的主体仍然是主权国家及其合作组织。然而,在一个不稳定、不安全的世界,分歧大于共识,利益冲突多于合作共赢,一旦世界主义不能成为国家间的共同价值选择,它不可能为实现比人道主义援助更为严格的规范正义提供可靠力量。

第二节 全球正义理念再诠释

在全球化时代,人类面临的全球性难题不是单一个别的地方性、国别性或国际性问题,而是全人类的和平、发展、安全和正义问题。面对这些人类难题,全球正义是可欲的。全球正义旨在突破传统国际正义理论范式,重新定义人类关系和义务,重塑全球社会伦理道德,改革全球政治经济制度结构,实现每个个体的利益和福祉,但它不是世界主义式的。

全球不存在一个世界意义的政府,它也不是未来目标。不同国家和利益集团的博弈与讨价还价是主流现象,国家纷争和局部战争一直持续着。国际现实表明,分歧是主要的,共识是偶然的。因此,全球正义不能要求所有人都遵从一套统一的基本价值原则;相反,它应当建立在各个主权国家所选择的共同价值上。全球正义也不是社会经济意义的分配正义,它不能要求所涉人群就分配权益、分配标准和分配原则达成高度一致的共识;相反,它要寻求各个主权国家普遍承认并愿意遵守国际正义条款。这些条款将建立在普遍尊重国家主权及其核心利益、普遍承认国家间共同价值、普遍维护人类整体利益、普遍回应人类共同关切的基础之上。对待全球正义,我们表示谨慎的乐观主义,采取协商、妥协、互惠、共赢的方式,相信人类文明可以找到解决纷争的道路。

第一,全球正义承认民族国家的道德重要性,尊重国家主权及其核心利益,促使主权国家承担保障国内人民利益优先的责任。全球正义视域下的公平,主要指承认每个国家都享有安全、和平与发展的机会,尊重和保障它们各自的核心利益、生活方式、文化传统、民族尊严、发展道路。

每个国家都有自己的根本利益,这些利益应该得到国际社会的承认和尊重。每个国家都是造成个体利益损益的最直接单元,个体的基本权利首先要在国家内部得到确立、实现和保护。从这个意义上讲,全球正义与爱国情怀和同胞优先情谊是相通的。同胞优先情谊意味着,任何一个国家都需要先把本国的事办好,将本国人民的利益放在首位,满足本国人民对美好生活的追求欲望。① 所以,任何一个国家优先照顾好自己的人民,就是对人类做出最大贡献,就是在实践全球正义。同时,国际社会要为各个国家自主均衡的发展、为它们实现其人民利益创造公平公正的国际环境。全球制度改革的方向就是寻求平等交往、对等互惠的关系正义,尤其要改变发达国家对发展中国家的强制、利用和不正当干涉。

第二,全球正义根植于各个国家之地方经验的共同价值,而非西方国家主导的普世价值。随着全球化进程的推进,全球范围的人、财、物和服务加速流动,人类一直在探索通往全球正义的道路。实际上,全球正义是各个国家寻求现代化道路的必要议题,已经产生丰富的理论成果和地方性共识。借助于先发优势和经验,西方国家对此做出过重要贡献。我们肯定其思想、理念和实践的合理部分,肯定其人民,尤其是伟大政治家和思想家为实现全球正义做出的努力。与此同时,我们重视中国和其他发展中国家关于全球正义的理论成果和原创性贡献。对正义的不同理解,包括对全球正义的不同理解,发端于各民族国家和人民的国际存在差异和多元文化差异。不同国家有自己独特而统一的文明,有处理深刻的差异的能力,有自己的基于神性、宇宙、人性的普遍价值观。这些价值观念有其重合交汇部分。和平、发展、公平、正义、民主、自由是所有文化都凝结出来的文明之精华。

如朱利安所言,普世是先验律令,共同则深深根植于经验。② 共同价值是人与人之间、社会与社会之间都存在的经验性观念,是彼此的历史和文化都拥有的共同之物。这由事实决定,而不由任何先验律令验明。不同文化皆有"普世"价值。儒教、佛教、伊斯兰教和基督教都涉及关于什么是人类的基本问题,可以提供深刻而近似的见解。欧美国家的启蒙运动、中国的启蒙运动和其他第三世界国家的启蒙运动都是自我现代性的追寻过程,已经产生丰富而相似的现代性要素。

我们要在不同宗教和哲学传统形成的文化中寻找到这些共通的普遍价值,认真对待各个国家的人民所持有的交错重叠的正义观念,在差异和分歧中寻

---

① 龚群:《全球正义的进路与人道主义关怀》,《世界哲学》2018年第2期。
② [法]朱利安:《论普世》,吴泓缈、赵鸣译,第22页。

求可能的共识。价值观不可能是跨文化空间内的复刻与拓印，它只能是跨文化互动中的交流与阐释。交流而不是命令，理解而不是指责，共同而不是求一，是处理文化和价值问题的基本方式。

因此，关于什么是全球正义，我们要从地方文化和国别经验中挖掘和总结各国人民可能持有的共同的全球正义理念，以达成全人类共享的正义价值与观念。这是一个多向度的开放的理念交流过程，对话、交流、纷争、协商和妥协是免不了的，谁都无法把自己的全球正义理念强加于其他任何一个主体，无论是个体、国家、国际组织还是跨国同盟。挖掘和弘扬各地文化所凝结的价值的共同部分，包容和暂存那些差异部分，才是人类多元社会的唯一正解。

第三，全球正义必须立足于各个国家的共同利益，不能成为个别国家维护私人利益、干涉他国的政治幌子。一个国家的私自利益和外交政策要受到各国共同利益和国际义务规则的边界约束。全球正义是全人类共同追求的目标，应该为人类的共同利益服务。

站在全球正义的立场，面对国家争端和冲突，我们反对目前盛行的国家功利主义、实用主义、怀疑主义、保守主义和分离主义倾向，反对各个国家仅谋求自身最大利益而不顾他国利益的行为。我们必须承认，当发生全球不正义和国际纷争时，尤其是大国之间的纷争，单纯依靠联合国和其他国际组织的力量来解决这些争端往往是不可能的。这就凸显了大国在超越国家利益之上重视人类整体利益和各个国家共同利益的重要性。大国应该承认人类的共同利益，高度关怀每个国家、每个民族、每个人的生存和发展状态。虽然致力于实现全球正义是所有国家共同的使命，但是大国在其中肩负着主要责任。作为实现全球正义的主要推动者，大国当胸怀天下以谋大同，不能以全球正义为名行非正义之事。

在全球正义概念下，我们同样要警惕强国霸权和"人权高于主权"观念的渗透。全球正义的实现虽然不能避免干预，但绝不是颠覆其他国家政权的国际政治谋划工具，不能以干涉别国内政为代价。我们必须采取正当的干预手段，即经济合作、文化交流、贸易开放和政治引导。即使人类社会要以全球正义为发展目标，维护主权国家的完整性和独立性依然是不可动摇的。当然，对于那些显著违反人权的国家政权，给予批评和谴责是必要的。全球正义在面对世界范围的人权难题上不是无所作为的。

第四，全球正义必须促进人类的整体利益，回应人类共同关切，特别是照顾贫困人口的利益和权利。我们可以尊重多元主义，尊重国家主权和利益，但绝不能忽视贫困人口的个人福祉。我们要在承认国家主权的前提下照顾其他人民的利益。虽然保护个人权利和利益首要的责任承担者是民族国家，但这不意味着面对其他人的苦难我们可以冷眼旁观。世界主义在个人关怀上有道德吸引力，我们每个人应从根本上关心其他人的利益和权利，而无论他们身处哪个国家。在今天我们强调人类基本价值和利益时，全球正义、国际正义、国内正义有一点是一致的，即正义旨在维护不同理念所覆盖的主体的根本利益、基本权利和基本福祉，所有理论都为它们服务。一旦背离这一点，再美好的理论皆为枉然。

第五，全球正义需要争取更广泛的国家合作基础和政治动员。在一个依然由众多主权国家组成的全球社会，全球正义的当务之急是探讨如何在与其直接利益和直接关切范围无关的问题上动员特定社会的公民[①]，保障全人类共同价值，推进全人类共同事业。全球正义需要持续研究其实践形式及现实行动者，发挥普通民众在重塑全球制度上的政治行动者作用。全球贫困、气候变化、贸易不公、不正当干涉、非正义战争等全球性问题是影响所有国家及其公民切身利益的问题。针对这些问题进行全球正义的政治宣传和动员将会唤起发达国家和发展中国家人民的共同支持。在建立更正义的全球秩序上，如果没有直接针对系统性不正义的社会运动，没有催生超越民族国家的国际力量，任何形式的全球正义都不会到来。[②]

近年来，全球正义运动在全球范围内兴起。它们以全球正义草根组织和社会动员的形式，正推动全球正义发展为一项政治运动，这是值得关注的。在各种自发的全球正义行动中蕴含着推动全球正义的强大政治力量，这种由下而上的社会力量将成为全球正义可行的实践路径。因此，要从地方性运动和实践中探索全球正义的实现形式，动员世界各国人民及其国家接受全球正义，在国际层面推进全球正义制度实践，促进国际合作与交流，推动人类和平与发展。

---

① Lea Ypi, *Global Justice and Avant-Garde Political Agency*, New York: Oxford University Press, 2012, p. 168.
② ［德］R. 弗斯特：《全球正义如何可能？——M. 威廉姆斯、R. 弗斯特和赵汀阳三人对话》，《世界哲学》2021 年第 5 期。

第六，我们要改变国际自然丛林法则，消解国际现实主义，寻求国家间的妥协、和解与势力均衡。在国际意义上，我们必须承认对正义的追求应该是多元化且相对的，除非有一个拥有主权权威的世界国家和政府，否则完全的正义是不可能的。贝兹等世界主义者永恒正义的寻求，亦存在不合理性。在现实世界中，大家所秉持的根深蒂固的观念致使社会制度差异很难改变，所以我们不能期望实现一致同意，而只有达成最大程度上的重叠共识，并共识的基础上寻求正义。然而，重叠共识本身的特点决定了全球正义只是暂时的妥协、和解和合作，它以动态的国家实力为基础，因而也极具不稳定性。

第三节　以全人类共同价值统领全球正义

2015年9月28日，习近平同志在第七十届联合国大会上提出"全人类共同价值"理念。2021年7月6日，在中国共产党与世界政党领导人峰会上，习近平同志在主旨讲话中强调："我们要本着对人类前途命运高度负责的态度，做全人类共同价值的倡导者，以宽广胸怀理解不同文明对价值内涵的认识，尊重不同国家人民对价值实现路径的探索，把全人类共同价值具体地、现实地体现到实现本国人民利益的实践中去。"2022年10月16日，中国共产党第二十次全国代表大会上，习近平同志在报告中以"促进世界和平与发展，推动构建人类命运共同体"为标题，呼吁世界各国弘扬和平、发展、公平、正义、民主、自由的全人类共同价值，共同应对各种全球性挑战。[1] 全人类共同价值是中国共产党立足于文化多元世界而凝练的价值共识，对于推动构建人类命运共同体、实现世界各国人民的共同福祉意义重大。

全人类共同价值是一个把人类当作整体并以全人类利益考察其价值取向、价值信念的哲学范畴。全人类共同价值是以人类为主体达成的价值共识，是特定时代的人类价值共识，具有整体性、包容性、时代性、创新性、先进性、代表性和科学性。[2] 它反映中国人民推动人类文明进步的最新探索，是引领人

---

[1] 《高举中国特色社会主义伟大旗帜　为全面建设社会主义现代化国家而团结奋斗——习近平同志代表第十九届中央委员会向大会作的报告摘登》，《人民日报》2022年10月17日第4版。
[2] 杨光斌：《从世界政治看全人类共同价值》，《国际问题研究》2022年第5期。

类进步潮流的中国方案，表明中国形成鲜明的人类价值观和文明观。全人类共同价值事关人类生存的根本意义，事关人类社会成员的基本权利和利益，事关人类社会面向未来的总体走向，既是对人类文明价值基本要素的概括和总结，也是对各国人民交往、合作与联合方式的正确指引。

第一，全人类共同价值对普世价值观念进行跨文化批判，开展全球正义对话，建立全球正义共识。普世价值观念的哲学基础是一种唯理主义和普遍主义知识理论，从科学领域的普遍真理知识推导出普遍价值，并把普遍价值绝对化，最终形成所谓的普世价值。普世价值观念背后隐藏的文化理论或文明理论是西方文化中心论和西方文明优越论。近两个世纪以来，怀疑主义和相对主义对西方普遍主义和西方文化优越理论有所反思与批评，但是普遍主义一直占据西方政治意识形态的主流；西方国家对内奉行自由主义和个人主义，对外宣扬"普世价值"和"人权高于主权"。

面对经济全球化趋势和普世价值积弊，世界主义者尝试发展一种适合全球化特征和人类共同问题的全球正义理论。这反映了一些学者和政治精英对当代资本主义的国家利益和意识形态偏见的批评，但是它倡导的全球正义并非真正的全人类共同价值。世界主义强调"全球化的自由主义正义"，只是对普遍主义再解释，未曾对普世价值有任何质疑，实际上也是把西方规则和西方价值强行推广于整个世界。它无法引导人类社会建立公平正义的国际政治经济秩序，实现世界各国人民的和平发展、公平正义和民主自由。

相比之下，中国提倡的全人类共同价值是一种共同体主义知识论，在价值领域以集体合理选择理论为依据。它不是一元的先验价值和根本原则，它是生活于不同民族国家和政治文化之中的人民分享的价值，根植于各个民族自己的历史文化、政治制度和人民习性。因此，它是历史的、经验的、具体的和多元的。从整体的人类视野来看，全人类共同价值产生于经济全球化加速、人类共同利益形成的普遍实践。和平、发展、公平、正义、民主、自由的全人类共同价值不是某一个国家的"自话自说""自吹自擂"，而是各个国家在文化的碰撞交流中、在近代启蒙运动中、在现代化道路的探索中形成的现代价值文明。

普世价值是在他者的他性中消灭他者，而全人类共同价值则在他者的他性中寻找共同性。和平、发展、公平、正义、民主、自由，这些全人类共同价值，正是包括中国人民在内的世界各国人民在现代社会变革中不断摸索、总结并认可的共同价值追求。中国在19世纪受到西方资本主义全球化和帝国主义殖民化的影响，中国人民逐渐接受现代价值和文明。在近代启蒙中，中国人民对自由、民主、科学等现代人类价值都有积极探索，在一些领域已经取得重要思想成果。在探索过程中，中国人民对待西方现代文明价值从来都不是全盘接受的，而是以批判的态度对待的。通过与本国文化进行融合再造，中国人民接受、认可和阐释了民主、自由、公平、正义和平等价值，这是在中国人民进行革命、建设和改革进程中，与西方资本主义国家的斗争、交流和争辩中形成的。它既有中国特色的诠释，又有世界共识的理念。世界上其他的后发展国家与中国有相似的价值理念形成过程。不同国家、民族和人民在自己的独特制度、历史与文化中凝结自身的价值观念和寄托民族信仰，也就是说，和平、发展、公平、正义、民主、自由的全人类共同价值由人类共同创造，也将由人类共同分享。它在应用范围上具有广泛适用性，不在价值规范上具有先验正确性。世界上各个国家、文化、甚至个体都有按照自己特定的、具体的方式去生活的正当性。

第二，全人类共同价值承认不同民族国家有着不同社会制度和不同意识形态差异，对各民族国家的现代化道路予以肯定和尊重。"二战"后，选择不同社会制度的国家之间长期存在激烈的意识形态斗争。究其原因在于，由于没有全人类共同价值体系进行规范和约束，早已被建立起来的，以西方资本主义意识形态为主要内容的普世价值体系一直在对外输出，形成了单一文化霸权。西方主要国家单方面推崇所谓的普世价值，是最有利于西方世界根本利益的。国内外思想界和理论界对普世价值多有反思和批判，但是世界人民认可的共同价值体系仍然有待建立。

人类历史是野蛮与文明、愚昧与启蒙、落后与先进、保守与进步、专制与民主、奴役与自由、法治与人治等在思想观念、制度结构和社会实践各方面长期斗争与角逐的历史。20世纪以来，世界各国之间进行着长期的碰撞、对话、交流、互动、斗争与合作。关于和平、发展、公平、正义、民主、自由等价值，世上主要国家对它们的理解并不存在本质差异。中国以此确立全人类共同价值的基本面，为不同国家及其人民凝练概括了基本的价值共识，指导建立一个完整的人类共同价值体系。

全人类共同价值承载着不同的文明形态，包容多样的现代化道路。现代化是人类社会发展的趋势，不论社会制度和意识形态是什么，各个民族国家都在探索现代化。在具体的道路上,各国的选择是不同的。处于不同文明发展水平的国家和地区,有着不同的现代化探索和模式,也承担着不同的社会责任和发展目标。全人类共同价值充分肯定和尊重各个国家的现代化尝试和探索,反对以发达国家和地区的单一标准来要求相对落后的发展中国家和地区。它将引导西方国家避免强制推行"西方模式",减少干预和干涉,为后发展国家提供充分的国际宽容和自由。在这一价值理念的引导下,后发展国家才有可能探索适合本国国情的现代化道路,解决贫困、不平等、不正义等社会问题,使其人民过上美好生活。

第三,全人类共同价值引导各国人民在处理不同层级利益上形成有效磋商合作机制。全人类共同价值涉及两个层面:一是思想观念层面的,二是利益价值层面。人权、正义、民主、自由、法治等基本价值观念属于第一个层面;人类共同利益、民族利益、国家利益、特殊群体或阶层利益属于第二个层面,而这两个层面的争议性问题往往是相互交叉重叠的。表面看来,现代社会的鲜明特征是伦理和政治相分离,任何集团都不能通过世俗力量把道德观念强加于整个社会。但是,像其他普遍主义理论一样,"世界主义""全球正义"容易成为一些国家谋求自身最大利益的口号和幌子,帮助它们建立只利于自身的利益团体。

然而,全人类共同价值不仅确立思想观念层面上的一致性,而且以人类整体利益统合各国共同利益,把民族利益、国家利益、特殊群体或阶层的利益都囊括于人类共同利益。这为各国的外交理念和国际行为提供双重道德约束,即一个国家应该通过实现本国和人民的利益来增进人类共同利益,同时在追求自身利益时不伤害并且增进他国及其人民的相似利益。人类共同利益是全球正义的道德基础,也是辨别哪些国家的利益诉求和外交政策是值得我们尊重或批评的道德标准。全球正义尽管不是世界主义意义上的,也是相当严格的要求。这一要求就是各个国家必须兼顾自我利益和共同利益,对自己人民和全人类负有同等的责任,这样的国家才有资格得到充分的国际尊重,它的政治结构、领导者和人民应积极回应和承担这两种责任。相反,建立在对他国及人民公开或隐匿的剥削、压迫、排挤和打压形式之上的国际制度和行为不会被允许,无法对人类共同利益负责的国家不会被尊重,为谋私利而损害他国利益的想法会被指责。

正是由于全人类共同价值理念同时解决思想观念和利益价值两个方面的

分歧，以共同价值凝聚共识，以共同利益牵制自利，人类才有可能解决不同民族国家在基本价值上的冲突，实现国际社会理性对话，达成相互谅解。在全人类共同价值的视域下，对话优先于对抗，磋商优越于孤立。由对话和磋商达成的全球正义比推广所谓的"全球化的自由主义正义"更加合乎 21 世纪的现实。弘扬全人类共同价值，维护真正的多边主义，调和自利与他利，是推进全球正义和治理改革的必由之路。

在以全人类共同价值统领全球正义的过程中，我们将会一直面临来自西方世界的干扰和阻碍。这些干扰和阻碍有的是出自于误解和误会，有的是出自别有用心，一个重要原因是出于意识形态的差异或价值观念不同。与价值观念不同者对话和交流，尝试说服对方，至少要让他们听到我们真实的声音。这将是一项长期的工作。西方世界在价值观念领域不仅是我们真正的对手，而且是我们真实的对话者。在社会基本问题趋同背景下，由于社会基本制度和意识形态的差异，在价值观念领域的分歧将是持久的。我们不否认这种差异和分歧，但要使得中西方在价值观念和意识形态领域的分歧有充分对话和交流的机会，甚至建立必要的沟通渠道，这是让各方了解对方真实意图的最好办法。

为此，我们要在国际社会中阐明以全人类共同价值统领全球正义的合理性，探索构建人类命运共同体的实践路径，既与同道者并肩前进，也要与不同道者相向而行。在应当阐明我们的原则立场的地方，不做让步；在非原则领域，或者在可以协商利益领域，折中调和，灵活处理各种国际争端；在弘扬全人类共同价值、推动全球正义的实践中，尽量争取更多的朋友，减少国际摩擦甚至对立。中国人民和世界人民要充分认识到，国际和平环境是人类发展的最宝贵财富，在如此环境下才能更好地增进全人类共同价值，实现全球正义。

总而言之，在当今世界变革加剧，不稳定因素增多的背景之下，霸权主义、孤立主义和单边主义占据国际政治主流。然而，和平、合作、发展、共赢终将是当今世界的生存之道。我们要以全人类共同价值统领全球正义，调和利益，化解纠纷，增进合作，有效应对和解决全人类共同难题。

第四节　实现全球正义的中国方案

无论是实践中的人道主义援助方案还是世界主义设计的全球正义版本，

都有自身的缺陷。相较而言，中国提倡和建设的人类命运共同体理念和方案更具有时代意义和实践价值。2011 年中国发表《中国的和平发展》白皮书，首次提出"'你中有我、我中有你'的命运共同体概念"，主张要以命运共同体为新视角，以同舟共济、合作共赢的新理念，寻求多元文明交流互鉴的新局面，寻求人类共同利益和共同价值的新内涵，寻求各国合作应对多样化挑战和实现包容性发展的新道路。① 2022 年 10 月 16 日，习近平同志在中国共产党第二十次全国代表大会上再次强调构建人类命运共同体的中国方案，呼吁世界各国弘扬和平、发展、公平、正义、民主、自由的全人类共同价值，共同应对各种全球挑战。"构建人类命运共同体，实现共赢共享"的中国方案在全球正义问题上富有真知灼见，对症下药，是实现全球正义的一味良方。

第一，中国方案以人为本，致力于促进人类的发展、能力和福祉。"人类命运共同体"在关注广大发展中国家人民的生存权之外，特别重视他们的发展权问题。发展权是按照充分原则充分实现人的自治和自由。当个体自由地进行选择和追求有价值的生活时，个体必须配备充分的物质资源和相应的能力。这还意味着个体所在的社会必须有能力满足个体的需要，它至少是一个组织良好、功能健全的社会。

首先，中国方案有利于减少极端贫困，改善贫困人口的生活。中国方案为广大发展中国家提供了大量无偿援助、优惠贷款和贸易投资，提供了大量技术支持、人力支持、智力支持，为广大发展中国家建成了大批民生改善项目，这些举措和项目尽可能地增加发展中国家穷人的收入，改善其生活的状态。

其次，中国方案帮助发展中国家（尤其是极端贫困国家）提升社会组织能力和经济发展能力，以社会的健全促进人的福祉。森曾批评道："仅靠减少收入贫困不可能成为反贫困政策的根本动机。将贫困狭隘地理解为收入剥夺，然后认为在教育、医疗等领域的投入是减少收入贫困的好方法，这是危险的。那将是目的和手段的混淆。"② 人道主义援助无疑是治标不治本。当从能力剥夺的角度应对贫困时，帮助一个贫穷国家的发展能力，激活其内生发展动力，

---

① 中华人民共和国国务院新闻办公室：《〈中国的和平发展〉白皮书》，2011 年 9 月，http://www.gov.cn/jrzg/2011-09/06/content_1941204.htm，引用日期：2023 年 1 月 4 日。
② Amartya Sen, *Development as Freedom*, New York: Alfred A. Knopf, Inc., 1999, p. 92.

而不仅仅是财物上的援助，才是标本兼治的方式。"中国提出共建丝绸之路经济带和21世纪海上丝绸之路，倡议筹建亚洲基础设施投资银行，设立丝路基金，就是要支持发展中国家开展基础设施互联互通建设，帮助他们增强自身发展能力，更好融入全球供应链、产业链、价值链，为国际减贫事业注入新活力。"① 中国方案的愿景如森所示："人类能力的提高也往往伴随着生产力和赚钱能力的扩大。这种联系建立了一种重要的间接联系，通过这种联系，提高能力直接和间接地有助于丰富人类生活，使人类的贫困现象更加少见、更不严重。"②

第二，中国方案推动建设公平的国际环境和秩序，追求全球正义。相互尊重、公平正义和合作共赢描绘了中国致力于构建的新型全球正义的蓝图。其中，各国的相互尊重是基础，对话、协商和合作是手段，构建公平正义、共商共建共享的国际秩序是目的。③ 中国着力于创造公平和正义的国际秩序和国际环境，将对全球社会产生深远影响。正如龚群所说："构建人类命运共同体，不仅需要有国际政治与经济交往层次的国际正义，而且还要有全人类个体层面的全球正义。"④ 一个显见的事实是，当前的全球制度性结构加速和永久化了全球贫困和人权伤害，全球经济结构和全球政治结构相互作用产生了负面影响。⑤ 没有公平正义的全球制度背景，所有的主权国家、人民、民族、个体、公司、跨国组织等的国际交往和国际行动都难以保证其公正性和有效性。即使一些穷人暂时得到了经济援助，可以维持生存，然则由于全球经济和政治结构的不平等，个体依然没有充分资源或者机会获得有利地位，国家间依然不能处于平等关系，人类依然不能解决发展问题和福祉问题。

中国方案"通过广泛的参与建构一种更具有大众性、多元性和普遍性的人类命运共同体，给予公平、正义更多的关注"⑥。中国方案重新评估全球经

---

① 习近平：《携手消除贫困，促进共同发展》，载《十八大以来重要文献选编》（中），中央文献出版社2016年版，第723页。
② Amartya Sen, *Development as Freedom*, New York: Alfred A. Knopf, Inc., 1999, p. 92.
③ 《高举中国特色社会主义伟大旗帜 为全面建设社会主义现代化国家而团结奋斗——习近平同志代表第十九届中央委员会向大会作的报告摘登》，《人民日报》2022年10月17日第4版。
④ 龚群：《人类命运共同体及其正义维度》，《哲学分析》2018年第1期。
⑤ Kok-Chor Tan, *Justice without Borders: Cosmopolitanism, Nationalism, and Patriotism*, Cambridge: Cambridge University Press, 2004, p. 25.
⑥ 韦路、左蒙：《新世界主义的理论正当性及其实践路径》，《浙江大学学报》（人文社会科学版）2019年第3期。

济和政治领域的指导准则和预设条件，重构公平正义的全球秩序，改变现有的全球经济和政治结构，使得各个国家之间、地区之间、各个阶层之间实现公平、平等发展，使得所有人平等共享全球化的好处。

第三，中国方案本质上是一个发展方案和分配方案。全球问题归根结底是一个发展问题和分配问题。解决这些问题首先要回归发展，"要解决好各种全球性挑战……根本出路在于谋求和平、实现发展。面对重重挑战和道道难关，我们必须攥紧发展这把钥匙。唯有发展，才能消除冲突的根源。唯有发展，才能保障人民的基本权利。唯有发展，才能满足人民对美好生活的热切向往"①。但是过去的发展是不健康的发展。长期以来，全球发展是以新自由主义和市场为导向的，它只注重经济上的增长，而忽视人类的整体利益和个体的福祉，产生了发达国家和发展中国家、富人阶层与穷人阶层之间贫富差距分化的问题。中国方案"推进开放、包容、普惠、平衡、共赢的经济全球化"② 正是意识到当前全球化带来的全球贫困危机，因而主张全球化应该是以人的福祉和人类发展为导向的全球化。

中国方案与时俱进，积极转换发展意识，主张从经济发展到人类发展，从失衡发展到均衡发展，从一国发展到多国共同发展。在中国方案中，个体发展、国家发展、民族发展、人类发展相结合，既有国家意识，又有正确的全球义利观，将以健康的全球发展带动全球问题的迎刃而解。

另外，中国方案也注重分配问题。但它是基于共享的分配正义。中国方案中的分配概念是明确的，即共建共享。让发展成果惠及世界各国，让人人享有富足安康正是中国推动共建共享的分配观念。"中国'一带一路'倡议秉承共商、共享、共建原则，实施利益和命运共享、责任共担的战略目标，积极在国际范围推进共享价值理念。"③

第四，中国方案注重发挥国家角色，尤其是大国在贫困治理上的榜样力量和平台作用。大国应该有一种全球的胸怀，对全人类的每个个体、每个民族、每个国家的生存状态给予高度关怀，必须要超越国家利益，追求人类的

---

① 习近平：《谋共同永续发展 做合作共赢伙伴——在联合国发展峰会上的讲话》，《人民日报》2015年09月27日第2版。
② 习近平：《携手建设更加美好的世界——习近平在中国共产党与世界政党高层对话会上的主旨讲话》，《人民日报》2017年12月02日第2版。
③ 张国清、何怡：《"共享发展"理念相关问题之考察》，《云南社会科学》2017年第5期。

共同利益。中国在解决贫困问题时,既强调大国在国内贫困治理上的努力和成效,又强调大国在超越国家利益之上重视全球利益的重要性。中国在提倡构建人类命运共同体的多次讲话、论坛和公开宣传中,多次明确将继续发挥负责任大国作用,积极参与全球治贫工作,不断贡献中国智慧和力量。

同时,大国扮演各国合作的引擎和润滑剂角色,也发挥着经验交流和共同发展的平台作用。"推动建立以合作共赢为核心的新型国际减贫交流合作关系,是消除贫困的重要保障。中国倡导和践行多边主义,积极参与多边事务,支持联合国、世界银行等继续在国际减贫事业中发挥重要作用;将同各方一道优化全球发展伙伴关系,推进南北合作,加强南南合作,为全球减贫事业提供充足资源和强劲动力。"① 中国方案体现了大国的引导意识、平台意识和奉献意识。其一,中国的精准扶贫和精准脱贫政策和实践为各国的贫困问题提供实践样板,中国的国际减贫理念和行动为各国戮力同心解决贫困问题提供了方向指引。其二,在分享中国智慧的同时,中国为各个国家的治贫减贫提供了经验交流的平台,提供了各个国家共同发展、共建共享的平台。中国方案的重要战略是共建"一带一路",它已成为相关国家实现共同发展的巨大合作平台。通过"一带一路"的国际合作,沿线国家"实现政策沟通、设施联通、贸易畅通、资金融通、民心相通,打造国际合作新平台,增添共同发展新动力"。

第五,"全人类共同价值"和"人类命运共同体"理念以大局观念、全球视野、共同体意识和个人关怀在全球正义的道路上举步向前。该方案关注作为整体的人类命运,关心全球范围的互动正义,关注全球合作的制度正义,关切富国和穷国、富人和穷人之间的平等正义,遵从共建共享的分配正义,将为人类共同发展做出重要贡献。在大力弘扬全人类共同价值、坚定不移地推动建设人类命运共同体的过程中,必须认识到人类命运共同体理念和方案与全球正义高度相关。中国方案以实现人类共同利益为引导,推进共同价值理念的全球认同,推动消除人类贫困的全球实践。贫困问题和公平问题是全球正义着力解决的问题,中国方案能否成功在于它能否积极回应并解决这两个问题。

最后,我们以下面这段话来结束:三年来,新冠肺炎疫情在世界范围的

---

① 习近平:《携手消除贫困,促进共同发展》,载《十八大以来重要文献选编》(中),第722页。

传播演变成一场全球危机，涉及经济、金融、政治、社会等众多领域，一些国家和地区的人民生命安全陷入前所未有的危险当中，其生活也陷入前所未有的困难当中。刚刚摆脱疫情灾难的中国正在以负责任大国的姿态尽力援助在这次疫情中遭受苦难的众多国家和人民。我们相信，灾难终究会过去。但是，一些贫困国家将因这次疫情而变得更加贫困，一些发展中国也可能面临国家基本制度和社会生活崩溃的风险。中国的大国担当和中国的制度优势，将给动荡的世界带来希望。在解决全球性问题上，前路漫漫，中国方案任重而道远。

参考文献

一　经典文献

《马克思恩格斯选集》，人民出版社 2012 年版。
《十八大以来重要文献选编》（上），中央文献出版社 2014 年版。
《十八大以来重要文献选编》（中），中央文献出版社 2016 年版。
《十八大以来重要文献选编》（下），中央文献出版社 2018 年版。
《习近平谈治国理政》（第四卷），外文出版社 2022 年版。

二　中文著作

蔡拓等：《全球学导论》，北京大学出版社 2015 年版。
丛占修：《确证全球正义：世界主义及其批评者》，人民出版社 2020 年版。
复旦大学社会科学高等研究院：《全球正义指数报告》，格致出版社 2020 年版。
高景柱：《世界主义的全球正义》，中国社会科学出版社 2020 年版。
钱乘旦、许洁明：《英国通史》，上海社会科学院出版社 2017 年版。
徐向东编：《全球正义》，浙江大学出版社 2011 年版。
徐向东：《权利、正义与责任》，浙江大学出版社 2021 年版。
徐纪霖编：《全球正义与文明对话》，江苏人民出版社 2004 年版。
昝涛：《现代国家与民族建构：20 世纪前期土耳其民族主义研究》，生活·读书·新知三联书店 2011 年版。
张国清：《实用主义政治哲学》，商务印书馆 2018 年版。
张国清等：《社会共享研究》，浙江大学出版社 2022 年版。
赵汀阳：《天下体系：世界制度哲学导论》，中国人民大学出版社 2011 年版。
赵汀阳：《天下的当代性：世界秩序的实践与想象》，中信出版社 2016 年版。

三 中文期刊

［美］理查德·米勒、陈文娟：《全球正义的困境与出路》，《马克思主义与现实》2013 年第 5 期。

［德］R. 弗斯特：《全球正义如何可能？——M. 威廉姆斯、R. 弗斯特和赵汀阳三人对话》，《世界哲学》2021 年第 5 期。

艾四林、曲伟杰：《民族国家是否已经过时——对全球正义的一种批判性考察》，《清华大学学报》（哲学社会科学版）2012 年第 2 期。

蔡拓：《世界主义的新视角：从个体主义走向全球正义》，《世界经济与政治》2017 年第 9 期。

常永强：《托马斯·博格全球正义理论的论证思路及其内在悖论》，《国外理论动态》2014 年第 2 期。

陈肖生：《国家边界与分配正义》，《南京社会科学》2016 年第 9 期。

陈先达：《论普世价值与价值共识》，《哲学研究》2009 年第 4 期。

段忠桥、常永强：《"全球正义"理论：全球吗？正义吗？——与博格和徐向东两位教授商榷》，《世界哲学》2013 年第 5 期。

段忠桥：《"向下拉平异议"是平等主义无法克服的难题吗？——简析当代西方平等主义者的三种回应》，《天津社会科学》2016 年 11 期。

高景柱：《差别原则能够在全球层面上适用吗？——评约翰·罗尔斯与查尔斯·贝兹的国际正义之争》，《世界哲学》2014 年第 4 期。

高景柱：《评爱国主义与全球正义之争》，《江苏行政学院学报》2016 年第 11 期。

高景柱：《论全球正义理论的人权分析路径》，《哲学研究》2017 年第 1 期。

高景柱：《当代世界主义：批判与辩护》，《国外理论动态》2017 年第 9 期。

龚群：《人类命运共同体及其正义维度》，《哲学分析》2018 年第 1 期。

龚群：《全球正义的进路与人道主义关怀》，《世界哲学》2018 年第 2 期。

顾肃：《经济社会差别中的平等原则辨析》，《中国人民大学学报》2018 年第 5 期。

顾肃：《评世界主义的全球正义观》，《学术界》2022 年第 11 期。

韩水法：《权利的公共性与世界正义——世界公民主义与万民法的比较研究》，《中国社会科学》2005 年第 1 期。

庞永红、郭笑雨：《全球正义的民族主义阐释》，《马克思主义与现实》2016

年第 3 期。

谭安奎：《从罗尔斯的正义理论到全球正义：一个错误的跨越》，《道德与文明》2017 年第 4 期。

童世骏：《关于"重叠共识"的"重叠共识"》，《中国社会科学》2008 年第 11 期。

万俊人：《论正义之为社会制度的第一美德》，《哲学研究》2009 年第 2 期。

韦路、左蒙：《新世界主义的理论正当性及其实践路径》，《浙江大学学报》（人文社会科学版）2019 年第 3 期。

吴楼平：《全球平等主义可证成吗？——戴维·米勒的视角及其基于责任的全球正义理论重构》，《国外理论动态》2016 年第 8 期。

杨光斌：《从世界政治看全人类共同价值》，《国际问题研究》2022 年第 5 期。

闫涛：《全球正义中的民族责任》，《天津大学学报》（社会科学版）2016 年第 2 版。

杨通进：《世界主义者对罗尔斯国际正义理论的反思与批评》，《世界哲学》2012 年第 6 期。

杨通进：《人的观念与全球正义》，《道德与文明》2015 年第 1 期。

杨通进：《社群主义的全球正义困境——以戴维·米勒为中心的讨论》，《马克思主义与现实》2016 年第 3 期。

姚大志：《公平与契约主义》，《哲学动态》2017 年第 5 期。

姚大志：《谁应得什么？》，《中国人民大学学报》2017 年第 3 期。

俞丽霞：《最低限度的全球正义——论不伤害的消极责任和制度型人权》，《哲学动态》2014 年第 6 期。

张国清：《罗尔斯难题：正义原则的误读与批评》，《中国社会科学》2013 年第 10 期。

张国清、何怡：《"共享发展"理念相关问题之考察》，《云南社会科学》2017 年第 5 期。

赵可金：《从国际秩序到全球秩序：一种思想史的视角》，《国际政治研究》2016 年第 1 期。

四 中译著作

［美］本尼迪克特·安德森：《想象的共同体》，吴叡人译，上海人民出版社 2005 年版。

［德］于尔根·奥斯特哈默：《世界的演变：19 世纪史Ⅰ》，强朝晖、刘风译

译，社会科学文献出版社 2016 年版。

［德］于尔根·奥斯特哈默：《世界的演变：19 世纪史 Ⅱ》，强朝晖、刘风译译，社会科学文献出版社 2016 年版。

［古希腊］柏拉图：《理想国》，郭斌和、张竹明译，商务印书馆 1986 年版。

［美］查尔斯·贝兹：《政治理论与国际关系》，丛占修译，上海译文出版社 2012 年版。

［美］涛慕思·博格：《康德、罗尔斯与全球正义》，刘莘、徐向东等译，上海译文出版社 2010 年版。

［美］涛慕思·博格：《实现罗尔斯》，陈雅文译，上海译文出版社 2014 年版。

［英］边沁：《道德与立法原理导论》，时殷弘译，商务印书馆 2011 年版。

［英］边沁：《政府片论》，沈叔平译，商务印书馆 2011 年版。

［英］以赛亚·伯林：《反潮流：观念史论文集》，冯克利译，译林出版社 2002 年版。

［英］以赛亚·柏林：《自由论》（《自由四论》扩充版），胡传胜译，译林出版社 2011 年版。

［新西兰］吉莉安·布洛克：《全球正义：世界主义的视角》，王珀、丁祎译，重庆出版社 2014 年版。

［美］罗纳德·德沃金：《原则问题》，张国清译，江苏人民出版社 2008 年版。

［美］约翰·杜威：《人的问题》，傅统先、邱椿译，上海人民出版社 1986 年版。

［美］科斯塔斯·杜兹纳：《人权与帝国》，辛亨复译，江苏人民出版社 2010 年版。

［美］塞缪尔·弗雷曼：《罗尔斯》，张国清译，华夏出版社 2013 年版。

［荷］胡果·格劳秀斯：《战争与和平法》，［美］A. C. 坎贝尔英译，何勤华等译，上海人民出版社 2017 年版。

［荷］胡果·格劳秀斯：《海洋自由论》，［美］拉尔夫·冯·德曼·马戈芬英译，马呈元译，中国政法大学出版社 2018 年版。

［德］尤尔根·哈贝马斯：《包容他者》，曹卫东译，上海人民出版社 2002 年版。

［德］尤尔根·哈贝马斯：《交往行为理论》（第一卷），曹卫东译，上海人民出版社 2018 年版。

［德］尤尔根·哈贝马斯：《分裂的西方》，郁喆隽译，上海译文出版社 2019 年版。

［德］黑格尔：《历史哲学》，王造时译，上海书店出版社 2022 年版。

［英］霍布斯：《利维坦》，黎思复、黎廷弼译，商务印书馆 2010 版。

［英］埃里克·霍布斯鲍姆：《民族与民族主义》，李金梅译，上海世纪出版集团 2006 年版。

［加］威尔·金里卡：《当代政治哲学》（上），刘莘译，上海三联书店 2003 年版。

［德］伊曼努尔·康德：《康德著作全集第 8 卷：1781 年之后的论文》，李秋零主编，中国人民大学出版社 2008 年版。

［德］伊曼努尔·康德：《历史理性批判文集》，何兆武译，天津人民出版社 2014 年版。

［法］让·雅克·卢梭：《论人类不平等的起源》，高修娟译，上海三联书店 2009 年版。

［美］理查德·罗蒂：《后形而上学希望》，张国清译，上海译文出版社 2009 年版。

［美］理查德·罗蒂：《偶然、反讽与团结》，徐文瑞译，商务印书馆 2003 年版。

［美］约翰·罗尔斯：《正义论》（修订版），何怀宏、何包钢、廖申白译，中国社会科学出版社 2009 年版。

［美］约翰·罗尔斯：《政治自由主义》（增订版），万俊人译，译林出版社 2011 年版。

［英］弗雷德里克·罗森：《古典功利主义：从休谟到密尔》，曹海军译，译林出版社 2018 年版。

［英］罗素：《西方哲学史》，何兆武、李约瑟译，商务印书馆 2015 年版。

［英］洛克：《政府论》（下篇），叶启芳、瞿菊农译，商务印书馆 1982 年版。

［美］理查德·W. 米勒：《全球化的正义：贫困与权力的伦理学》，杨通进等译，江西人民出版社 2020 年版。

［英］戴维·米勒：《论民族性》，刘曙辉译，译林出版社 2010 年版。

［英］戴维·米勒：《民族责任与全球正义》，杨通进、李广博译，重庆出版社 2014 年版。

［英］约翰·穆勒：《功利主义》，徐大建译，商务印书馆 2019 年版。

［英］约翰·穆勒：《政治经济学原理及其再社会哲学上的若干应用》（上、下卷），赵荣潜等译，商务印书馆 2010 年版。

［美］玛莎·C. 纳斯鲍姆：《正义的前沿》，朱慧玲、谢惠媛、陈文娟译，中国人民大学出版社 2016 年版。

［美］罗伯特·诺齐克：《无政府、国家和乌托邦》，何怀宏等译，中国社会科学出版社 1991 年版。

［美］罗伯特·诺齐克：《无政府、国家和乌托邦》，姚大志译，中国社会科学出版社 2008 年版。

［法］托马斯·皮凯蒂：《21 世纪资本论》，巴曙松、陈剑等译，中信出版社 2014 年版。

［德］塞缪尔·冯普芬道夫：《自然法与国际法》（第一、二卷），罗国强、刘瑛译，北京大学出版社 2012 年版。

［加］查尔斯·琼斯：《全球正义：捍卫世界主义》，李丽丽译，重庆出版社 2014 年版。

［美］乔治·萨拜因：《政治学说史》（第四版，上卷），［美］托马斯·索尔森修订，邓正来译，上海人民出版社 2008 年版。

［美］杰弗里·萨克斯：《贫穷的终结：我们时代的经济可能》，邹光译，上海人民出版社 2007 年版。

［美］迈克尔·桑德尔：《自由主义与正义的局限》，万俊人等译，译林出版社 2011 年版。

［印］阿马蒂亚·森：《贫困与饥荒》，王宇、王文玉译，商务印书馆 2011 年版。

［印］阿马蒂亚·森：《以自由看待发展》，任赜、于真译，中国人民大学出版社 2012 年版。

［印］阿马蒂亚·森：《正义的理念》，王磊、李航译，中国人民大学出版社 2012 年版。

［印］阿马蒂亚·森、［英］伯纳德·威廉姆斯《超越功利主义》，梁捷等译，复旦大学出版社 2011 年版。

［澳］兹拉特科·斯科瑞比斯、［澳］伊恩·伍德沃德：《世界主义观念的使用》，张进、聂成军译，知识产权出版社 2021 年版。

［美］列奥·斯特劳斯、约瑟夫·克罗波西主编：《政治哲学史》，李洪润等译，法律出版社 2009 年版。

［以色列］耶尔·塔米尔：《自由主义的民族主义》，陶东风译，上海社会科学院出版社 2017 年版。

［美］梯利：《西方哲学史》，伍德增补，葛力译，商务印书馆 1995 年版。

［美］迈克尔·沃尔泽：《正义诸领域：为多元主义与平等一辩》，褚松燕译，译林出版社 2009 年版。

［古罗马］西塞罗：《国家篇 法律篇》，沈叔平、苏力译，商务印书馆 2002 年版。

［古罗马］西塞罗：《论义务》，张竹明、龙莉译，译林出版社2015年版。

［英］亨利·西季威克：《伦理学方法》，廖申白译，中国社会科学出版社1993年版。

［美］彼得·辛格：《实践伦理学》，刘莘译，东方出版社2005年版。

［英］大卫·休谟：《人性论》（上、下），关文运译，商务印书馆1980年版。

［古希腊］修昔底德：《伯罗奔尼撒战争史》，谢德风译，商务印书馆2013年版。

［古希腊］亚里士多德：《政治学》，吴寿彭译，商务印书馆1965年版。

［法］伊夫-夏尔·扎尔卡：《重建世界主义》，赵靓译，福建教育出版社2015年版。

［法］朱利安：《论普世》，吴泓缈、赵鸣译，北京大学出版社2016年版。

五　中文网络文献

蔡淳：《南非〈碳税法案〉正式生效 南非由此成为首个实施碳税的非洲国家》，《经济日报》2019年6月1日，http://www.tanpaifang.com/tanshui/2019/0601/64105.html，引用日期：2019年8月15日。

电缆网：《新加坡确定从2019年开始实施碳排放税》，http://www.sohu.com/a/223481673_249929，引用日期：2019年8月15日。

国家税务总局办公厅：《国家税务总局发布OECD/G20税基侵蚀和利润转移项目2015年最终报告中文版》，2015年10月10日，http://www.chinatax.gov.cn/chinatax/n810219/n810724/c1836574/content.html，引用日期：2019年8月15日。

联合国：《可持续发展目标报告2020》，2020年，https://unstats.un.org/sdgs/report/2020/The-Sustainable-Development-Goals-Report-2020_Chinese.pdf.，引用日期：2022年9月20日。

联合国：《可持续发展目标报告2022》，2022年，https://unstats.un.org/sdgs/report/2022/The-Sustainable-Development-Goals-Report-2022_Chinese.pdf.，引用日期：2022年9月20日。

世界银行：《美国：从地区外的发展中经济体的商品进口（占商品进口总额的百分比）》，https://data.worldbank.org.cn/indicator/TM.VAL.MRCH.OR.ZS?end=2017&locations=US&start=1990&view=chart，引用日期：2022年9月28日。

数汇财经:《大家常说的托宾税,到底是什么》,2018 年 5 月 19 日,http://www.sohu.com/a/231012071_240534,引用日期:2019 年 8 月 15 日。

碳排放交易网:《碳税(环境税)》,http://www.tanpaifang.com/tanshui/,引用日期:2019 年 8 月 15 日。

政府间气候变化专门委员会:《气候变化 2001:综合报告》,2001 年,https://archive.ipcc.ch/ipccreports/tar/vol4/chinese/pdf/TAR_SYR_ZH.pdf.,引用日期:2022 年 9 月 20 日。

政府间气候变化专门委员会:《气候变化 2007:综合报告》,2007 年,https://archive.ipcc.ch/pdf/assessment-report/ar4/syr/ar4_syr_cn.pdf.,引用日期:2022 年 9 月 20 日。

政府间气候变化专门委员会:《气候变化 2014:综合报告》,2014 年,https://archive.ipcc.ch/pdf/assessment-report/ar5/syr/AR5_SYR_FINAL_SPM_zh.pdf.,引用日期:2022 年 9 月 20 日。

政府间气候变化专门委员会:《政府间气候变化专门委员会综述》,1990 年,https://archive.ipcc.ch/ipccreports/1992%20IPCC%20Supplement/IPCC_1990_and_1992_Assessments/Chinese/ipcc_90_92_assessments_far_overview_zh.pdf.,引用日期:2022 年 9 月 20 日。

中华工商时报:《限制过度投机,欧洲议会推动欧盟金融交易税》,中国日报网,2012 年 5 月 28 日,http://www.chinadaily.com.cn/dpdf/2012-05/28/content_15404869.htm,引用日期:2019 年 8 月 15 日。

中华人民共和国国务院新闻办公室:《〈人类减贫的中国实践〉白皮书》,2021 年 4 月,http://www.gov.cn/zhengce/2021-04/06/content_5597952.htm,引用日期:2022 年 6 月 11 日。

中华人民共和国国务院新闻办公室:《〈中国的和平发展〉白皮书》,2011 年 9 月,http://www.gov.cn/jrzg/2011-09/06/content_1941204.htm,引用日期:2023 年 1 月 4 日。

六 外文著作

Chris Armstrong, *Global Distributive Justice*, Cambridge: Cambridge University Press, 2012.

Charles R. Beitz and Robert E. Goodin eds., *Global Basic Rights*, New York: Oxford University Press, 2009.

Thom Brooks ed., *The Oxford Handbook of Global Justice*, New York: Oxford University Press, 2020.

Simon Caney, Justice *Beyond Borders: A Global Justice Theory*, New York: Oxford University Press, 2005.

Simon Caney, *What Is This Thing Called Global Justice? (Second Edition)*, Oxon and New York: Routledge, 2022.

Nicholas Canny, *The Origins of Empire British Overseas Enterprise to the Close of the Seventeenth Century*, New York: Oxford University Press, 2001.

Jack Corbett, *Australia's Foreign Aid Dilemma: Humanitarian Aspirations Confront Democratic Legitimacy*, Oxon and New York: Routledge, 2017.

Norman Daniels ed., *Reading Rawls*, New York: Basic Books, Inc., Publishers, 1989.

Alix Dietzel, *Global Justice and Climate Governance*, Edinburgh: Edinburgh University Press, 2019.

William Easterly ed., *Reinventing Foreign Aid*, Cambridge, MA: The MIT Press, 2008.

Kathryn Edin and Luke Shaefer, *$2.00 a Day: Living on Almost Nothing in America*, Boston and New York: Houghton Mifflin Harcourt, 2015.

Andrew Erskine, *The Hellenistic Stoa: Political Thought and Action*, Second Edition, London: Bristol Classical Press, 2011.

Samuel Freeman, *Rawls*, New York: Routledge, 2007.

Stephen M. Gardiner, Simon Caney, Dale Jamieson and Henry Shue eds., *Climate Ethics: Essential Readings*, New York: Oxford University Press, 2010.

Robert Goodin, *Protecting the Vulnerable: A Reanalysis of our Social Responsibilities*, Chicago: University of Chicago Press, 1985.

Robert Goodin, Philip Pettit and Thomas Pogge eds., *The Blackwell Companion to Contemporary Political Philosophy (Second Edition)*, Oxford: Blackwell, 2007.

James Griffin, *On Human Rights*, New York: Oxford University Press, 2008.

R. M. Hare, *Essays in Ethical Theory*, New York: Oxford University Press, 1989.

William Edward Hall, *A Treatise on International Law (8th Edition)*, Oxford:

Clarendon Press, 1924.

David Held, *Democracy and the Global Order: From the Modern State to Cosmopolitan Governance*, Stanford, CA: Stanford University Press, 1995.

Thomas Hobbes, *Leviathan (Revised Student Edition)*, Richard Tuck ed., New York: Cambridge University Press, 2017.

Sidney Hook, *Out of Step: An Unquiet Life in the 20th Century*, New York: Harper & Row, Publishers, 1987.

David Hume, *Essays, Moral, Political, and Literary*, Eugene F. Miller eds., Indianapolis, IN: Liberty Classics, 1987.

David Hume, *Hume: Political Essays*, Knud Haakonssen ed., New York: Cambridge University Press, 1994.

David Hume, *OF the Jealousy of Trade*, 1758.

David Hume, *Political Writings*, in Stuart D. Warner and Donald W. Livingston eds., Indianapolis and Cambridge: Hackett Publishing Company, 1994.

Alison M. Jaggar ed., *Thomas Pogge and His Critics*, Malden, MA: Polity Press, 2010.

Aaron James, *Fairness in Practice: A Social Contract for a Global Economy*, New York: Oxford University Press, 2012.

Rajat Kathuria and Neetika Kaushal Nagpal eds., *Global Economic Cooperation: Views from G20 Countries*, Springer India, 2016.

Carol Lancaster and Ann Van Dusen, *Organizing U.S. Foreign Aid Confronting the Challenges of the Twenty-first Century*, Washington, D.C.: Brookings Institution Press, 2005.

Alasdair Macintyre, *Is Patriotism A Virtue?*, The Lindley Lecture, University of Kansas, 1984.

Rex Martin and David A. Reidyeds., *Rawls's Law of Peoples A Realistic Utopia?*, New York: Blackwell Publishing, 2006.

David Miller, *Justice for Earthlings: Essays in Political Philosophy*, New York: Cambridge University Press, 2013.

Thomas Nagel, *Equality and Partiality*, New York: Oxford University Press, 1991.

Ralph Barton Perry, *Thought and Character of William James: As Revealed in Un-*

published Correspondence and Notes, Together with his Published Writings, Volume II, Philosophy and Psychology, Boston, MA: Little, Brown, and Company, 1935.

Thomas Pogge, *World Poverty and Human Rights: Cosmopolitan Responsibilities and Reform*, Malden, MA: Polity Press, 2002.

Thomas Pogge, *World Poverty and Human Rights: Cosmopolitan Responsibilities and Reform*, Malden, MA: Polity Press, 2008.

ThomasPogge ed., *Freedom from Poverty as a Human Right: Who Owes What to the Very Poor?*, New York: Oxford University Press, 2007.

Thomas Pogge, *World Poverty and Human Rights: Cosmopolitan Responsibilities and Reform*, Malden, MA: Polity Press, 2008.

Thomas Pogge and Krishen Mehta eds., *Global Tax Fairness*, New York: Oxford University Press, 2016.

John Rawls, *A Theory of Justice*, Cambridge, MA: Belknap Press of Harvard University Press, 1971.

John Rawls, *A Theory of Justice (Revised Edition)*, Cambridge, MA: The Belknap Press of Harvard University Press, 1999.

John Rawls, *The Law of Peoples with "The Idea of Public Reason Revisited"*, Cambridge, MA: Harvard University Press, 2002.

Mathias Risse, *On Global Justice*, Princeton, NJ: Princeton University Press, 2012.

Mathias Risse, *On Justice: Philosophy, History and Foundations*, New York: Cambridge University Press, 2020.

T. M. Scanlon, *Why Does Inequality Matter?*, New York: Oxford University Press, 2018.

Samuel Scheffler, *Boundaries and Allegiances: Problems of Justice and Responsibility in Liberal Thought*, New York: Oxford University Press, 2001.

Amartya Sen, *Development as Freedom*, New York: Alfred A. Knopf, Inc., 1999.

Henry Shue, *Basic Right: Subsistence, Affluence, and U. S. Foreign Policy*, Princeton, NJ: Princeton University, 1980.

Henry Sidgwick, *The Elements of Politics (Second Edition, Revised Throughout)*, New York: Macmillan and Co., Limited, 1897.

Peter Singer, *The Most Good You Can Do*, New Haven, CT: Yale University Press, 2015.

Peter Singer, *One World Now: The Ethics of Globalization*, New Haven, CT: Yale University Press, 2016.

Manfred B. Steger, James Goodman and Erin K. Wilson, *Justice Globalism: Ideology, Crises, Policy*, London: Sage, 2013.

Casper Sylvest, *British Liberal Internationalism, 1880 – 1930: Making Progress?*, Manchester and New York: Manchester University Press, 2009.

Kok-Chor Tan, *Justice without Borders: Cosmopolitanism, Nationalism, and Patriotism*, Cambridge: Cambridge University Press, 2004.

W. W. Tarn, *Hellenistic Civilisation*, revised by the author and G. T. Griffith, Cleveland: The World Pbulishing Company, 1952.

Richard Tuck, *The Rights of War and Peace: Political Thought and the International Order From Grotius to Kant*, New York: Oxford University Press, 1999.

Roger White ed., *Measuring Multidimensional Poverty and Deprivation: Incidence and Determinants in Developed Countries*, New York: Palgrave Macmillan, 2017.

Lea Ypi, *Global Justice and Avant-Garde Political Agency*, New York: Oxford University Press, 2012.

Bas van der Vossen and Jason Brennan, *In Defense of Openness: Why global Freedom is the Humane Solution to Global Poverty*, New York: Oxford University Press, 2018.

The United Nations Development Programme, *Human Development Report 1990*, New York: Oxford University Press, 1990.

The World Bank, *World Development Report 2006: Equity and Development*, New York: A Copublication of The World Bank and Oxford University Press, 2005.

七 外文论文

Arash Abizadeh, "Cooperation, Pervasive Impact, and Coercion: On the Scope (Not Site) of Distributive Justice", *Philosophy & Public Affairs*, Vol. 35, No. 4, September 2007.

Charles R. Beitz, "Miller, David. On Nationality", *Ethics*, Vol. 108, No. 1, October 1997.

Charles R. Beitz, "Social and Cosmopolitan Liberalism", *International Affairs*, Vol. 75, No. 3, July 1999.

Charles R. Beitz, "Rawls's Law of Peoples", *Ethics*, Vol. 110, No. 4, July 2000.

Charles R. Beitz, "Cosmopolitanism and Global Justice", *The Journal of Ethics*, Vol. 9, No. 1/2, 2005.

Charles R. Beitz, "The Moral Standing of States Revisited", *Ethics & International Affairs*, Vol. 23, No. 4, December 2009.

Michael Blake, "Distributive Justice, State Coercion, and Autonomy", *Philosophy & Public Affairs*, Vol. 30, No. 3, July 2001.

Michael Blake, "Agency, Coercion, and Global Justice: A Reply to My Critics", *Law and Philosophy*, Vol. 35, No. 3, June 2016.

Gillian Brock, "Recent Work on Rawls's Law of Peoples: Critics Versus Defenders", *American Philosophical Quarterly*, Vol. 47, No. 1, January 2010.

Allen Buchanan, "Rawls's Law of Peoples: Rules for a Vanished Westphalian World", *Ethics*, Vol. 110, No. 4, July 2000.

Sujatha Byravan and Sudhir Chella Rajan, "Providing New Homes for Climate Change Exiles", *Climate Policy*, Vol. 6, 2006.

Simon Caney, "Cosmopolitanism and the Law of Peoples", *The Journal of Political Philosophy*, Vol. 10, No. 1, December 2002.

Simon Caney, "Global Distributive Justice and the State", *Political Studies*, Vol. 56, No, 3, October 2008.

Jiwei Ci, "Agency and Other Stakes of Poverty", *The Journal of Political Philosophy*, Vol. 21, No. 2, June 2013.

Joshua Cohen and Charles Sabel, "Extra Rempublicam Nulla Justitia?", *Philosophy & Public Affairs*, Vol. 34, No. 2, March 2006.

Samuel Freeman, "The Law of Peoples, Social Cooperation, Human Rights, and Distributive Justice", *Social Philosophy & Policy*, Vol. 23, No. 1, January 2006.

Robert E. Goodin, "Demandingness as a Virtue", *The Journal of Ethics*, Vol. 13, No. 1, 2009.

参考文献

Mark T. Heil and Quentin T. Wodon, "Inequality in CO_2 Emissions Between Poor and Rich Countries", *The Journal of Environment & Development*, Vol. 6, No. 4, December 1997.

Melville J. Herskovits, "Some Further Comments on Cultural Relativism", *American Anthropologist*, Vol. 60, No. 2, April 1958.

A. J. Julius, "Nagel's Atlas", *Philosophy & Public Affairs*, Vol. 34, No. 2, March 2006.

Rex Martin, "Rawls on International Economic Justice in 'The Law of Peoples'", *Journal of Business Ethics*, Vol. 127, No. 4, April 2015.

Thomas Nagel, "Moral Conflict and Political Legitimacy", *Philosophy & Public Affairs*, Vol. 16, No. 3, Summer, 1987.

Thomas Nagel, "The Problem of Global Justice", *Philosophy & Public Affairs*, Vol. 33, No. 2, Spring 2005.

Martha C. Nussbaum, "Duties of Justice, Duties of Material Aid: Cicero's Problematic Legacy", *Bulletin of the American Academy of Arts and Sciences*, Vol. 54, No. 3, Spring 2001.

Mathias Risse and Gabriel Wollner, "Three Images of Trade: On the place of Trade in a Theory of Global Justice", *Moral Philosophy and Politics*, Vol. 1, No. 2, October 2014.

Yasemin Sari and Isaac Taylor, "Diagnosing the Refugee Crisis", *Global Justice: Theory Practice Rhetoric*, Vol. 11, No. 1, 2018.

Samuel Scheffler, "The Idea of Global Justice: A Progress Report", *The Harvard Review of Philosophy*, Vol. 20, Spring 2014.

Peter Singer, "Famine, Affluence and Morality", *Philosophy & Public Affairs*, Vol. 1, No. 3, Spring 1972.

Christine Straehle and Caesar Alimsinya Atuire, "Introduction", *Global Justice: Theory Practice Rhetoric*, Vol. 13, No. 2, April 2022.

Kok-Chor Tan, "Global Justice and Global Relations", *Social Theory and Practice*, Vol. 36, No. 3, July 2010.

John Tasioulas, "Global JusticeWithout End?", *Metaphilosophy*, Vol. 36, Nos. 1/2, January 2005.

Michael Walzer, "Achieving Global and Social Justice", *Dissent*, 2011.

Martin Wight, "An Anatomy of International Thought", *Review of International Studies*, Vol. 13, No. 3, July 1987.

Allen W. Wood, "Exploitation", *Social Philosophy and Policy*, 1995.

OECD, "Development Co-operation Report: 1999 Report", *The DAC Journal*, Vol. 1, No. 1, 2000.

八 外文网络文献

ATTAC, "Overview", https://www.attac.org/en/overview, 引用日期：2019 年 8 月 15 日。

Center for Human Rights and Global Justice, "Global Justice Clinic", https://chrgj.org/focus-areas/global-justice-clinic/, 引用日期：2019 年 6 月 13 日。

Center on Democracy, "Development and the Rule of Law, "About the Program on Global Justice", https://cddrl.fsi.stanford.edu/docs/about _ pgj/, 引用日期：2019 年 6 月 13 日。

CnBeta:《巴黎高等法院裁定 Attac 抗议苹果避税的活动不违法》，2018 年 02 月 24 日，https://tech.sina.com.cn/roll/2018-02-24/doc-ifyrvnsw7982115.shtml, 引用日期：2019 年 8 月 15 日。

DRUM, "Global Justice Program", 2nd. October, 2012, https://www.drumnyc.org/global-justice-program/, 引用日期：2019 年 8 月 15 日。

Global Justice: Theory Practical Rhetoric, "Aim and Scope", https://www.the-globaljusticenetwork.org/global/index.php/gjn/pages/view/about-the-journal, 引用日期：2019 年 6 月 13 日。

Othering & Belonging Institute, "Global Justice", https://belonging.berkeley.edu/global-justice, 引用日期：2019 年 6 月 13 日。

Our Word in Data, "Annual CO2 Emissions", https://ourworldindata.org/grapher/annual-co2-emissions-per-country, 引用日期：2022 年 9 月 20 日。

Statista, "Manufacturing labor costs per hour for China, Vietnam, Mexico from 2016 to 2020 (in U.S. dollars)", https://www.statista.com/statistics/744071/manufacturing-labor-costs-per-hour-china-vietnam-mexico/, https://hdr.undp.org/system/fil-es/documents/2016humandevelopmentreportpdf1pdf, 引用日期：2022 年

9月30日。

The United Nations Development Programme, "Human Development Report 2015", 2015, https://hdr.undp.org/system/files/documents/2015humandevelopmentreportpdf_1.pdf., 引用日期：2022年6月11日。

The United Nations Development Programme, "Human Development Report 2016: Human Development for Everyone", 2016, https://hdr.undp.org/system/files/documents/2016humandevelopmentreportpdf1pdf, 引用日期：2022年9月30日。

The United Nations Development Programme, "Human Development Report 2021/2022", 2022, https://hdr.undp.org/system/files/documents/global-reportdocument/hdr2021-22pdf_1.pdf., 引用日期：2022年6月11日。

UO Global Justice Program, "About", https://globaljustice.uoregon.edu/about-2/, 引用日期：2019年6月13日。

WTO, "World Trade Report 2003", 2003, https://www.wto.org/english/res_e/booksp_e/anrep_e/world_trade_report_2003_e.pdf., 引用日期：2022年9月28日。

WTO, "World Trade Report 2008: Trade in a Globalizing World", 2008, https://www.wto.org/english/res_e/booksp_e/anrep_e/world_trade_report08_e.pdf., 引用日期：2022年9月30日。

WTO, "World Trade Report 2014", 2014, https://www.wto.org/english/res_e/booksp_e/world_trade_report14_e.pdf., 引用日期：2022年9月30日。

WTO, "World Trade Statistical Review 2022", 2022, https://www.wto.org/english/res_e/booksp_e/wtsr_2022_e.pdf., 引用日期：2022年9月28日。

后　记

当前人类仍然面临多重不确定性，和平、发展与正义之道仍然道阻且长。在经济衰退、大国纷争、乌俄冲突等偶然事实中，我们或许会怀疑人类文明的未来走向。人类是否有同等的生活预期？人类是否有平等的发展机会？人类和平的条件究竟是什么？全球正义之道究竟在哪里？我们希望能从不确定性中寻找到一个答案。全球正义研究是一项重要的学术工作。但限于个人能力和时间，本书还没有专门讨论全球正义中的和平与战争问题，对一些议题的讨论还不够充分，请容我将它留待后续研究。

我很高兴完成此书。在此过程中，我得到了许多人的帮助。在此容我表达谢忱。

我首先要感谢浙江大学哲学学院张国清教授，他为本书给出了非常专业的建议。他以独立、自由、包容的精神引导我认真对待全球正义问题，鼓励我完成本书写作，并支持我开展后续研究。我也非常感谢浙江大学的多位教授和其他知名院校的学者，他们是：毛丹、郎友兴、高力克、冯钢、徐向东、韩水法、段忠桥、姚大志、刘同舫、成龙、李哲罕等。他们在学问上的精深、学术上的卓越、为人上的真诚和为师上的尽责让我获益良多。一些老师非常认真地阅读我的初稿，非常严谨地对待我的学术成果，非常耐心地提出诸多问题；一些老师支持我的研究主题和内容，与我热切讨论，给予我积极鼓励；还有一些老师曾以讲座、读书会、会议的形式提供我思想启发和学术火花。对于与诸位学者的学术交流和建立的长久友谊，我深感荣幸。

写作之初，我在普林斯顿大学人类价值研究中心做访问学生，有幸得到全球正义领域的重要学者 Peter Singer、Charles R. Beitz 的指导。本书对世界主义的基本概念与思想的把握得益于两位学者的课程、讲座和与他们的邮件交流。他们卓越的学术造诣和严谨的学术态度始终引领我不断求索，他们和普林斯顿大学人类价值研究中心诸位老师的帮助让我常怀感恩。

后 记

我也感谢浙江大学马克思主义学院的支持。这是一个严谨求是的学术共同体，为我提供了优越的研究环境、充分的科研支持和良好的学术氛围。在这里，我以马克思主义的立场、观点和方法重新对全球正义的相关理论进行批判性研究，最终完成本书。我也非常感谢学院同仁的支持与学术交流，他们对本书给出了非常有益的评价和建议。

在本书定稿的过程中，我有幸得到了何沁怡、李佳忆的帮助。她们在文字格式上的校对和修改非常有益，在此我也向她们致以深深的谢意。在本书出版的过程中，我由衷感谢中国社会科学出版社刘亚楠编辑的帮助，她对我的书稿尽心尽责，使本书得以顺利出版。

最后，我衷心感谢我的家人的理解和支持，感谢他们与我讨论书中的一些观点，鼓励我思考和表达个人意见。

本书部分内容和我已经发表的几篇文章有关。在写作本书时，我已经对它们做了修改和重写。这些文章发表在如下期刊中：《云南社会科学》2020年第6期，《伦理学研究》2021年第6期，《中国社会科学报》2022年3月16日，《国外社会科学前沿》2022年第8期。

鉴于笔者水平有限，书中若有不当之处，还望包涵赐教。

伏佳佳
2023 年 1 月 1 日